ALFRED SCHMID · TRAKTAT ÜBER DAS LICHT

ALFRED SCHMID

TRAKTAT ÜBER DAS LICHT

EINE GNOSTISCHE SCHAU

ATHENÄUM-VERLAG BONN

Einbandentwurf: Borris Goetz
Entwurf des Schutzumschlages: Wolfgang Klihm
nach einer Lithographie von L. Moholy-Nagy aus dem Jahre 1924

Satz und Druck: Carl Fabri KG, Mülheim (Ruhr)
Buchbinderische Arbeiten: Gehring & Hunnebrock, Bielefeld

DIETMAR LAUERMANN

gewidmet

Gott ist nicht 's erste Mal
am Kreuz getötet worden;
denn schau: er ließ sich ja
in Abel schon ermorden.

ANGELUS SILESIUS

DER ERSTE KREIS DER GNOSIS

Aus dem Zyklus: Abel contra Kain

INHALT

VON DER GNOSIS

Bei den Vermächtnissen des Lebens unseres HERRN sprechen wir von den Synoptikern Markus, Matthäus und Lukas und dem Gnostiker Johannes. Die Synoptiker berichten Tatsachen aus der Erinnerung oder Überlieferung. Der Gnostiker hat eine innere Schau, in die er die Ereignisse verwebt. Diese beiden Denkweisen erschöpfen sich nicht am Beispiel der Evangelien, sie bestehen in der kosmischen Ordnung.

Logik oder Gnosis, Wissen oder Weisheit, Gedankengang oder Schau, Leistung oder Eingebung sind letzte Artungen des Denkens, die erkannt und bekannt werden müssen.

Diese Schrift bekennt sich zur Gnosis und glaubt, daß ihr Zeugnis, daß Kündung und Dichtung mehr „Wahrheit" enthalten, als eine Ansammlung von Wissen. Sie ist deshalb keine Abhandlung, sondern ein Traktat.

Um das Wesen der Schau begreiflich zu machen, wählen wir einen Vergleich. Stellen wir uns einen unbeleuchteten Raum vor, so ist es möglich, durch Messung der Seitenlängen und Winkel Schlußfolgerungen über seinen Innenbau zu ziehen. Nehmen wir nun aber an, es befände sich in diesem Raum ein Licht, für dessen Strahlung die Augen gewisser Menschen empfänglich sind, dann würden eben diese Menschen das Innere des Raumes sehen und darüber Aussagen machen und Zeugnisse ablegen können, ohne sich mit Messungen befassen zu müssen. Sie sind imstande, das *Wesentliche* über den Raum auszusagen, auch wenn sie die Einzelheiten und Maßstäbe nicht genau erfaßt haben.

Die Denkarbeit, aus Beobachtung und Voraussetzung Schlüsse zu ziehen, nennen wir das logische Denken, die andere Denkweise – die aus der Schau erwachsende Erkenntnis – das gnostische Denken.

Das Licht, welches der gnostischen Schau leuchtet, ist der Geist. Es ist der Geist, der mit Liebe amalgamierbar ist. Er ist allgegenwärtig wie die Strahlen der Sonne. Er ist das kosmische Licht, dem in der Sage einst das dritte Auge entsprach.

Die Gnosis setzt den Glauben an die Existenz des Geistes voraus, die Logik verläßt sich auf den Mechanismus der Vernunft.

Die gnostische Schau hat wiederum nichts mit Gefühl, Hellsichtigkeit, Trance, Spiritismus oder anderen okkulten Qualitäten zu tun. Gnosis ist die Erfahrung des Geistes, der den Kosmos durchflutet und für den Menschen bestimmt ist. Gäbe es den objektiven Geist nicht, so wäre die Gnosis eine Torheit. Für uns aber ist sie eine Kraft. Dies alles gibt es für die Logik nicht; sie steht auf dem festen Boden der Wirklichkeit.

Liefert das logische Denken Resultate, so hat das gnostische Denken einen Wahrheitsgehalt, eine Wahrheitsdichte, und der Rang einer gnostischen Aussage liegt in ihrer zeugerischen Kraft.

Kein Wort des Gnostikers dient der Bereicherung des Wissens. Wissen und Wissenschaft verhalten sich zu Erkenntnis und Weisheit wie Kapital zu Reichtum. Die wissenschaftliche Forschung ist eine Leistung, Gnosis ist ein Geschenk. Die Zeit der Leistung ist allewege, die Gnosis aber hat ihre Stunde.

Wiederum bedeuten Logik und Gnosis keine Wertung. Sie sind kosmische Ortsbestimmungen. Auch Abel und Kain, Lilie und Schlange, Rose und Skorpion, selbst Gott und Satan sind keine Wertungen, sondern bedeuten einen Ort im Kosmos.

Keinesfalls ist die Gnosis der Wissenschaft feindlich gesinnt. Beide Denkweisen sollten sich befruchten und ergänzen, obwohl der Wissenschaft die tolerante Gesinnung oftmals schwerfällt: die Gnosis ist ihr ein Ärgernis. Abel war Kain ein Ärgernis, so wie Siegfried für Hagen, Magdalena für Martha, Johannes für Petrus – und Goethe für die Naturwissenschaft.

Immer wieder wird der Gnostiker Abel von seinem Bruder Kain im wissenschaftlichen Verhör gestellt. Er schreit deshalb vor der Menge, die immer auf seiner Seite steht, und vor den Schriftgelehrten nach Beweisen, wobei der errötende Abel seine Schau wieder in ihr Geheimnis zurückzieht. Die Gabe des Errötens ist nicht bei Kain. Kain erbleicht, wenn er zum Abgrund treibt.

Die Gnosis wendet sich nicht an den Fachmann. Die Atmosphäre des Fachmanns ist das Besserwissen, der Widerspruch und der Zweifel. Sie sind der Tod aller Gnosis, die wie die Heilung den Glauben voraussetzt. Die Gnosis richtet sich nicht an die Wißbegier, sondern an die Menschen des Wunderns und Fragens, die „Ohren haben zu hören". Es ist das Hören, das Christus meint, welches dem gnostischen Zeugnis entspricht. Die Sprache des Gnostikers, die sich an das Hörenkönnen richtet, ist das Gleichnis, dessen Sinn verborgen ist.

Für die Gnosis gibt es keine Teilwahrheit. Sie sieht das Weltganze und bringt jedes Problem mit dem All in Verbindung. Jeder Gedanke des Gnostikers ist auf Gott gerichtet. Das logische Denken erstrebt Ruhm und Macht, der Gnostiker denkt ad gloriam dei.

Der Logiker hat Schüler, die ihn verehren, der Gnostiker Jünger, die ihn lieben. In der Wissenschaft wird gelehrt und belehrt. Die Gnosis wirkt durch Unterweisung, Erweckung und Einweihung.

Während der Gedankengang des Logikers in seiner Willkür liegt, kann der Gnostiker nicht denken, was er will, sondern nur, was aus der Wahrheit ist. Es kann auch nicht eine beliebige Frage Thema der Gnosis sein. So gibt es zum Beispiel wohl eine Wissenschaft, aber keine Gnosis des Erdinnern, während es keine Wissenschaft, sondern *nur* eine Gnosis der Lebenskraft gibt!

Die Fragen des Gnostikers sind Heilsfragen. Deshalb ist das Licht, das in der Finsternis leuchtet, eines seiner zentralen Themen. Für Goethe, den großen Gnostiker, war die Farbenlehre sein meistbehütetes Werk.

Und noch eines: der Logiker schreibt und der Gnostiker spricht. Christus hat nur gesprochen. Sokrates redet im Gastmahl, und Nietzsche nennt sein Vermächtnis „Also sprach Zarathustra". Die geschriebenen Worte des Gnostikers sind Aufzeichnungen von Reden und Kündungen, oder sie sind Briefe.

Der Logiker ist stolz auf seine Veröffentlichungen, der Gnostiker darauf, wieviel Weises er in den Wind geredet hat. Aber der Wind trägt das Samenkorn weit fort, und eines Tages wird es aufgehen.

Während Logik und Forschung am jeweiligen Stand der Wissenschaft anknüpfen, wie man an einem Teppich weiterwebt, besteht die Gnosis autonom. Sie empfängt ihre Probleme unmittelbar, wie sie aus den Hintergründen – Blüher würde sagen, vom Objekt her – zu ihrer Offenbarung drängen. Es ist weder Dünkel noch Mißachtung hoher Verdienste, wenn das Traktat keine Literaturzitate kennt und selten Autoren namentlich erwähnt. Der Gnostiker ist nur dazu gedrängt, wo er zeugerischer Worte und Einflüsse gedenkt. Meine Generation ist von der Philosophie Hans Blühers befruchtet worden. Die Rolle Blühers in der Hierarchie der Philosophen ist noch nicht erkannt.

Den stärksten Einfluß hat die Wissenschaft auf die Gnosis durch ihre Irrtümer. Der Gnostiker spürt sie zunächst auf wie ein Wünschelrutengänger, um erst später erkennen und sagen zu können, warum es Irrtümer waren.

Besonders fruchtbar sind für den Gnostiker frühere Zeugnisse, die wie überwinternde Zwiebeln noch nicht aufgeblüht sind. So die Worte des Jüngers Johannes: „Das Licht scheint in der Finsternis, und die Finsternis hat es nicht begriffen", was so viel bedeutet wie ergreifen oder aufnehmen. Oder es sind Worte Goethes, die vom Leben und Leiden des Lichtes sprechen oder andere, die bezeugen, daß Dunkelheit mehr ist als das Fehlen von Licht.

Die Schau des Traktates über das Licht und seine Auslegung im Gleichnis vom Licht sind keine willkürlichen menschlichen Gedanken. Obwohl sie von den Auffassungen der Wissenschaft abweichen, ist es nicht Anliegen des Traktates, zu den bestehenden Lichttheorien eine neue hinzuzufügen. Hingegen sind seine Ansichten bedeutungsvoll wegen ihres Symbolgehaltes und ihrer Auswirkungen auf unser Weltbild. Es vollzieht sich hier ein inneres Umdenken, welches sich am Thema des Lichtes manifestiert und für die Äonwende, in der wir stehen, archetypisch ist.

*

Das ist der Scheideweg der Zeitwende:

Naturwissenschaft oder Naturphilosophie,
Abhandlung oder Traktat,
Laboratorium oder Imagination,
Gleichung oder Gleichnis,
Zahl und Formel als Resultat der Logik oder
lebendiges Wort am Baum der Erkenntnis,
Einzeldisziplin oder kosmische Ganzheit,
errungenes Wissen als Macht und Waffe oder
Leichtmut und Verschwendung des Beschenkten,
Naturerforschung mit Adleraugen oder
Naturbetrachtung mit dem Auge des Liebenden,
Kampf mit der Natur oder Lobgesang.

Der kommende Äon ist ein gnostischer.

*

Erstes Hauptstück

VORBETRACHTUNGEN

UNIVERSUM UND KOSMOS

Das Universum umfaßt die ganze geschaffene Welt im Kleinsten und im Größten, von den Atomen unserer Elemente bis zu den Sonnensystemen der Milchstraßen und den Kräften, die sie bewegen.

Aber nicht nur die unbelebte Welt, auch die ganze lebendige Welt und alle Kräfte des Wachsens und Lebens gehören zum Universum. Die Natur mit Pflanze und Tier kulminiert im Menschen als der höchsten Realität alles Geschaffenen.

Nicht angesprochen bleibt im Universum die Welt des absolut Unsichtbaren, die mit keinem Mikroskop und keinem Fernrohr, noch mit irgendeinem Instrument registriert werden kann, obwohl sie uns allgegenwärtig durchstrahlt und durchströmt und uns umgibt, wie das Wasser den Fisch oder die Luft den Vogel. Es ist die metaphysische Welt, die eine vielmächtige Ordnung umfaßt, von welcher der Apostel mit Recht als von Fürstentümern und Gewalten spricht.

Der Kosmos umfaßt das ganze Weltall, also die sichtbare und unsichtbare Welt, Physik und Metaphysik. Wenn wir von Universum und Kosmos reden, so ist zwar das eine im anderen enthalten, im Sprachgebrauch meinen wir mit Kosmos aber die metaphysische Welt. Kosmisch bedeutet: die Weltschau vom Kosmos her. Wenn die lebendige Natur die höchste Realität alles Geschaffenen ist, so ist der Mensch nicht nur ihre Kulmination, sondern mehr als das, die Einbruchstelle des Kosmos im Universum. Nur der Mensch ist zweier Reiche Gast, und Geist und Seele sind in ihm, wie Antenne und Erdung, Empfänger und Organ für die metaphysischen Wirklichkeiten. Der Mensch ist oberstes Geschöpf des Universums und Gefäß des Kosmos, er ist Mikrokosmos und der im Schöpfungsakt Gemeinte, so daß Werfel ausruft: „Die Welt fängt im Menschen an!“

Berühren sich Physik und Metaphysik auch im Menschen und nur in ihm, so sind sie doch zwei verschiedene Reiche, die das Prinzip des Geschaffenen und das Prinzip des Erschaffenden verkörpern, und es wird uns zu beschäftigen haben, ob zwischen beiden fließende oder scharfe Grenzen bestehen und gar Metaphysisches physikalisch erfaßbar ist. Dabei müssen wir zu den Strebungen Stellung nehmen, welche die neueren Entdeckungen und Erkenntnisse der Kernphysik so auslegen wollen, als ob durch sie die Grenzen zwischen Physik und Metaphysik verwischt würden.

Für den Gnostiker ist bedeutungsvoll, daß die sichtbare Welt eine Entsprechung der unsichtbaren ist, oder einfacher gesagt: das Universum ist der kosmischen Ordnung nachgebildet.

Die Gleichnisse des HERRN waren keine Exempel, sondern Parabeln. Er erkannte, daß das irdische Geschehen nach dem kosmischen angelegt ist, und das Geschaffene die Signatur des Erschaffenden trägt. Die Entsprechung von Universum und Kosmos heißt Gleichnis.

DER ÄON

Wenn wir tausend Jahre alt werden könnten, wäre uns der Äon-Rhythmus als Zeitspanne von rund 2200 Jahren, in welcher die Sonne ihr Zeichen im Äquinoctium wechselt, mehr als eine *astrologische* Angelegenheit, der wir mit Mißtrauen begegnen. Der Äon wäre eine *astronomische* Gegebenheit und für uns ebenso geläufig und selbstverständlich, wie die Rhythmen von Tag, Monat und Jahr, die unser Dasein beherrschen.

Der Äon beherrscht den Rhythmus der Kulturen. Die Kulturen sind die Schöpfungen der Gruppenseele und haben ihren Aufgang, ihre Blüte und ihren Niedergang. Auch eine Kultur vergeht, wie ein Mensch verscheidet. Zwischen Ende und Anfang aber liegt der Winter, die Unfruchtbarkeit und die Nacht, so daß wir mit Recht von der mitternächtlichen Stunde reden, welche zwischen dem Tod und der Geburt der sich ablösenden Äone liegt. Der Zeiger der Weltenuhr steht für uns auf Mitternacht.

Der Äon, der hinter uns liegt, stand im Sternzeichen der Fische. Christus nimmt im anbrechenden Äon seine Bilder aus dem Leben der Fischer und will den Fischer Petrus zum Menschenfischer machen. Das Symbol dieses Äons zeigt zwei Fische. Der eine ist der andere in der Verkehrung. Die Struktur des Äons ist dualistisch: Seele und Leib, Geist und Fleisch, Gut und Böse stehen in polarer Spannung zueinander.

Deshalb auch steht die Saat des Sündenfalls in voller Blüte und der Äon unter der Macht der Sünde, was Sonderung bedeutet. Für den Psychiater, der ein minderer Stellvertreter des Beichtvaters ist, heißt sie Neurose. Der Generalnenner dieser Sonderung ist der Konflikt zwischen Trieb und Liebe.

Der aufgehende Äon steht im Zeichen des Wassermannes. Er ist ein Symbol der Verheißung: das goldene Zeitalter. Der Aquarius, halb Mensch, halb Fisch, west oben in der Luft und unten im Wasser, die beide in ihm zur Einheit verschmelzen. In der Esoterik bedeutet die Luft den Geist, das Wasser das Seelisch-Leibliche. Im Wassermann werden beide eins. Das beinhaltet das Symbol der harmonischen Schwingungen. Was sich in der Sünde anklagend gegenüberstand, verschmilzt und damit auch das Oben und das Unten, Geist, Seele und Leib zum ungebrochenen Menschen.

War im vergangenen Äon der Forscher der Gegenspieler der Natur, ihr die Geheimnisse entreißend und sie zu unterwerfen suchend, so offenbart sie im kommenden Äon ihre Geheimnisse dem liebenden Geist.

Der kommende Äon ist die Zeit der Finder – nicht mehr der Erfinder – in welchem den Menschen reiche Gaben zufallen, und der Liebestraum der Troubadoure in Erfüllung geht. Der Wassermann steht im Zeichen des Grals.

DIE WELTWENDE

Während die versinkende abendländische Kultur mit dem großen Sommer des 13. Jahrhunderts von einer geschichtlichen Kausalität bestimmt war, die dem Leben Rang, Ordnung und Beständigkeit gab, ist die Umbruchzeit, in der wir stehen, von einem geheimen Unstimmigkeitsgesetz beherrscht, gleich als ob die historische Energie uns verlassen hätte und Zufall, Abstimmung und Statistik unser Dasein beherrschten.

Die Übergangszeit scheint herrenlos und unterliegt einem Desintegrationsprozeß. Aus einer Ordnungskraft ausgebrochen, ist sie noch unter keine neue gestellt und steht im Nihilismus der Niemandsherrschaft. Volk wird zur Masse.

Der Auflösungsprozeß mit dem Wanken aller Fundamente scheint sich nun auch auf die physikalische Welt auszudehnen, mit der wir uns hier zu beschäftigen haben.

Die Jahrhundertwende stand noch im Zeichen des Fortschritts, und die wissenschaftliche und technische Entwicklung glich einem Weg oder besser einem Geleise, welches stetig vorwärts und aufwärts zu führen schien, bis der erste Weltkrieg als ein sichtbares Vorsignal des Umbruchs aufflammte.

Mit dem aufgehenden zwanzigsten Jahrhundert stieß die Forschung dann auf merkwürdige Erscheinungen, Entdeckungen und Berechnungen, welche das blinde Vertrauen in die Zuverlässigkeit unserer Gedankenschlüsse und unserer Vorstellungen vom Weltgebäude erschütterten. Die Radioaktivität als eine ständige Energiespendung gewisser Elemente stand dem Gesetz der Erhaltung der Energie gegenüber. Die selbstverständliche Vorstellung der beliebigen Teilbarkeit der

Energie stieß auf das Quantengesetz, welches das Vorhandensein von unteilbaren Energieeinheiten, den Elementarquanten, feststellte. Die Umwandlung der Elemente schließlich erschütterte den Glauben an unsere A-Tome als die unteilbaren Bausteine des Weltalls, von denen schon die Griechen sprachen.

Die Lage wurde noch ernster, als die Atomphysik sich mit den kleinsten Bausteinen der Atome, den sogenannten Korpuskeln, beschäftigte und erkennen mußte, daß diese den Gesetzen der Mechanik nicht mehr folgen. Ihre Bewegung entsprach nicht mehr den Kausalgesetzen von Ursache und Wirkung, sondern schien einer Willkür zu unterliegen, deren Unstimmigkeiten sich nur mit der Wahrscheinlichkeitsrechnung und statistischen Methoden erfassen ließen.

Noch merkwürdiger aber war folgendes: ein und dasselbe Phänomen, beispielsweise ein fliegendes Elektron, erschien von einer Beobachtung aus gesehen als Welle, von einer anderen aus als Korpuskel, und es gab keine Beobachtungsmöglichkeit, welche diese beiden Aspekte vereinigte. Zudem erwies es sich als unmöglich, gleichzeitig Ort und Geschwindigkeit eines Korpuskels zu bestimmen.

Völlig zu Ende aber war es mit dem bisherigen Vorstellungsvermögen, als die Relativitätstheorie klarzumachen versuchte, daß es im Geschehen keine Gleichzeitigkeit gibt, und für ein Beobachtungssystem etwas Vergangenheit sein kann, was für ein anderes Bezugssystem noch Zukunft ist. Oder auch, daß Dimension und Uhrzeit sich mit der Bewegungsgeschwindigkeit ändern, daß alles Geschehen vierdimensional ist (wobei die Zeit die vierte Dimension ergibt) und der Raum negativ gekrümmt sein kann, und daß schließlich Raum und Zeit das „Raum-Zeit-Kontinuum" ergeben.

Mit der Erforschung des Atominneren und dem Vordringen in den astronomischen Raum des Universums waren nicht nur irgendwelche neuen Zweige der Wissenschaft erschlossen, sondern völlig neue Welten taten sich auf, in welchen das Gesetz von Ursache und Wirkung, das Dogma der Kausalität, in Frage gestellt war, und die euklidische Geometrie nicht mehr als einziges System des Vorstellungsvermögens erschien. Doch dieses menschliche Vorstellungsvermögen reichte nicht mehr aus, um das physikalische Geschehen in den neuen Regionen zu erfassen. Man stand vor einer neuen Situation. Der Weg war versperrt, und nur diejenigen, welche den Schlüssel besaßen, konnten die Schranken öffnen. Dieser Schlüssel war die höhere Mathematik. Alle anderen, die nicht in seinem Besitz waren, ahnten nur die Ungeheuerlichkeiten der geheimnisvollen Welten, die sich hinter dem schlichten Wort „Relativitätstheorie" verbargen.

So drängen sich uns am Anfang dieses Traktates zwei Fragen auf, die wir auf unserem Weg zu beantworten oder wenigstens einzuordnen haben:

Wie verhält sich der *geistige* Mensch zu dieser geheimnisvollen Welt, die scheinbar nur im Spiegel mathematischer Formeln erfaßt werden kann, und für welche sich sowohl die Vernunft als auch das modellhafte Vorstellungsvermögen als unzulänglich erweisen? Ist er jetzt und für alle Zukunft von der Anteilnahme an diesem Bereich der Erkenntnis ausgeschlossen, so daß ihm nur übrig bleibt, die absonderlichen Endresultate zu glauben?

Und dann: wie verhält sich der *religiöse* Mensch zu den Strebungen, durch welche uns die an die Macht gekommene Kernphysik glauben machen will, daß ihre neuen Entdeckungen weltanschaulichen Rang haben?

KAUSALPHYSIK, INFRAPHYSIK UND ULTRAPHYSIK

Unter Kausalphysik verstehen wir jenen Bereich der Experimentalphysik, der unmittelbar unserer Beobachtung zugänglich ist. Im Experiment des Laboratoriums verfolgen wir das Naturgeschehen, welches vor unseren Augen und gewissermaßen auch unabhängig von unserer Beobachtung verläuft.

Anders sind die Verhältnisse im unendlich Kleinen und im unendlich Großen. Mit der Erforschung des Atominneren hat sich eine neue *Region* der Physik aufgetan, deren Elemente nicht mehr Atome, Moleküle und bewegte Körper sind, sondern kleinste Bausteine wie Elektronen, Protonen und Neutronen, die wir Korpuskeln nennen.

Niemand hat je ein Elektron gesehen, und niemand wird je ein Elektron sehen. Hier liegt die Grenze der Experimentalphysik als unmittelbarer Beobachtungsmöglichkeit. Was wir nämlich von den Korpuskeln erkennen, sind nur indirekte Wirkungen. Hinzu kommt, daß wir beim Überschreiten dieser Grenze in eine Welt eintreten, in der das Bewegtsein zu einer immanenten Eigenschaft der Dinge werden kann, wobei die Bewegungen mit Geschwindigkeiten vor sich gehen, die es in unserem Alltag nicht gibt.

Die in der Vergangenheit häufig verwandte Definition „Mikrophysik“ für den Bereich submikroskopischer Dimensionen, wie beispielsweise des Atominneren, trifft nicht den Kern der Sache, der wir uns hier zuwenden, weil sie die Dimension, also einen graduellen Unterschied, anspricht, während es sich um einen prinzipiellen handelt. Die sich mit astronomischen Geschwindigkeiten bewegenden Korpuskeln haben nichts mehr mit einem bewegten Körper der Experimentalphysik zu tun, weil Korpuskeln und Atome sich nicht unter demselben Begriff der

Materie zusammenfassen lassen, und weil wir seit Einstein wissen, daß die Dinge bei astronomischen Geschwindigkeiten, worunter wir Geschwindigkeiten verstehen, die in der Größenordnung der Lichtgeschwindigkeit liegen, anderen physikalischen Gesetzen gehorchen.

Wir müssen die Physik des Atominneren, der Korpuskeln, ihrer Bewegung, ihrer Kraftfelder und ihres Zusammenspiels, die Physik der astronomischen Geschwindigkeiten und die Physik der Strahlungen und Wellen, welche mit den bewegten Korpuskeln in naher Beziehung zu stehen scheinen, von der Experimentalphysik und ihren Bewegungen nach den Gesetzen der Mechanik durch eine prinzipielle und nicht graduelle Zäsur abtrennen.

Da sowohl die Definition „Mikrophysik" als auch eine Unterscheidung in experimentelle und theoretische Physik das Wesentliche der Unterscheidungsmerkmale nicht erfassen, sprechen wir von nun an von *Infraphysik*, die jenseits der beobachtbaren physikalischen Erscheinungswelt liegt.

Der Infraphysik im Kleinsten steht die *Ultraphysik* im Größten gegenüber. Auch in der Ultraphysik müssen wir uns bewußt sein, daß es sich nicht um eine Frage der Dimension, also nicht um eine graduelle Erweiterung, sondern um eine prinzipielle Abgrenzung handelt, die ihre eigenen Gesetze hat. Ungeheure Massen der Gestirne bewegen sich mit astronomischen Geschwindigkeiten und stehen in unübersehbaren Abhängigkeiten und Zusammenwirkungen. Die Gerade der euklidischen Geometrie läßt sich nicht verwirklichen und wird durch Bahnen abgelöst, denen selbst die Lichtstrahlen folgen; der Raum erscheint gekrümmt, und andere unerwartete Dinge geschehen, die uns in den Traktaten noch beschäftigen werden.

Die Physik umfaßt also drei Zonen: die Kausalphysik entspricht den menschlichen Maßstäben und umfaßt das Erfahrungsgut, das wir aus der Welt des Alltags genommen haben; im Kleinsten wird sie von der Infraphysik und im Größten von der Ultraphysik flankiert, die beide mutmaßlich eng verwandt sind.

Infra- und Ultraphysik kann man also auch als diejenigen Bereiche der Physik definieren, in welchen die mechanischen Gesetze und die euklidische Geometrie nicht anwendbar sind. Dennoch haben wir keinen Grund anzunehmen, daß dort gesetzlose Zustände herrschen; vielmehr gelten andere, noch nicht genügend erforschte und hinlänglich erkannte Gesetzmäßigkeiten.

Wohl ist im Wendepunkt des Äons die innere Ordnung von Rang, Recht und jahrtausendealter abendländischer Kultur erschüttert, damit aber hat die göttliche Weltordnung ihre Gültigkeit nicht verloren, ebensowenig wie die Naturgesetze, welche zwar eine regionale Einschränkung erfahren haben, ohne daß dies aber für das Neuland einen gesetzlosen Zustand bedeuten würde. Die dort geltenden Gesetze sind uns nur noch nicht oder erst unvollkommen bekannt, werden uns aber einmal so geläufig sein wie die der Kausalphysik.

Es gibt keine gesetzlose Physik. Physik ist Gesetz.

DER GARTEN DER WELT

Es schien bisher so, als ob in den infra- und ultraphysikalischen Bereichen die Gesetze der klassischen Mechanik „nicht mehr gelten". Dies ist eine Schau von gestern. Hierin müssen wir umdenken lernen. Die Gesetze der Infra- und Ultraphysik gelten universell, also im Prinzip auch in der Zone der Kausalphysik, obwohl sie dort nur geringfügig und kaum meßbar in Erscheinung treten.

Die Zone der klassischen Mechanik und der Experimentalphysik, der tellurische Bereich des Universums, unsere Erde also, die wir mit unseren Sinnen erleben, mit unserem Verstand verstehen und mit unserem Vorstellungsvermögen modellhaft nachbilden können, ist nur ein Ausschnitt aus dem ganzen Universum. Obwohl es uns fernliegt, der Natur eine Ratio, eine Absicht oder einen Zweck zu unterschieben, denn das hieße die Dinge vom Menschen aus sehen, erkennen wir doch eine Entsprechung zwischen diesem Teil des Universums und dem Menschen. Die Erde und alles, was auf ihr kreucht und fleucht, scheint in einer geheimen Relation zum Menschen zu stehen: sie besteht auf den Menschen hin. Alles Geschaffene ist auf den Menschen hin gemacht. Gott hat mit der Schöpfung den Menschen gemeint.

Wir dürfen daher in Zukunft nicht mehr sagen, daß die Gesetze unserer Kausalphysik in den Außenzonen nicht mehr gelten, sondern wir müssen uns vergegenwärtigen, daß die Welt, die dem Menschen als Garten gegeben wurde, abgeschirmt ist gegen die Furchtbarkeit unseres Universums, die Unmenschlichkeit des universellen Geschehens und seiner Gesetze. Der Garten Eden der Bibel gewinnt damit eine tiefe Symbolik.

Geschützt vor der Kälte, in der keine chemischen Reaktionen mehr denkbar sind, in der richtigen Entfernung von der Weißglut der Sonne, erlöst von der ewigen Nacht, bewahrt vor unfaßbaren Geschwindigkeiten, tödlichen Strahlen und allen Schrecknissen des Makro- und Mikro-Universums liegt unsere Welt. Inmitten der furchtbaren und ungeheuerlichen Mächte (man denke an ihre Entfesselung bei Hiroshima) liegt ein Garten, in welchem – die umgekehrte Ausdrucksweise ist richtig – die universellen Naturgesetze nicht mehr gelten, oder besser gesagt, nicht in Erscheinung treten. Wir leben zwischen Infra- und Ultraphysik im lebendigen Universum unserer Erde mit ihren Bergen und Seen, ihren kühlen Wäldern und Wiesen und ihren Blumen. Nur in dieser Zone, die auf den Menschen hin geschaffen ist, können wir atmen, kann unser Herz schlagen und warmes Blut durch unsere Adern rinnen. Nur auf dieser Erde gibt es den Frühling!

Das ist die neue Schau: der tellurische Raum als positive „Aussparung“ aus dem Universum, das grauenhafter und menschenferner ist als Urwald und Wüste und Polarnacht. Die Erde als Reservat wie ein Naturschutzpark, wobei wir das Wirken außerhalb weder erleiden noch sehen noch verstehen und begreifen oder gar abbilden können.

Es ist der große Ball im einsamen Weltenraum, den wir unsere geliebte heimatliche Erde nennen und auf dem Bedingungen herrschen, in denen der Mensch leben kann.

Die Frage, ob es der einzige solche Stern im Universum ist, beantwortet die Gnosis mit

Ja!

VERNUNFT UND VORSTELLUNG

Wir begegnen nun der Frage, warum die bisher so sichere Brücke von Vernunft und Vorstellung als Weg in das Neuland unzulänglich geworden und nicht mehr begehbar ist. Warum versagen Ratio und Modell im infra- und ultraphysikalischen Bereich?

Wenn wir Vernunft und Vorstellung genau untersuchen, so müssen wir erkennen, daß sie kein a priori sind und etwa wie der Instinkt des Tieres mit uns zur Welt kommen, sondern aus unserer Erfahrung entstanden sind. Das Greifen nach der Mutterbrust bedarf keiner Erfahrung. Aber, daß das Spielzeug zur Erde fällt, muß dem Kind erst leidvoll widerfahren. Um es zu vermeiden, muß es „Vernunft" annehmen.

Vernunft und Vorstellung stammen also aus der Erfahrung, die wir alle gleicherweise von der Wiege an gemacht haben. Der sichtbare Teil der uns umgebenden Welt, ihre physikalischen Gesetze, die Vorgänge des Lebens, Lust und Leid, finden ihren Niederschlag in unserem Denken und unseren Vorstellungen, mit einem Wort: in unserem Bewußtsein. Der Ausschnitt der Schöpfung, der auf den Menschen hin gemacht ist, der „Garten der Welt", war sein bisheriger Lehrmeister. An den Gesetzen der Mechanik entwickelte sich der Denkmechanismus der Vernunft. Logik ist gedachte Kausalität, und Vorstellung ist Vorgang im dreidimensionalen Raum.

Dabei haben wir uns langsam und stillschweigend daran gewöhnt, Logik und Vernunft für autonome Instanzen anzusehen, welche souverän der Welt gegenüberstehen, während es eine Vernunft als Wegweiser wie den Kompaß im Schiff nicht gibt. Der Glaube, daß es eine objektive Vernunft gibt, ist irrig. Wir haben nicht etwa mit unserer Vernunft die Welt begriffen, sondern was wir Vernunft nennen, ist der Erfahrungsextrakt aus der uns gegenüberstehenden Welt. Schon der Neger hat eine andere Vernunft wie der Eskimo oder gar der berühmte Marsbewohner, geschweige denn der „liebe Gott".

Wie es keine Bewegung an sich gibt, sondern nur auf ein Bezugssystem hin, gibt es auch keine objektive Vernunft, und es war eine Falschspielerei – wie alle demagogischen Losungen, die immer destruktive Bewegungen auslösen – die Vernunft zur Göttin zu erheben. Sie erfüllt als Werkzeug einen hohen Sinn, aber als Göttin wird sie entthront und hat aufgehört, eine autonome Instanz zu sein.

Außerhalb des Ausschnittes unserer Erde, dem unser Bewußtsein entspricht, gilt der Mechanismus der sogenannten Vernunft nicht mehr. In der Infra- und Ultraphysik ist sie nicht mehr zuständig. Das Universum hat dort „eine andere Vernunft", weil es andere Gesetze und damit einen anderen Lehrstoff hat, die nicht mehr unserem bisherigen Anschauungsunterricht entsprechen und uns daher vorerst unvernünftig erscheinen.

„Du gleichst dem Geist, den du begreifst."

*

Man fertigt von einem Bauwerk oder einer Brücke ein Modell, eine Modell-Landschaft im Relief und in der Anatomie den ganzen Menschen mit allem, was er an Eingeweiden hat, wo auch der „Sitz der Seele" sein soll. Ich erinnere mich auch aus meiner Studentenzeit, wie in der Vorlesung eine chemische Verbindung aus farbigen Kugeln nachgebildet wurde, die mit Valenzstäben zusammengefügt waren. Doch hörte hier die Kongruenz des Modells mit der Wirklichkeit bereits auf, und mit der Kernphysik fällt das Nachbilden im Modell in sich selbst zusammen.

Niels Bohr, der seit dem Kekuléschen Benzolring das geistvollste Modell schuf, spricht ungeachtet dessen das große Wort gelassen aus: „Wir sehen uns der Tatsache gegenüber, daß alle räumlichen und zeitlichen Bilder, mit denen wir versucht haben, Naturphänomene zu beschreiben, ein Fehlschlag gewesen sind. Wir müssen alle Modelle in Raum und Zeit aufgeben."

Trotzdem hat das Bohrsche Atommodell wichtige „Brückendienste" geleistet, und es wäre eine falsche Ansicht, daß eine Stufe der Erkenntnis wie eine Sprosse auf der Leiter übergriffen werden könnte.

Nicht nur die Vernunft, sondern also auch die Vorstellung versagt ihre Anwendbarkeit auf die infra- und ultraphysikalischen Regionen des Universums. Im unendlich Kleinen und im unendlich Großen sowie im Bereich der astronomischen Geschwindigkeiten erwies sich die euklidische Geometrie als unzulänglich, weil die Zeit als Dimension sich uns aufgedrängt hat. Das Raum-Zeit-Kontinuum ist amodellistisch.

Dennoch können wir wiederum nicht sagen, daß wir schlechterdings in eine irrationale oder amodellistische Zeitperiode gelangt sind. Es sind lediglich Vernunft und Vorstellung, Ratio und Modell, wie wir sie in der kausalistischen Experimentalphysik erlernt haben, in den neuen Regionen nicht mehr anwendbar. Und dies nicht etwa, weil die geistigen Organe unzulänglich wären, sondern weil die Inhalte unseres Bewußtseins nicht dem Stoff entsprechen.

Wir stehen deshalb vor der Frage, welche Mittel und Wege uns Zugang in dieses Neuland bringen, auf daß eine neue Vernunft am nächsten Pensum der göttlichen Offenbarung entsteht.

PARAMATHEMATIK

Die Mathematik des Alltags und der Schulbank erscheint uns als die in Zahlensprache übersetzte Logik. Im folgenden wollen wir sie die gemeine oder Rationalmathematik nennen, und darunter jene Beziehungen und Vorgänge verstehen, welche in Zahlen und Formeln dasselbe sagen wie die Logik mit Worten. Die gemeine Mathematik ist gewissermaßen ein Extrakt des logischen Denkens, so daß man behaupten könnte, es gibt nichts Logischeres als Mathematik. In der Rationalmathematik können wir die Gleichung $2 \times 2 = 4$ an den Fingern nachprüfen und die Richtigkeit des pythagoräischen Lehrsatzes experimentell bestätigen, indem wir ein Hypotenusenquadrat aus Papier ausschneiden und auf eine Waagschale, die beiden Kathetenquadrate auf die andere Waagschale legen. Die Gleichheit der Flächen wird durch die Gleichheit der Gewichte bestätigt.

Um bei dem Experiment zu bleiben, welches die Logik des pythagoräischen Lehrsatzes so handgreiflich demonstriert, lassen wir ein ähnliches folgen. Wir belassen auf der einen Seite unserer Waage das schon ausgeschnittene Hypotenusenquadrat und versuchen nun, für die andere Waagschale ein gleich schweres, aber kreisförmiges Papier auszuschneiden. Nach langem Zurechtstutzen scheint die Waage ins Gleichgewicht zu kommen. Aber weit gefehlt! Die Mathematik wird uns darüber belehren, daß dies nicht möglich ist und das Experiment, das uns nach langer Geduldsprobe gelungen zu sein scheint, nur auf der Ungenauigkeit der Waage und der Papiermodelle beruht. Es gibt keinen Kreis, der die gleiche Fläche hat wie ein Quadrat. Es ist das Problem der Quadratur des Zirkels, in dem für den Gnostiker schon das Geheimnis der Quantentheorie verborgen liegt.

Hier erleidet also die Ansicht, daß es doch „logisch“ sei, gleiche Flächen dieser Art herstellen zu können, bereits Schiffbruch, denn die endlose Zahl π, die in der

Flächenformel des Kreises steckt, gehört in einen anderen Bereich: in die *höhere* Mathematik!

Wir befinden uns damit auf einem Territorium der Mathematik, das wir gegen die Rationalmathematik abgrenzen müssen. Die „höhere" Mathematik ist keine Erweiterung der Alltagsmathematik. Sie hat mit dieser ebensowenig gemein, wie etwa die Gnosis mit der Logik, ohne daß deshalb die Gnosis unlogisch oder die höhere Mathematik unmathematisch wäre. Wir müssen vielmehr erkennen, daß die Fortführung der Rationalmathematik in die höheren mathematischen Möglichkeiten nicht eine Gedankenspielerei kluger Köpfe war, sondern daß sie zu neuen Denkmechanismen führte, die überraschenderweise den Vorgängen der Infra- und Ultraphysik entsprechen, als seien sie für diese gemacht.

Das ist ebenso erstaunlich wie bemerkenswert. Wie die Infra- und Ultraphysik keine graduellen Erweiterungen der Experimentalphysik sind, sondern sich von ihr prinzipiell unterscheiden, so hat es sich gezeigt, daß die höhere Mathematik etwas *prinzipiell* anderes ist als die Rationalmathematik. Um dem gebührenden Ausdruck zu geben, nennen wir die höhere Mathematik von nun an *Paramathematik,* ähnlich dem Begriff der Parapsychologie, welche den psychologisch nicht mehr erfaßbaren Teil seelischen Geschehens beinhaltet.

In der Paramathematik wird nicht im gewöhnlichen Sinn der Schulmathematik gerechnet, sondern die Gleichungen werden transformiert und manipuliert. Diese Manipulationen erwiesen sich als eine Erfassungsmöglichkeit der Vorgänge außerhalb der Experimentalphysik, für welche unser Alltagsbewußtsein und mit ihm unsere Logik, unser Vorstellungsvermögen und unsere Modelle nicht mehr zuständig sind. Die Vorgänge der Infra- und Ultraphysik sind den Mechanismen der paramathematischen Transformationen, Manipulationen und Kalkülen kongenial.

Die Sprache der Relativitätstheorie ist die Paramathematik. Diese läßt sich nicht in unsere Alltagsbegriffe übersetzen oder gemeinverständlich machen. Ebenso falsch wäre es, anzunehmen, daß die Wissenschaftler ihre Geheimnisse nicht preisgeben wollen. Sie *können* nicht, und es ist rührend zu sehen, wie selbst Einstein sich immer wieder ernsthaft bemüht hat, dem Leser seine Theorien zu erklären, die er mit seinem logischen Bewußtsein selbst gar nicht versteht, sondern eben nur dann, wenn er paramathematisch denkt. Nach kurzen Anläufen kommt er dann auch bald wieder mit Koordinatentransformationen und Differentialkalkülen und behauptet schließlich, daß jeder „einigermaßen intelligente Student im ersten Semester“ es verstehen könne, ohne den Nachsatz hinzuzufügen: wenn er eben zur Paramathematik „begabt“ ist.

Paramathematik kann man nicht erlernen. Entweder geht sie einem schon als Student ein, und das Studium ist nur eine Art Initiation als Bewußtmachung latenter Fähigkeit oder nie. Höhere Mathematik ist etwas, was man im Prinzip kann oder nicht.

In einer Schulklasse wollte der Lehrer, der eine Verabredung hatte, seine Schüler für eine Stunde beschäftigen und gab ihnen die Aufgabe, die Zahlen von 1 bis 100 zu addieren. Als er eben die Klasse verlassen wollte, überreichte ihm zu seiner nicht geringen Überraschung ein Schüler das Resultat auf einem Zettel. Dieser „Schüler“ hatte mit einem Blick die Reihenformel erkannt und danach im Nu die Summe errechnen können. Es war der junge Karl Friedrich Gauss, der übrigens auch als erster erkannte, daß die euklidische Geometrie nur eine Geometrie unter vielen möglichen ist.

Das paramathematische Denken besteht aus drei Vorgängen: dem mathematischen Ergreifen des Experimentes, den Manipulationen der Formeln und Gleichungen und schließlich der Auswertung der Ergebnisse.

Das Erfassen der Vorgänge in den infra- und ultraphysikalischen Welten geschieht im Gegensatz zu den Methoden der Experimentalphysik auf indirekte Weise. Die Spiegelungen und Spuren des physikalischen Geschehens werden wie auf einer Chiffriermaschine in den Geheimcode mathematischer Formulierung übersetzt. Diese Übertragung nennt man den Ansatz. Er hat immer einen spekulativen Charakter und muß „richtig gegriffen“ sein. Deshalb ist der geniale Griff schicksalhaftes Tun und nicht erlernbar.

Dann verlassen diese Abdrücke gleich selbständigen Wesenheiten die Wirklichkeit, und was nun mit ihnen im Menschen- oder Elektronengehirn geschieht, hat mit

Rechnen nichts mehr zu tun. Wie Flüsse, die kurz nach der Quelle versiegen und erst später wieder zutagetreten, übernimmt die Paramathematik die experimentellen Beobachtungen und operiert mit ihnen gleichsam „unter Tage“, ohne weitere Fühlung mit dem Experiment. Die paramathematische Arbeit wird zumeist von einsamen, weltfremden Menschen wie im Unterirdischen, beinahe möchte ich sagen: im Uteralen, vollbracht. Die Formeln machen einen Verwandlungs- und Reifungsprozeß durch, und eines Tages liegt das „Resultat“ vor, wird ausgewertet und entziffert und der Welt kann verkündet werden: Masse ist gleich Energie.

Die paramathematische Begabung ist in den einzelnen Geschichtsepochen verschieden. Im alten Ägypten hatte sie eine Blütezeit, und auch im kommenden Äon werden große Mathematiker geboren werden. Auffallend ist, daß paramathematische Begabung häufig mit musikalischer zusammen vorkommt, während der Gnostiker mehr dichterisch und malerisch begabt ist. Die Harmonien der Musik sind erlöste Mathematik!

Da alles Große nicht nur Gabe, sondern auch Last bedeutet, ist es nicht verwunderlich, wenn sie oft über das Maß des Menschen hinausgeht. Das tragische Schicksal von Karl Friedrich Gauss ist uns bekannt, und ich weiß wohl, warum ich das Wort Para-Mathematik gewählt habe.

Einstein erlöste seine bedrängte Seele mit der Geige, Goethe befreite sich in den Farben und Bildern des Südens und entsühnte sich durch die Dichtung des Faust. Hätte Nietzsche den Jubel des Liedes gefunden, so wäre er vielleicht noch einmal zurückgekehrt.

NATURPHILOSOPHIE

Einstmals beschränkte sich unser Wissen von der Natur und ihren Vorgängen auf den Bereich der kontrollierbaren Experimente, welche mit Vernunft und Vorstellung in Einklang standen. Das Resultat der Berechnung entsprach der Erwartung und stimmte mit der Messung überein. Es ist der Bereich der Alltags- und Kausalphysik, die wir als Lehrmeister unserer Vernunft erkannt haben, und Methode und Ergebnis nannte man mit Recht: exakte Naturwissenschaft.

Nachdem der Vorstoß in den unerforschten Raum des Corpusculariums und Planetariums vorgetragen war, blieb nur die paramathematische Methode, die über die verborgenen Vorgänge Aufschluß gab. Sie führte zur theoretischen Physik, vor allem der Kern- und Sternphysik, die wir als Bereiche der Infra- und Ultraphysik abgrenzten. Wenn wir auch nicht behaupten wollen, daß ihre Methoden ungenau sind, so sind wir doch andererseits weit davon entfernt, sie mit der exakten Naturwissenschaft der Experimental- und Kausalphysik gleichzusetzen. Zwischen das Geschehen und die Erkenntnis ist das indirekte Experiment und der spekulative Griff des mathematischen Ansatzes gestellt, der richtig sein muß, wenn der Mechanismus der Formeln zu einer richtigen Aussage führen soll. Ohne die Erfolge der Kern- und Sternphysik und ihrer Spekulationen schmälern zu wollen, glauben wir, damit ihren Ort bestimmt zu haben.

Die Frage lautet nun, ob noch ein dritter Weg besteht, der außer unzulänglicher Ratio und unerlernbarer Paramathematik in die neuen Gefilde führt und, mehr als das, uns nicht nur die Möglichkeit gibt, die *Vorgänge berechnen,* sondern vielmehr ihrem *Wesen nach geistig erfassen* zu können.

Genauso, wie die Paramathematik auf die Vorgänge von Infra- und Ultraphysik paßt, als wäre sie für diese gemacht, genauso ist die Gnosis dazu bestimmt, das Wesen der Dinge zu erkennen, auch dort, wo unser Auge und unsere Gedankengänge nicht mehr hinreichen.

*

Während die Zuordnung des Paramathematikers zur Formel eine manische ist – was wieder zur Wahl des Wortes „Paramathematik" hinführt – waltet zwischen dem Gnostiker und der Natur die Liebe. Leonardo da Vinci sagte: Die große Erkenntnis ist die Tochter der großen Liebe.

Kein Gnostiker ist Mathematiker und umgekehrt; ich möchte beinahe sagen, beide Begabungen schließen sich aus. Sie verhalten sich zueinander wie Übergrund zu Untergrund, wie Schauen zu Fühlen und Vision zu Intuition.

Bei der Gegenüberstellung von Paramathematik und Gnosis stoßen wir auf eine unerwartete und entscheidende Tatsache. Niels Bohr charakterisiert sie als die Komplementarität der Aspekte und sagte: „Je mehr wir wissen, was die Dinge tun, um so weniger wissen wir, was sie sind." Dieser Griff, das Wie und das Was, das Handeln und das Sein als komplementäre Aspekte zu bezeichnen, trifft den Kern der Sache. Dabei beschränken sich die Aussagen der Paramathematik so extrem auf das Tun, daß wir ganz vergessen haben, nach dem Wesen zu fragen und uns langsam daran gewöhnten, auf ein Schauen und Begreifen der neuen Welten zu verzichten.

*

Wir wollen nun versuchen, mit der gnostischen Naturbetrachtung vertraut zu werden. Alle Gnosis gehört ihrem Wesen nach in die Philosophie. Philosophie ist die geistige Schau des Kosmos, seiner Beziehungen und Ordnungen. Die geistige Schau oder die Gnosis der Natur nennen wir Naturphilosophie.

Die Naturphilosophie ist die komplementäre Funktion zur Naturwissenschaft, die sich der Logik und Paramathematik bedient. Dem Wissen über das, was die Dinge tun, steht die Schau dessen, was die Dinge sind, gegenüber. So könnte man auch sagen: die Abdrücke und Nahaufnahmen, welche die Naturwissenschaft von den Dingen nimmt, ihre Formelsprache und Beweisführungen sind „richtig“, brauchen aber deshalb noch lange nicht „wahr“ zu sein, während die Schau in das Wesen der Dinge, das Lesen in Signaturen und Entsprechungen „wahr“ sein kann, ohne im einzelnen „richtig“ sein zu müssen. Richtig und wahr treffen hier wieder die von Niels Bohr angesprochene Komplementarität der Aspekte.

*

Wie verhält sich nun Naturphilosophie zu exakter Naturwissenschaft? Keine Philosophie kann als exakte Wissenschaft angesprochen werden, weil jedes philosophische System gnostischen Ursprungs ist. Die exakte Naturwissenschaft ist ein Eliminat der Erfahrung und deshalb im exakten Sinne richtig. Die Naturphilosophie ist eine Durchleuchtung der Natur aus der Schau und ist vor dem Geist wahr.

Die Naturphilosophie gehört nicht zu den exakten Naturwissenschaften, ohne daß deshalb etwa dort Halbbildung oder Scharlatanerie ihr Unwesen trieben, ebensowenig wie in den anderen Disziplinen der Philosophie. Die Legitimation der Naturphilosophie ist ihre geistige Position. Sie überzeugt nicht durch Resultate, sondern zeugt durch ihre Zeugnisse.

Die Naturphilosophie setzt die Existenz des objektiven Geistes voraus, dem sie dient. Die Spur des Geistes in der Zeit nennen wir Geschichte.

Wir erklären die Naturphilosophie zu einer autonomen Disziplin und Goethe zu ihrem Schirmherrn.

*

Wie auf manchen Landkarten die Ebenen grün, die Berge braun und die Schneekuppen weiß dargestellt sind, wodurch sich die Bildung der Gebirgsketten und die Zwangsläufigkeit der Flußbetten leicht erkennen lassen, so schaut die Naturphilosophie die Welt in der Fernsicht, um ihre Bewegungen, ihre Zusammenhänge und Entsprechungen zu erkennen.

Alle Dinge in der Schöpfung entsprechen sich. Die Naturphilosophie erkennt diese Entsprechungen, und das „Verhält-sich-zueinander-wie“ ist eine ihrer immer wiederkehrenden Formeln. Es entsprechen sich alle Dinge untereinander in den verschiedenen Regionen des Lebens und in allen Ebenen der Schöpfung, bis zuletzt alles Irdische Gleichnis des Kosmos wird.

Ich brauche hier nur daran zu erinnern, wie unendlich fruchtbar sich das Periodische System erwiesen hat, welches uns die entsprechenden Eigenschaften der Elemente in den verschiedenen Familien und Gruppen offenbart. Durch das Periodische System war es nicht nur möglich, die Eigenschaften eines unentdeckten Elementes, das auf einen noch leeren Platz gehörte, vorauszusagen, sondern es ließ auch erkennen, daß Wesen und Charakter eines Elementes mehr sind als die Summe seiner Eigenschaften. Jedes Element hat wie eine Persönlichkeit sein eigenes, unbeschreibbares Etwas. Mit der Entdeckung des Periodischen Systems erfolgte recht eigentlich ein Einbruch der Alchemie in die exakte Wissenschaft.

Da alle Dinge aus derselben Schöpferhand stammen, tragen sie auch die gleiche Signatur. Manchmal glauben wir in der Nahsicht, etwas zu verstehen, was dann in der Fernsicht der Schau nicht die Signatur Gottes trägt.

So kennt die Naturphilosophie Signatur, Entsprechung und die Nötigung eines Gedankens, und an die Stelle der Beweisführung tritt die Verbindlichkeit der Argumentation. Alles, was in der analytischen Nahbetrachtung der Ratio an Wesentlichem unbeachtet bleibt, leuchtet in der freien Sicht der Vogelschau auf. Das heißt: mit sehenden Augen sehen.

*

Ein anderer Wesenszug der Naturphilosophie ist ihr Verhältnis zum Experiment. Mit Recht hat die Universität bereits die Experimentalphysik gegen die theoretische Physik abgegrenzt. Es ist die Trennung des anschaulichen, unmittelbaren Experiments vom unerfaßbaren Geschehen: die Experimentalphysik wird abgegrenzt gegen Infra- und Ultraphysik. Diese Trennung geht so weit, daß der theoretische Physiker selbst kaum mehr experimentiert, sondern das ihm von der Experimentalphysik gelieferte Material im Vertrauen auf seine Richtigkeit übernimmt, was allemal tragische Folgen hat, wenn es mangelhaft war.

Ebensoweit, vielleicht noch weiter, ist der Naturphilosoph vom Laboratorium entfernt. Auch er bedient sich der Ergebnisse der Experimentalphysik, denen er indessen nicht mit der Ratio, sondern mit gnostischen Vorbehalten gegenübersteht, etwa so, wie der Graphologe eine Unterschrift prüft.

Auch die Naturphilosophie experimentiert nicht, wenn sie nicht gerade auf ein „experimentum crucis" stößt, an dem die Schau gleichsam erhärtet werden kann. Dagegen spielt in ihrer Arbeitsweise das supponierte Experiment eine wichtige Rolle. Ein supponiertes Experiment unterscheidet sich von dem gedachten Experiment dadurch, daß es im Prinzip möglich ist, dies in der Wirklichkeit aber nicht zu sein braucht. Im supponierten Experiment ist es erlaubt, mit Materialien von gewünschten Eigenschaften zu arbeiten, die sie realiter nicht haben können, wie etwa mit einem unkompressiblen Medium, mit undehnbaren Körpern, mit endlos wirkenden Kraftfeldern und anderem mehr. Im Mittelpunkt der supponierten Experimente steht das absolute Experiment, das als Versuchsbedingung das absolut leere Universum voraussetzt. Besäßen wir ein absolutes Laboratorium, so wären wir schon längst auf den Kronirrtum über das Licht gestoßen.

*

Auch in der Naturphilosophie gibt es das Modell als Kopie der Wirklichkeit nicht. Wohl schaut der Geist die Dinge in Bildern, die aber immer Abbilder und keine Nachbildungen sind. Da die an sich angebrachten Worte „Imago" und „Vision" nicht in die Physik gehören, die Bildsymbole aber immer hinter uns Liegendes mit zukünftigen Erkenntnissen überbrücken, nennen wir die im Geist geschauten Abbilder „integrale Modelle". Das integrale Modell hat also sozusagen über einem bestimmten Intervall der Erkenntniskurve Gültigkeit. Es sagt, wie etwas *im Prinzip* vor sich geht und nicht in der Wirklichkeit; es ist wahr, ohne richtig sein zu müssen. In diesem Sinne sind alle Aussagen des Traktates geometrische Orte der Wahrheit und alle seine integralen Modelle Gitter, welche die Wirklichkeit umspannen und einschließen.

Und auch ein Wort der Schrift fällt mir ein. Bei der Taufe des HERRN kommt der Geist vom Himmel herab „gleich einer Taube" – nicht im Modell einer Taube –, sondern taubengestaltig mit dem tonlosen Geknatter des Flügelschlages, das keiner vergessen wird, der je das Auffliegen der Taubenscharen auf dem Markusplatz vernommen hat, wenn der Böller die Mittagstunde verkündet.

*

Ein englischer Philosoph sagte einmal: „Nichts ist merkwürdiger als der selbstzufriedene, dogmatische Glaube, mit dem die Menschheit in jeder Periode ihrer Geschichte die Täuschung hegt, ihre gerade herrschende Kenntnis sei endgültig. Skeptiker und Gläubige sind darin ganz gleich."

Das klassische Modell enthält den Glauben an etwas endgültig Richtiges. Da aber für uns die Wahrheit etwas Fließendes und nur im jeweiligen Raum-Zeit-Punkt Gültiges ist, so ist auch unsere Erkenntnis etwas Fließendes. Der Teil der Wirklichkeit, den wir heute schauen und erfassen, ist nur im Vergleich mit dem Gestern ein Fortschritt. Dem Morgen gegenüber ist er ein Zurückbleibendes. Der Vorstellung der endlosen Spirale, die sich der Wahrheit nähert, steht die gnostische Einsicht gegenüber, daß wir nur die im jeweiligen Raumzeitpunkt gültige Wahrheit – und nur diese – zu erkennen vermögen. Auf der Bahn ihrer Geschichte, vom Anbeginn bis zu ihrem Ende, umkreist die Menschheit die Wahrheit und erschöpft alle ihre möglichen Aspekte und Offenbarungen.

Was als Erkenntnis oder integrales Modell in uns entsteht, ist die Entsprechung zu der Wahrheit, die sich uns offenbart. Alle unsere Gedanken und Bewußtseinsinhalte – aber auch alle Imagines und Visionen einer Kultur – sind die Projektionen eines kosmischen Filmes, der nie stillsteht und sich nie wiederholt. Endgültiges bedeutet Stillstand.

*

In der Naturphilosophie erfassen wir die Natur nicht mit der autonomen Vernunft, den Waffen der Ratio und allem unseren heißen Bemühen, sondern sie erfaßt uns. Die Naturphilosophie ist die Offenbarung der Natur in der Zeit. Dabei geht die Stromrichtung nicht von uns zu den Geheimnissen, die wir der Natur entreißen, sondern umgekehrt vom Objekt zum Subjekt.

Das ist die philosophische Entdeckung Hans Blühers, die er in der „Achse der Natur“ niedergelegt hat. Durch sie allein wäre er schon in die Geschichte der Philosophie eingegangen, um seinen legitimen Platz in ihrer Hierarchie einzunehmen.

Nicht wir entdecken oder schaffen die Naturgesetze, sondern sie offenbaren sich uns zu *ihrer* Zeit. Im Ablauf der Geschichte wandelt sich das Organ der Erkenntnis gleichzeitig mit den Offenbarungen der Natur. Auch der größte Geist kann nicht das Erbe der Enkel vertun, denn über diesen geht ein neuer Stern auf.

Nicht wir gestalten auf der Weltbühne in dem großen Spectaculum der Naturwissenschaft, sondern der Dichter, der unsere Rollen schreibt, ist die Natur selbst. Wir sind nur die Akteure, welche die Offenbarungen aussprechen, und sowohl die Rollen wie die Wahl der Schauspieler bestimmt sie. Die Natur kann wohl zu uns reden, aber sie kann selbst nicht sprechen; Experiment und Naturbetrachtung geben uns nur die Einsätze und Stichworte.

Der geniale Vorgang der Erkenntnis gehört noch der Natur an. Er ist die Blüte am Baum der Natur.

Die Naturerkenntnis ist ein viel subtilerer Prozeß, als unsere Väter glaubten. Sie ist mehr als das Aufschließen und Aufbrechen von verborgenen Kammern der Geheimnisse mit den Waffen und Werkzeugen des Intellekts: sie ist im tiefsten Sinn ein Akt der Natur, in dem wir nicht die Zeugenden, sondern die Empfangenden sind.

ANTWORTEN

Wir können nun auch die beiden früher gestellten Fragen beantworten. Auf die erste, ob der geistige Mensch von der geheimnisvollen Welt, die scheinbar nur im Spiegel mathematischer Formeln erfaßt werden kann, für alle Zeit ausgeschlossen bleibt, liegt die Antwort nunmehr vor uns offen. Sie lautet:

> Gott schuf den Menschen so, daß er durch seine Teilhaftigkeit am Geist die in jedem Raum-Zeit-Punkt wirkende Offenbarung der Natur erfassen kann.

Die Zeit ist nicht fern, wo der Blick in die Fülle der Erscheinungen frei wird und vergangene Erfahrungsinhalte und überholte Vernunft von einer neuen Ordnung berichtigt werden.

Das wird nicht nur die Naturwissenschaft – Logik und Paramathematik – an den ihr gebührenden Platz stellen, sondern auch die *Technokratie* beenden. Die Technik wird damit nicht etwa abgelehnt oder gar diffamiert, sondern nur auf ihren Rang verwiesen. Sie wird im kommenden Äon vom bestaunten Götzen oder gefürchteten Golem zur geräuschlosen, zuverlässigen und selbstverständlichen Dienerin des Lebens.

*

Zur zweiten Frage über die Stellung des religiösen Menschen zu den Strebungen der Kernphysik, welche die Rangverschiedenheit von Stoff und Geist, von Physik und Metaphysik verwischen will, erklären wir:

Die moderne Forschung hat uns im Religiösen auch nicht ein Tüttelchen weitergebracht. Die Spaltung der Atome und die Befreiung von Energie aus Materie werden in ihrer kosmischen Bedeutung weit überschätzt. Im Grunde gehören sie in den Bereich der Erfindungen und Entdeckungen und stehen im gleichen Rang mit der Erfindung der Dampfmaschine, des Dynamos und der Entdeckung der Röntgenstrahlen, woran auch die Möglichkeit nichts ändert, daß wir heute den Erdball in Weißglut versetzen können.

Das „Hier stehe ich, ich kann nicht anders!" gehört in die Geschichte, Erfindungen und Katastrophen nur in die Annalen. Die Entdeckung und Auswertung der Atomenergie mögen epochal sein, geschichtsfähig sind sie nicht. Die Geschichte setzt den Geist als Bezugspunkt voraus.

Einstein hat zwar ein Tor aufgerissen, aber die Welt dahinter ist von uns noch nicht begriffen. Begreifen heißt, die Erscheinungen in eine neue Ordnung einfügen. Die Kernphysik hat bisher mehr zur allgemeinen Abwertung aller Werte beigetragen, als zu ihrer Erhaltung und Neuwertung. Es ist die Aufgabe der Naturphilosophie, den Rang der neuen Werte zu erkennen und einzuordnen.

Die Naturphilosophie lehnt alle Strömungen ab, welche mit den neuesten Resultaten der Forschung die Grenze zwischen Stoff und Geist, Physik und Metaphysik zu verwischen suchen. Die Einstein-Formel, nach der Energie und Materie in einem Zusammenhang stehen, hat nicht etwa den Symbolgehalt, daß Geist und Stoff identisch sind, allein schon deshalb, weil überhaupt keine mathematische Formel einen Symbolgehalt hat! Wir sträuben uns auch gegen Schlagworte wie „Alles ist Kraft", „Geist und Materie ist dasselbe". Sie verführen und verwirren nur.

Der Logiker wird bekennen müssen, daß Wissenschaft und Glauben für ihn nur nebeneinander und nicht ineinander bestehen. Wohl kann ein Wissenschaftler durchaus ein frommer Mann sein, die Religion bleibt für ihn aber immer Privatsache. Eben das gibt es für die Gnosis nicht. Für den Gnostiker ist die manifeste Welt nur eine Projektion der großen Welt Gottes und die irdischen Dinge Gleichnisse für die kosmischen.

Nur der Gnostiker, der die beiden Welten Physik und Metaphysik mit demselben Organ schaut, erkennt in der Naturphilosophie das Universum und in seinem

Credo den Kosmos. Während Intellekt und Konfession nebeneinander bestehen, verschmelzen Gnosis und Credo und schauen die Entsprechungen der niederen und höheren Schöpfungsstufen in Gleichnissen.

Auch gibt es keinen wissenschaftlichen Gottesbeweis, und es wird ihn nie geben. Er widerspräche ohnedies dem zweiten Hauptsatz der Thermodynamik, nach welchem sich nichts gegen die Fallrichtung bewegen kann, und sich nichts Höheres aus Niederem ergibt. Man kann im Geiste wohl hinter das Sichtbare schauen, aber nie und nimmer das Unsichtbare aus dem Sichtbaren ableiten, erklären oder gar beweisen.

Alle exakte Wissenschaft, auch die Kernphysik, entspricht einer materialistischen Denkweise, die ihr eigentliches Prinzip ist.

Die Macht der numerischen Zahl (im Gegensatz zur mystischen Zahl) hat nichts mit dem Wehen des Geistes gemein. Keine Zahl führt zu Gott, denn das Wort war bei Gott, und Gott war das Wort, durch das alle Dinge gemacht sind. Das komplementäre Axiom zur Genesis des Johannesevangeliums lautet: Im Anfang war die Zahl, und die Zahl war bei Satan, und Satan war die Zahl. Durch sie sind alle Dinge zerstört, die zerstört sind.

ZUM TRAKTAT ÜBER DAS LICHT

Da der Mensch nicht Urheber der Erkenntnis ist und hier auch alle Anstrengungen nichts erzwingen können, wird es verständlich, weshalb Naheliegendes oft übersehen wird: die Zeit ist noch nicht erfüllt. Nur so ist das Erstaunliche zu erklären, daß die Erkenntnis dieses Traktates, die ganz nahe am Wegesrand lag und sich beinahe aufdrängte, mit offenen Augen übersehen wurde. Ein fundamentaler Irrtum ist unbemerkt durch alle Gedankengänge und Entwicklungen mitgeschleppt worden, obwohl wir ihn schon längst hätten erkennen müssen. In der richtigen Stunde sind oftmals nicht die besten Kampfesmittel der Wissenschaft am Zuge, sondern die Davidsschleuder.

Wo die Resultate und Berechnungen der Paramathematik verblüffen und zur Sensation werden, erscheinen uns die Erkenntnisse der Gnosis unter dem Goethewort: „Es wurmt die Menschen, daß die Wahrheit so furchtbar einfach ist."

Wir erinnern uns hier des Satzes aus der einleitenden Apologie der Gnosis: „Den stärksten Einfluß hat die Wissenschaft auf die Gnosis durch ihre Irrtümer. Der Gnostiker spürt sie zunächst auf wie ein Wünschelrutengänger, um erst später erkennen und sagen zu können, warum es Irrtümer waren." Unsere Witterung hatte diesen Irrtum längst aufgespürt, aber erst nach seinem Bewußtwerden fiel der Stein, der die Kreise der Gnosis ausgelöst hat. Es ist eine Aufgabe der Naturphilosophie, Irrtümer virulent zu machen.

Der Gnostiker schämt sich seines Nichtwissens nicht, das für ihn nur ein Nochnicht-Wissen bedeutet und kennt kein peinliches Schuldgefühl, welches der Weltbaumeister Kain empfindet, wenn er bekennen muß: „Das weiß ich nicht."

Die Natur will gefragt sein, und erst das Bekenntnis der Frage löst die Antwort aus. Für die Naturphilosophie ist das Herausschälen von Fragen und Widersprüchen ebenso wesentlich wie die Antworten, und es gehört zu unserer Gemütslage, warten zu können, bis das nächste Wort zu uns gesprochen ist.

So wie Geben seliger ist als Nehmen, so sind Fragen seliger als Antworten.

*

Das Traktat ist kein Fragment, sondern ein Auftakt. Es ist die in mir virulent gewordene Frage, welche alle späteren Antworten nach sich zieht.

Vieles im Traktat hat scheinbar destruktiven Charakter, weil witternde Frage und gläubiger Zweifel zunächst erstarrte Auffassungen erschüttern sollen.

Auch braucht das Eindringen und das Aufnehmen der Gedanken beim Leser eine Inkubationszeit gleich dem Wirken des Bazillus im menschlichen Organismus. In beiden Fällen können die Reaktionen positiv oder negativ sein. Da diese Inkubationszeit eingehalten werden muß, ist das Traktat, obwohl Teil einer weiten Konzeption, so belassen worden, wie es als erstes entstand und als Erstling geboren wurde.

Wenn es seinen Sinn erfüllt hat, fügt es sich später wieder in die Gesamtschau ein, welche die Aufhellung der Struktur der Materie und den Schlüssel zum Geheimnis des Feldes zum Thema hat.

Die folgenden Kreise der Gnosis, die sich auslösen und ablösen, gehören deshalb zusammen. Die „Vorbetrachtungen“ sind für alle gültig ebenso wie die Gleichnisse, die mehr sind als ausschmückende Schlußbetrachtungen oder feierabendliches Bekenntnis: ein integrierender Bestandteil.

Gehen wir nun ans Werk, um den Irrtum aufzuspüren, den die Wünschelrute der Gnosis anzeigt!

Wir verwechseln dauernd das Licht mit den Wirkungen des Lichtes. Das Licht ist etwas anderes als das, wofür wir es halten.

Zweites Hauptstück

DIE KONZEPTION

EIN KLEINES REPETITORIUM

MATERIE

Weil diese Schrift keine exakte Wissenschaft enthält, welche für die Fachwelt geschrieben wird, sondern Naturphilosophie, werden zu ihrem Verständnis auch nicht mehr Fachkenntnisse vorausgesetzt, als sie einer guten Schulbildung entsprechen. Wir vergegenwärtigen uns deshalb zuvor aus dem Schatz unserer Erinnerungen das Wichtigste. Es ist kein allgemeines, großes, sondern nur ein selektives, kleines Repetitorium, das für das Verständnis unserer Probleme zusammengestellt wurde.

*

Wir beginnen mit einer Betrachtung über die Materie, ihre Veränderung und Verwandlung.

Bereits die Alchemisten hatten sich mit der Verwandlung der Materie beschäftigt. Als Schwarzkünstler und Dunkelmänner verschrien, vereinte sich bei ihnen dennoch Dunkles mit Leuchtendem, Aberglauben mit sakralem Wissen. Sie glaubten an die „prima materia", aus der alles entstanden sei und deshalb auch an die Möglichkeit, Gold zu machen. Von der Allmacht des Edlen durchdrungen, hatten sie die Vorstellung von einem „Stein der Weisen", dem Lapis, der das Unedle edel und das Gestein zu Gold machen könne, wie der edle Schößling die wilde Rose verwandelt, oder der König den Menschen adelt, was edeln bedeutet. Das war der metaphysische Sinn der Goldmacherei.

Auch die vier Elemente der Alchemisten: Luft, Wasser, Erde, Feuer hatten eine viel elementarere und schicksalhaftere Bedeutung, als unsere heutigen chemischen Elemente. Auf dem Schutthaufen erfolgloser Versuche der Goldmacherkunst entstand dann später unsere Chemie und aus den vier Elementarmächten die chemischen Elemente, die sich bereits als höchst unelementar erwiesen haben.

Bis jetzt sind uns rund hundert Elemente bekannt, welche nach ihrem steigenden Atomgewicht in ein System gebracht werden können. Sonderbarerweise zeigt jedes achte Element wieder verwandte Eigenschaften. Setzt man solche Achterreihen, welche an die Oktaven der Musik erinnern, untereinander, entsteht das Periodische System der Elemente, das auf eine innere Ordnung der Materie hinweist. Es wurde fast gleichzeitig von Lothar Meyer und Mendelejew gefunden.

Der tiefere Grund der hier nur in großen Zügen angedeuteten Ordnung, welche im Periodischen System verborgen liegt, wird erst verständlich, wenn wir uns in die innere Struktur der Atome vertiefen. Niels Bohr hatte die Schau, daß das Atom im Mikrokosmos dem Planetensystem im Makrokosmos entspricht. Gleich dem Kreisen der Planeten um die Sonne rotieren im Atom kleinste Teilchen, die wir Korpuskeln – Körperchen – nennen, um einen zentralen Kern. Deshalb sprachen wir auch schon von einem „Corpuscularium“ und „Planetarium“.

Im Atombau spielen im wesentlichen negativ geladene Korpuskeln, die Elektronen, positiv geladene Korpuskeln, die Protonen, und neutrale Korpuskeln, die Neutronen, eine Rolle. Die negativen Elektronen kreisen um den positiven Kern, der aus Protonen und Neutronen besteht. Obwohl auch diese Erkenntnis seither verfeinert wurde, ist sie im Prinzip richtig und wird ihren Wahrheitsgehalt nie verlieren.

Erwähnt muß noch werden, daß die Anzahl der positiven Kernladungen, das sind also die Protonen, welche den Atomkern bilden, der Zahl der negativen Elektronen entspricht, die ihn umkreisen. Ein Atom ist daher nach außen hin *elektrisch neutral.*

Die kreisenden Elektronen sind ganz ähnlich auf Bahnen angeordnet wie die Planeten, die in festen Abständen die Sonne umkreisen. Dieser Vergleich ist auch insofern aufschlußreich, als er mit relativem Maßstab auf die großen Entfernungen zwischen den kreisenden Elektronen und dem Kern hinweist. Die Atome sind wie das Planetensystem ein höchst luftiges Gebilde, durch welches man andere Korpuskeln hindurchschießen kann.

Die Elektronenbahnen sind merkwürdigerweise keine Kreise, sondern Ellipsen. Der Kern befindet sich in einem Brennpunkt dieser Ellipse, ähnlich der Sonne in den elliptischen Planetenbahnen. Diese Tatsache, an welche sich die Wissenschaft gewöhnt hat, ohne mehr nach dem Warum zu fragen, hat mich immer äußerst beunruhigt, weil ich bestrebt bin, in Harmonie und Stabilität zu denken und mir kaum vorstellen kann, daß der andere Brennpunkt eine bedeutungslose neutrale Zone gleich dem blinden Fleck im Auge sein soll.

Beim weiteren Vordringen in den Atombau begegnen wir dann der Tatsache, daß die Elektronenbahnen nur eine beschränkte Anzahl von Plätzen zur Verfügung haben. Ist eine Schale besetzt, muß beim nächstschwereren Atom eine neue Schale begonnen werden. Auf der innersten Schale haben nicht mehr als zwei Elektronen Platz. Ihre Besetzung ergibt das Element Helium. Auf den nächsten Schalen haben jeweils acht oder ein Vielfaches von acht Platz. So verstehen wir heute aus dem Aufbau der Atome die Zwangsläufigkeit der Ordnung im Periodischen System der Elemente.

Ein Atom ist also nicht, wie das griechische Wort sagt, ein Unzerschneidbares, sondern ein Zusammengesetztes. Um positive Kernladungen kreisen auf festen Bahnen negative Elektronen wie Planeten um die Sonne. In dieser Schau begegnen wir zugleich auch dem naturphilosophischen Prinzip echter Entsprechung, durch das uns Niels Bohr eine neue Welt eröffnet hat.

DIE CHEMISCHE REAKTION

Nun kommt etwas sehr Beachtenswertes: in jedem Atom besteht ein Streben nach Vollbesetzung der Achterschalen, auf welchen die Elektronen kreisen, also sozusagen eine Kraft, welche die Elektronen bestimmt, das Ordnungsprinzip des Atombaues zu erfüllen. Dieses Bedürfnis des Atoms, Elektronen aufzunehmen oder abzugeben, um eine vollbesetzte Schale zu erreichen, ist eine Art inneres Schwereprinzip und die bewegende Kraft aller chemischen Reaktionen. Ist auf der Schale eines Atoms noch ein Platz frei und eine Achterschale in einem anderen Atom nur mit einem Elektron besetzt, so kann dieses Elektron seinen Platz wechseln und den leeren Platz auf der unvollendeten Achterschale einnehmen. Durch einen solchen Elektronensprung entsteht eine chemische Verbindung. Das Wort „chemische Verbindung“ trifft den Sachverhalt nicht ganz, sondern es entstehen zwei neue Atome, von denen das eine ein Elektron mehr und das andere ein Elektron zu wenig hat. Die neuen Gebilde sind elektrisch geladen, das eine negativ, das andere positiv und heißen „Ionen“. Eine chemische Verbindung ist eigentlich eine Verwandlung der Atome in den Ionenzustand, wobei die beiden Ionen durch elektrische Anziehungskräfte aneinander gebunden sind.

Ist eine Schale vollbesetzt, so hat das betreffende Atom keine Veranlassung mehr, chemische Reaktionen einzugehen und kann nicht mehr in den Ionenzustand übergehen. An dieser Stelle des Periodischen Systems befinden sich die Edelgase: Helium, Neon, Argon, Krypton, Xenon und die Emanation des Radiums, das Edelgas Radon. Diese gehen unter normalen Voraussetzungen keine Reaktionen mehr ein. Die Frage, wie weit sie innerhalb der Kernreaktion beständig sind, steht noch offen und gehört zu den Fragen, welche die Naturphilosophie hier anmeldet.

Über die Neigung zur vollbesetzten Achterschale hätten die Alchemisten in ihrer Sprache gesagt: alles Atom will Edelgas sein, so wie alles Erz Gold sein will. Es ist die eine Strebungsrichtung der Natur, nämlich die zur Stabilität, Unangreifbarkeit und zur Ordnung, die ein Wesenszug des Edlen ist. Die Atome mit unvollkommen besetzten Schalen sind unerlöste Stoffe, die sich durch Vermählung mit anderen ergänzen, das heißt ganz-machen oder heilmachen wollen. Sie streben zur Edelgaskonfiguration ihrer Erlöstheit hin.

Mit wachsender Zahl der Kernladungen und der kreisenden Elektronen, also mit wachsender Ordnungszahl, welche mit dem steigenden Atomgewicht gleichläuft, wächst auch die Kraft, die die Welt des Atoms im Innersten zusammenhält, bis sie schließlich beim Radium nicht mehr standhält, und Elektronen und Protonen aus ihrem Gefüge herausfliegen. Durch diese als Radioaktivität bezeichnete Eigenschaft strebt die unstabile, übersättigte Materie ihrer Ordnung zu. Das Radium verwandelt sich in Blei.

Wird das Gleichgewicht in den Atomkernen künstlich gestört, so können die Atome zerfallen und sich dabei in stabilere Atome verwandeln, ein Vorgang, den wir generell Kernreaktion nennen. Ihrem Wesen nach ist sie eigentlich gar nicht so ganz etwas anderes wie der Elektronensprung bei einer chemischen Reaktion.

Neben dem bekannten Uranzerfall spielt die Umwandlung des Wasserstoffs in Helium eine besondere Rolle. Auch der Mechanismus dieser Reaktion ist eigentlich einfach: die beiden Kerne, die im Wasserstoffmolekül an den Enden einer Achse sitzen, um welche die beiden Elektronen kreisen, stürzen durch das innere Schwereprinzip in die Mitte und bilden einen Heliumkern, der aus zwei Protonen besteht. Diese Reaktion setzt ungeheure Energien in Freiheit, welche zuerst in der Wasserstoffbombe „nutzbar" gemacht wurden. Sie ist wohl auch eine der energieliefernden Reaktionen der Sonne. Dabei fällt uns auf, daß das Edelgas Helium somit auch in der Weißglut der Sonne beständig sein müßte. Wahrscheinlich sind alle oder mehrere Edelgase, sicher aber das Helium, der unzerstörbare Rest der Kettenreaktion, weshalb die Gleichung: Masse = Energie nicht ganz aufgehen kann und die Verwandlung von Materie in Energie sich nicht völlig realisieren läßt, weil immer Edelgas übrigbleibt – ein für mich sehr beruhigender Gedanke.

Am Ende dieser Betrachtung stehe die Erkenntnis, daß die Materie sich in zwei

Erscheinungsformen manifestiert: in der göttlich-stabilen und unzerstörbaren und in der übersättigten, unzufriedenen, unerlösten, aus ihrer Bindung fallenden und berstenden, der satanischen Labilität. Atomzerfall kann Energie spenden wie das Feuer des heimischen Herdes, oder er kann alles mit sich in die Zerstörung reißen und radioaktiv vergiften.

Darin, daß Feuer Geschenk sein kann oder Raub, liegt die Schicksalsträchtigkeit alles Prometheischen. Vor dieser gigantischen Wahl steht der Mensch, und niemand kann seine Willensfreiheit in dieser Entscheidung leugnen. Es ist immer dieselbe Entscheidung wie auf dem Berg der Versuchung: die Entscheidung zwischen Gott und Teufel.

DIE KORPUSKELN

Die Atome sind also kein Unteilbares, sondern ein Zusammengesetztes. Sie bestehen im wesentlichen aus Protonen, Elektronen, Neutronen und vielleicht noch aus anderen Korpuskeln. Das Bohrsche Atommodell dient dabei auch heute noch als begehbare Brücke, obwohl wir längst wissen, daß es kein Modell der Wirklichkeit ist.

Bei der Betrachtung über die Materie haben wir bereits zwei dieser Korpuskeln kennengelernt: das positiv geladene Proton und das negativ geladene Elektron, welche gewissermaßen elektrische Elementarteilchen darstellen. Schon hier sei darauf hingewiesen, daß der Begriff Elektrizität eine Doppelbedeutung hat, nämlich die einer elektrischen Ladung und die eines elektrischen Stromes, sozusagen des Stoffes Elektrizität und der Energie Elektrizität, die wir streng auseinanderhalten müssen, und die auch nicht ineinander verwandelbar sind, worauf wir noch zurückkommen werden. Die Korpuskeln haben also die Eigenschaft – wie es die Eigenschaft der Materie ist, schwer zu sein – eine elektrische Ladung darzustellen und entsprechend dem Gravitationsfeld der Materie ein elektrisches Feld zu erzeugen. Es gibt jedoch auch elektrisch neutrale Korpuskeln. Die Korpuskeln machen den Eindruck enger Verwandtschaft und erscheinen wie Geschwister einer Familie. Als negative, positive und neutrale Korpuskeln erinnern sie uns an das männliche, weibliche und geschlechtslose Prinzip. Diese Bemerkung ist mehr als ein Gedankenspiel und soll darauf hindeuten, daß die Beziehungen der Korpuskeln zueinander schicksalhaften Charakter haben.

Die Eigenschaften der Korpuskeln sind kaum erforscht, denn ihre Größenordnung liegt unterhalb jeder menschlichen Erfassungsmöglichkeit. Wir kennen sie nur durch die Spuren, die sie hinterlassen und in der Spiegelung paramathematischer Formulierungen.

Es hat den Anschein, als ob die Korpuskeln in sich selbst wiederum eine Polarität gleich der Nord-Südpolarität der Erde aufweisen. Sie haben eine Achse, den sogenannten Spin, der darauf hindeutet, daß sie selbst oder etwas an ihnen oder in ihnen rotiert, weshalb das negative und positive Elementarteilchen auch schon als „Zyklon" und „Antizyklon" angesprochen wurden.

In Weiterentwicklung des Bohrschen Atommodells ist das Elektron, das mit ungeheurer Geschwindigkeit um den Kern rotiert, von Schrödinger nicht mehr als Teilchen, sondern als stehende Welle gesehen worden. Ein rasch fliegendes Korpuskel müssen wir uns als Wellenband vorstellen, so daß auch seine kinetische Energie zu einem wellenförmigen Band wird. Es ist nicht verwunderlich, daß es hierbei nicht mehr möglich ist, *gleichzeitig* den Ort eines Elektrons und seine Geschwindigkeit zu bestimmen, sondern es erscheint uns entweder als fliegendes Korpuskel, als Welle, oder als stehendes Korpuskel, als Körperchen.

Wir betreten damit das Gebiet der von de Broglie verkündeten Wellenmechanik, welche die Koexistenz von Körperchen und Welle bzw. den Wellencharakter der Materie zum Thema hat.

Da das kleine Repetitorium nur den Stand der Wissenschaft ganz gedrängt in Erinnerung rufen soll, haben wir weiterhin die allgemein anerkannte Ansicht wiederzugeben, nach der ein Korpuskel und eine elektromagnetische Welle, wie etwa ein Licht- oder ein Gammastrahl, identisch seien, so daß sich das eine in das andere verwandeln könne, mit anderen Worten: daß Materie zu zerstrahlen vermöge.

Über die Berichterstattung hinaus müssen wir darauf hinweisen, daß wir vom Standort der Naturphilosophie in diesem Fragenkomplex noch eine tiefe Problematik sehen. Wir bezweifeln die de Broglie-Schrödingerschen Erkenntnisse in keiner Weise, nach denen ein *fliegendes* Elektron als stehende Welle, also ein *fliegendes* Korpuskel als wellenförmiges Energieband erscheint, sind aber der Ansicht, daß dies alles nichts mit einer elektromagnetischen Welle zu tun hat! Eine voreilige Identifizierung von Korpuskeln mit elektromagnetischen Wellen und der Glaube an ihre Verwandelbarkeit ineinander ist für uns der neuralgische Punkt im ganzen Organismus der Kernphysik.

Und nun noch ein Wort zum Atomkern, der im Prinzip aus positiven Protonen besteht, deren Anzahl die Ordnungzahl im Periodischen System der Elemente bestimmt. Auch hier sind die Verhältnisse komplizierter, als man zunächst annahm. Der Atomkern enthält außer den positiven Protonen noch gleich viel oder mehr elektrisch neutrale Korpuskeln, die Neutronen. Diese sollen aus noch nicht geklärten Gründen beim Zusammenhalt der Protonen im Kern mitwirken und die Abstoßung der gleichnamigen elektrischen Ladungen verhindern. Durch die Veränderung der Zahl der Neutronen im Kern entstehen isotope Elemente, das sind Atome, die bei gleicher Ordnungszahl ein anderes Atomgewicht und abweichende chemische Eigenschaften haben.

Das Zusammenwirken von Protonen, Neutronen und den später entdeckten Mesonen im Atomkern, wie überhaupt alle Theorien über „Kernkräfte“ oder „Kernkitt“ scheinen mir noch unabgeklärt. Ich gewinne jedoch immer mehr den Eindruck, daß der Kern, besonders bei schweren Elementen, eine Art Eigenleben hat und weniger einen kristallinen, statischen Charakter aufweist als vielmehr etwas Organischem, Amorphem, Dynamischem entspricht. Protonen und Kern gehören in eine weibliche Ordnung, und ich würde am liebsten von einem Kernplasma reden, ähnlich wie im Planetarium von einem Sonnenplasma, welches mehr einem bewegten brodelnden Reaktionsgut gleicht als einem glühenden Stück Kohle.

Mit diesen Betrachtungen haben wir uns bereits auf das Gebiet der Infraphysik begeben. Baut die Kausalphysik auf den Gesetzen bewegter Materie auf, so lassen sich diese nicht ohne weiteres auf die Welt der Korpuskeln und ihrer Bewegungen übertragen. An dieser Stelle sei nur so viel ausgesprochen: die Zäsur zwischen Kausal- und Infraphysik hat ihren tiefsten Grund darin, daß zwischen einem Atom als kleinstem Teilchen der Materie und einem Korpuskel ein prinzipieller Unterschied besteht. Die bisherige stillschweigende Annahme, daß die Korpuskeln zu behandeln seien wie die Massen in der Mechanik, war ein Irrtum. Die Korpuskeln bilden eine andere Kategorie.

VOM WESEN UND WIRKEN DES FELDES

GENEALOGIE DES PROBLEMS

Das Feld

Nichts ist weniger zufällig als die Geburt des Genies. Diese von der Natur berufenen oder ausgesandten Schöpfer entsprechen einer Entlassung und bilden eine Dynastie in lückenloser Folge. Keiner ist ausgelassen und keiner überflüssig. Keiner wiederholt, und keiner übt Plagiat. Jeder ist Original und einmalig und hängt doch mit denen zusammen, die vor ihm waren und denen, die nach ihm sein werden. Sie bilden wie die edlen Geschlechter einen Stammbaum. Einfügung und gleichzeitige Originalität sind ihr Geheimnis. Sie denken die Schöpfung weiter oder besser: die Schöpfung denkt sich in ihnen weiter. Es ist die gleiche Wahrheit, die uns im Grabspruch des Gustav von Bunge begegnet: „Wir ernten ständig, was wir nicht gesät haben, und wir sollen auch säen, was wir nicht ernten werden."

Lassen wir nun eine kurze Genealogie der Männer folgen, die das Thema weitergeführt haben, das uns hier beschäftigt:

Die Entdeckung der Elektrizität liegt im Altertum. Elektron ist griechisch und bedeutet Bernstein, an welchem die elektrische Veränderung durch Reibung zuerst beobachtet wurde.

Luigi Galvani, Professor der Anatomie in Bologna, entdeckte an zuckenden Froschschenkeln die Kontaktelektrizität, die später nach ihm Galvanismus genannt wurde. Ihm folgt Alessandro Volta. Dieser sieht zwar die Stromquelle und baut die nach ihm benannte Voltasche Säule, aber auch er übersieht den chemischen Anteil und bleibt immer noch in der Vorstellung der Kontaktelektrizität befangen.

In Michael Faraday leuchtet das Ingenium hell auf. Er erkennt im Froschschenkel und Metallhaken die elektrochemische Kette, findet die Äquivalenz von chemischer und elektrischer Energie und begründet die Elektrochemie.

Auch die Entwicklung unseres Problems geht auf ihn zurück. Er erkennt, daß die elektrischen und magnetischen Anziehungskräfte nicht wirken wie ein Gummiseil, sondern daß die Ladungen und Pole ein Kraftfeld erzeugen, welches sich um sie im Raum verteilt und bis ins Endlose ragt: Faraday schuf den Begriff „Feld". Dieser beinhaltet die im Raum wirkenden Kräfte, so daß man an jedem beliebigen Punkt von einer Feldstärke reden kann. Das Feld breitet sich radial um die Ladung aus, wobei die Feldstärke im Quadrat der Entfernung abnimmt. Das gilt für alle Felder einschließlich der Gravitation.

Der Name Michael Faraday führt uns überdies zum archimedischen Punkt des Problems, nämlich der Unterscheidung von Kraft und Arbeit und ihrer Anwendung auf das Feld. Da ich mich eingehend mit Michael Faraday beschäftigt habe, der übrigens der Schutzpatron meiner Zunft ist, kann ich hier berichten, daß man an ihm besonders deutlich erkennt, wie der schöpferische Einfall dem Gesetz von Zeit und Stunde unterliegt, das auch für den Helden und den Heiligen gilt. Außerhalb dessen, was mit ihnen geschieht oder ihnen widerfährt, können sie nichts tun. Und Christus trennt sie von der übrigen Menschheit durch das harte Wort: Meine Stunde ist noch nicht gekommen, eure Zeit aber ist allewege. Aber nicht nur die schöpferische Stunde untersteht keiner Willkür, sondern auch der anvertraute Anteil, das Maß der Erkenntnis, ist abgemessen. Auch die Erkenntnis ist gequantelt, und es kann ihr keiner eine Elle zusetzen, wenn sie ausgeschöpft ist. Dann ist der Genius blinder als der Scharfsinn des Talentes. Er sieht den Schatz zu seinen Füßen nicht mehr.

Das Gold, das leuchtend auf Faradays Weg lag, war das Gesetz der Erhaltung der Energie. Robert Mayer hatte noch nicht das Stichwort seines berühmten Erhaltungsgesetzes gegeben (er entdeckte es 1842 und Joule 1843). Als er es dann aussprach, konnte es Faraday nicht mehr „fassen". Er ahnte wohl, daß alle Kräfte irgendwie verwandt sind und lehrte die Umwandelbarkeit der einen in die anderen im Äquivalenzgesetz, aber er suchte wie nach einem Stein der Weisen nach ihrem gemeinsamen Ursprung oder einem Generalnenner und hatte eine völlig unklare Vorstellung vom Unterschied zwischen Kraft und Arbeit, zwischen Potential und Energie, die bei ihm zu *„power"* und *„forces"* verschmolzen und vernebelten. Über die Kraft sagt Faraday im Jahre 1837: „Wir können nicht sagen, daß die eine die Ursache der anderen ist, sondern daß sie alle zusammenhängen und von einer gemeinsamen Ursache herrühren", und 1838 – also vier Jahre vor Robert Mayers Auffindung des Erhaltungsgesetzes – schreibt er: „Kraft wird nirgends zerstört, alle Wirkungen sind ineinander verwandelbar und eine reine Erschaffung oder Produktion von Kraft findet nirgends statt ohne entsprechenden Verbrauch von irgendetwas, was sie liefert." Wir spüren, wie in diesen Worten das Wissen um die Erhaltung der Energie latent enthalten ist, ohne daß er es mehr zu einem Gesetz verdichten konnte.

Heute sind die Begriffe von Kraft und Arbeit, Potential und Energie, kristallklar. Während sie Faraday noch verwechselte, sind sie inzwischen längst durch ihre Dimension identifiziert, worunter man die Reduktion eines physikalischen Begriffs auf die mathematischen Größen: Masse, Länge und Zeit versteht.

Da Maxwell, der später die Wirkungen dieser Felder in mathematischen Formeln erfaßte, und auch die auf ihn folgenden Naturwissenschaftler an dem Faradayschen Feldbegriff im wesentlichen nichts mehr änderten, folgt nach langer Pause in unserer Genealogie das Genie Albert Einstein, dessen Originalität uns heute beinahe wie ein zu nahes Licht blendet. Bei seiner Feldauffassung müssen wir vorausschicken, daß er als Mathematiker den Unterschied zwischen Kraft und Energie minutiös genau kannte, und eine Begriffsverwechslung oder -verwischung nicht vorliegen kann.

Einstein hält das Feld für eine Energie, und es war sein Alchemistentraum, den Feldbegriff zu einer universellen Feldphysik zu erweitern und Feld und Materie als dasselbe zu entlarven. Nachdem er die Gleichung fand, die Materie und Energie in Beziehung bringt, war für ihn Energie der Oberbegriff und Feld und Materie nur verschiedene Erscheinungsformen von ein und demselben. Die Materie war der Ort größter Feldstärke, „und ein durch die Luft geworfener Stein ist in diesem Sinne ein veränderliches Feld, bei dem die Stelle mit der größten Feldintensität sich mit der Fluggeschwindigkeit des Steins durch den Raum bewegt."

Nach Einstein ist das Feld eine Energie, eine „Veränderung im Raum" mit einer Struktur, die für ihn so real ist, wie die Berge und Täler, und ein wandernder Stern bewegt sich auf einer im Raum vorgezeichneten Schiene ähnlich dem Fluß, der zu Tal fließt. Sein Feldbegriff führt zwangsläufig zu geschlossenen Bahnen, dem gekrümmten Raum und einem „endlichen“, aber „unbegrenzten“ Universum. Physikalischer Raum und Feld sind für ihn identisch, und sein Universum reicht nur so weit wie diese; es ist ein geschlossenes System.

Die universelle Feldformel sagt indessen lediglich, daß alle Felder – seien sie Gravitation, Elektrizität oder Magnetismus – denselben Gesetzen folgen, ohne dabei über das Gemeinsame mehr an Wesentlichem auszusagen, als daß sie alle Energie sind, die nach ihr rechnerisch erfaßt werden kann.

Damit sind wir am Ende der Genealogie des Feldbegriffes angelangt, wobei wir noch zu erwähnen haben, daß es Einstein nicht gelungen ist, seine allgemeine Feldphysik aufzustellen und mit ihr neben den rechnerischen und quantitativen Beziehungen auch die Identität von Feld und Materie als *physikalische Realität* zu erfassen. Hierin ist sein Werk ein Torso, und dieser Weg mündet in einer Sackgasse. So bleibt sein schmerzlichstes Bekenntnis: *„Vorläufig müssen wir also noch beides als gegeben hinnehmen: Feld und Materie.“*

Die Vorstellung Einsteins, das Feld seinem Wesen nach für eine Energie zu halten, beruhte, wie wir später noch sehen werden, auf einem verhängnisvollen Ansatz, der den Ausgangspunkt seiner Entwicklungen bildete.

So liegt in der Berührungszone von Feld und Materie – die er für keine scharfe Grenze hielt – die Muß-Bruchstelle seines Weltbildes. Hier wird es auseinanderbrechen.

Der Lichtträger

Das Licht ist nach Ansicht der heutigen Wissenschaft strahlende Energie! Die kritische Behandlung dieser These ist das zentrale Thema des Traktates. Wenn Licht Energie ist, stehen wir vor der unausweichlichen Frage nach dem Träger dieser Energie, weil es Energie „an sich" ebensowenig gibt wie Bewegung an sich. Energie ist ein bewegtes Etwas, oder der Energiebegriff fällt in sich selbst zusammen: kinetische Energie ist bewegte Masse, Wärmeenergie bewegte oder schwingende Teilchen eines warmen Körpers, Schallenergie schwingende Luft, chemische Energie reagierende chemische Agenzien, elektrische Energie in einem Leiter bewegte Elektronen, und so fort. Letzten Endes ist das bewegte Etwas immer Stoffliches oder zumindest Gegenständliches. Daher glaubte man auch zunächst, das Licht bestünde aus bewegten kleinsten Lichtteilchen, welche sich mit Lichtgeschwindigkeit fortbewegen, wie ein Projektil reflektiert werden und alle jene Reize und Reaktionen ausüben, die uns als Wirkungen des Lichtes bekannt sind.

Erst die Entdeckung der Beugung des Lichtes und der sogenannten Interferenzerscheinungen ließen sich nicht mehr mit dieser Newtonschen Korpuskulartheorie erklären. Mit Huygens trat deshalb die Wellenauffassung des Lichtes, die sogenannte Undulationstheorie, in den Vordergrund, welche das Licht mit Wasserwellen verglich, die ein fallender Stein erzeugt, oder mit Schallwellen, was ebenso bestechend wie irreführend war. Da das Licht die riesigen Entfernungen des leeren Universums durchmißt und durchsichtige Körper passieren kann, nahm man einen alles durchdringenden „Weltäther" als tragendes Medium seiner Wellenenergie an. Es wurden sogar Versuche unternommen, die Dichte dieses Äthers zu errechnen, der so fein sein soll wie eine auf 10^{-13} verdünnte Luft. Man stellte sich dabei die fliegenden Ätheratome derart klein vor, daß sie infolge ihrer Kleinheit nicht mehr zusammenstoßen. Es drängt sich hier allerdings die naheliegende Frage auf, wie denn dieses feine, beinahe stofflose Medium Träger jener ungeheuren Energien sein kann, wie sie täglich von der Sonne an die Erde gespendet werden. Denn nur durch sie leben, weben und sind wir.

Erst viel spätere Beobachtungen, wie die des Photoeffektes, schienen es notwendig zu machen, doch wieder Lichtkorpuskeln anzunehmen, welche Einstein „Photonen" nannte. Trotzdem verblieb experimentelles Material, welches eine Wellentheorie des Lichtes aufnötigte. Heute vertritt man daher die Auffassung, daß das Licht gleichzeitig Welle und Korpuskel ist. Daraus entstand die schon erwähnte Wellenmechanik. Wir rufen uns hier lediglich in Erinnerung, daß sich dieses Doppelwesen des Lichtes nur dann zeigt, wenn man es von zwei verschiedenen Aspekten aus betrachtet, und daß es keinen Aspekt gibt, der das Licht gleichzeitig als Welle und als Korpuskel erscheinen läßt.

Eine genaue Dimension der Photonen, die uns sehr als Hilfshypothese anmuten, ist nicht bekannt. Ist schon das Elektron etwa zweitausendmal kleiner als das Proton, so ist das Photon noch viel kleiner, soll aber immer noch eine Größe sein, mit der man rechnen kann. Wenn also auch noch so klein, blieben diese Photonen immer noch Stoff und damit ein Träger für die Lichtenergie.

Schwieriger wurde die Frage nach dem Energieträger von dem Wellenaspekt des Lichtes aus gesehen, da ja Photon und Welle koexistent sein sollen. Da der leidige Äther hierfür immer problematischer erschien, wurde es dem souveränen Einstein schließlich zu dumm, so daß er ihn kurzerhand abschaffte. An Stelle des Äthers tritt nun das Feld.

Um dies zu verstehen, müssen wir einen anderen Ast am Stammbaum der Lichttheorien verfolgen: die Paramathematik greift ein! Der englische Physiker James Clerk Maxwell (1831–1879) unternahm es, die von Faraday begrifflich begründeten Felder zu errechnen. Er erfaßte die Kräfte, die an irgendeinem Punkt des Feldes wirksam sind oder an einem folgenden wirksam werden, paramathematisch und stellte die berühmten Maxwellschen Gleichungen auf, welche die Felder elektrischer Ströme, also nicht nur elektrischer Ladungen, rechnerisch erfassen können. Nun kam das Unerwartete und Überraschende: diese Maxwellschen Feldgleichungen, welche für elektromagnetische Wechselfelder aufgestellt wurden, paßten so genau auf Lichtwellen, wie eine Matrize auf ihren Abdruck!

Maxwell erkannte sofort die Bedeutung dieser Übereinstimmung und verkündete die elektromagnetische Natur des Lichtes. Doch vergegenwärtigen wir uns, daß damals noch niemand den elektromagnetischen Charakter der Lichtschwingungen mit den thermischen Schwingungen der Atome in Zusammenhang bringen konnte. Beim Äther war es einfach: wie ein Stein ins Wasser fällt und die sich ausbreitenden

Wellen einen schwimmenden Kork bewegen, oder wie eine Stimmgabel eine andere über die Energie der schwingenden Luft zum Tönen bringen kann, so sollte ein bei hoher Temperatur schwingendes Atom über den alles durchdringenden Äther die Energie auf ein anderes Atom übertragen und dieses in Schwingung versetzen. Dagegen fehlte der Zusammenhang zwischen Licht und Elektrizität noch vollkommen, weil nur ein elektrischer Wechselstrom in der Lage war, elektromagnetische Schwingungen dieser Art hervorzurufen. Maxwells Theorie konnte sich daher zunächst nicht durchsetzen, und so ging die Saat erst langsam auf für eine spätere Ernte.

In der Genealogie stoßen wir jetzt auf Heinrich Hertz. Er fand, daß in sogenannten Schwingungskreisen hin- und herpendelnde Ströme bisher unbekannte elektromagnetische Wellen erzeugen und nannte sie elektrische Wellen. Sie hatten eine große Reichweite und bilden die Basis der heutigen Rundfunktechnik. Ihre Wirkungen aber zeigten sich mit denen eines Wechselstromes im Trafo identisch; sie unterschieden sich von ihm nur durch ihre Wellenlänge.

Es führt an dieser Stelle zu weit, auf alle Einzelheiten der nun folgenden Entwicklung einzugehen. Es genügt festzuhalten, daß die heutige Wissenschaft den elektromagnetischen Charakter des Lichtes annimmt. Das Licht soll eine elektromagnetische Welle wie alle anderen uns bekannten elektromagnetischen Wellen sein, also wie die Wellen, die ein Wechselstrom und ein Schwingungskreis aussenden.

Wenn das Licht heute als elektromagnetische Welle behandelt wird, so haben wir damit zwar Formeln in der Hand, mit denen wir rechnen können, unserem Bestreben aber, das Trägermedium der Lichtenergie erfassen zu können, sind wieder nur Steine statt Brot geboten worden. Alle Theorien, die sich in der Folge der Zeiten ablösten, haben nur das eine gemeinsam, daß sie das Licht für eine Energie halten. Über das fragwürdige Trägermedium sagen sie hingegen nichts aus, es bekommt nur einen anderen Namen. Einst hieß es Äther, dann Feld und schließlich „veränderter Raum". Entweder ist jedoch das Licht eine Energie, dann *muß* es auch ein Trägermedium geben, oder es gibt dies *nicht,* dann ist Licht *keine* Energie.

Hier auch nur einen Schritt – der Schritt ist das Elementarquantum des Weges – weiterzukommen, ist das Ziel des Traktates.

Ist Energie tatsächlich massengebunden? Dann müßte jedes elektromagn. Feld durch ein Vakuum unterbrochen werden.

DIE GESCHICHTE VOM MOND UND DEM MEER

Das Mittelmeer ist zwar das „mare nostrum", aus dem die abendländische Kultur aufgestiegen ist wie aus dem mütterlichen Schoß, aber es ist nicht im eigentlichen Sinne das „Element Meer". Es ist das große, durch die Zange von Gibraltar abgeschnittene, gezeitenarme Binnenmeer mit einer gluthaften, aber noch nicht tropischen Wärme. An seinen Gestaden wuchsen einst weiße Marmortempel, und in seine Häfen trugen die Schiffe Gold und Edelgestein aus aller Welt.

Das Element Meer ist etwas anderes, eine Urkraft, welche durch Beizung und Reizung, durch Sand und Salz, Sonne und Wind müdes Leben neu entfacht und uns daran erinnert, daß wir ihm entstiegen sind. Nur in der Brandung dieses Meeres überkommt uns ein neues Körpergefühl, gleich als wollte unser Blut sich vorgeburtlich mit ihm vermischen. Berg und Meer sind die Pilgerziele unserer Wanderungen, und war kein Sommer, in dem nicht der goldene Ball am gleißenden Horizont versank.

Aber einmal in einer einsamen Bucht hat mich die Ebbe herausgezogen, so daß ich um mein Leben kämpfen mußte gegen den Sog des Verderbens. Seit diesem Erlebnis bewegte mich die Frage, woher eigentlich die Kraft kommt, die wie eine unsichtbare Hand mein Leben bedrohte. „Das hat der Mond getan", sagen die Menschen, und deshalb hat mich die Geschichte vom Mond und dem Meer nicht mehr losgelassen.

Zweimal in vierundzwanzig Stunden hebt und senkt sich das gewaltige Weltmeer vor uns wie ein langsamer, großer Atem.

Aber nicht nur das Meer, sondern alles, was federnd und schwingend, alles was beweglich mit der Erde verbunden ist, wird von dem wechselnden Gravitationsfeld des Mondes mitbewegt. Solcher Dinge sind Legion: die goldenen Ähren, die sich in der Reife neigen, die Zweige an den Bäumen, die Haare auf unserem Haupte und alles, was nicht in starrer Weise mit unserer Erde verbunden ist, wird leichter und schwerer, es bewegt sich. Das Luftmeer umwogt die Erde, und man behauptet, daß sogar die Erdkruste sich gegen das flüssige Erdinnere verschiebt.

Aber wir wollen bei unserer Geschichte vom Mond und dem Meer verweilen und dabei die Tatsache unbeachtet lassen, daß die Sonne trotz ihrer weiteren Entfernung, dafür aber mit größerer Masse mitwirkt und manchmal mit dem Mond zusammen Springfluten erzeugt. Es soll alles, soweit es angängig ist, auf das Zusammenwirken von Mond, Erde und Meer beschränkt bleiben, damit sich uns ihr Geheimnis offenbart.

Bei dem gigantischen Wellenschlag der Gezeiten und aller anderen Massen, die Bruder Sysiphus Mond immer wieder hochhebt und fallen läßt, wird die Bewegungsenergie als Wärme verbraucht, wenn nicht eines Tages der Mensch die Bewegungsenergie der Flutwellen in Gezeitenkraftwerken für sich gewinnt, wie es im gewaltigen Projekt für die Bucht von St. Michèle geplant ist. Ob der Heilige Michael das gutheißen, oder ob dadurch der Schwingungsrhythmus der Gezeiten gestört wird, wird sich zeigen.

Die Gezeitenbewegung des Meeres und aller schwingungsfähigen bewegten Gebilde auf der Erde stellen kinetische Energien dar, für die die Einheit der Kilowattstunde nicht mehr ausreicht, so daß wir uns staunend fragen müssen: wer liefert diese Energie nun eigentlich und – was mir noch wichtiger erscheint – über welche „Leitungen“ gelangt sie denn vom Mond zum Meer?

Die Energie, die das Meer bewegt, entstammt dem Bewegungssystem Mond–Erde: es ist eine Maschine. Mond und Erde bewegen sich im gleichen Drehsinn, aber verschieden schnell. Die Erde braucht einen Tag und der Mond dreißig Tage zu einer Umdrehung. In dieser Mond-Erde-Maschine kommt es indessen nur darauf an, wie sich die beiden Teile *relativ* zueinander bewegen. Wie jeder Motor gibt die Maschine, wenn sie abgebremst wird, Energie ab, wobei sich ihre Drehung verlangsamt. Da beide kreisenden Massen an der Energielieferung beteiligt sind, wird die Drehbewegung des Mondes und die der Erde abgebremst, wodurch sich auch der Abstand ändert: der Mond weicht zurück und die Gezeiten, welche in der Frühzeit tosenden Wassermassen glichen, werden immer schwächer.

Wenn wir uns jetzt der Frage nach der Art und Weise der Energieübertragung der Mond-Erde-Maschine auf die Wassermassen zuwenden, so stellen wir, um diesen Kernpunkt zu erfassen, das Ganze in einem supponierten Experiment dar. Wir denken uns die Erde als eine riesige, glatte Stahlkugel, das Meer als eine darin eingelassene, kochsalzfreie Wassermasse und den Mond als eine maßgerechte kleine Stahlkugel, die wir beliebig schnell drehen lassen können.

Messen wir an unserer idealen Apparatur die Energien, welche die Bewegung des Gezeitenwassers erfordert, so können wir feststellen, daß sie mit dem Energiebetrag identisch ist, den die Maschine abgibt, indem sie ihre Drehung verlangsamt. Lassen wir nun aber beispielsweise unser künstliches Meer plötzlich einfrieren, so arbeitet die Mond-Erde-Maschine mit konstanter Geschwindigkeit, ohne sich weiter zu verlangsamen. Es fehlt jetzt das schwingende System, das Energie aufnimmt.

Wir wissen, daß ein *ruhendes* Kraftfeld, z. B. das Schwerefeld der Erde keine Energie übertragen kann. Die Schwerkraft der Erde teilt dem Wasser in meinem Glase, das vor mir steht, keine Energie mit, und auch der Mond könnte dem Meer keine Energie vermitteln, wenn er nicht kreisen würde. Durch die Drehung des Mondes entsteht aber ein *wechselndes* Schwerefeld, und das Meer schwingt im Rhythmus dieser wechselnden Gravitation. Eine neue Erkenntnis tut sich uns auf: *das wechselnde Gravitationsfeld, ein schwingendes Feld, kann Energie übertragen, ohne selbst Energie zu sein.* Ein ruhendes Kraftfeld, ein Gleichfeld, ist keine Energie, sondern eine Kraft, und ein wechselndes Kraftfeld, nämlich ein Wechselfeld, ist ebenfalls keine Energie, sondern bleibt eine Kraft! Gleichfeld und Wechselfeld sind ihrem Wesen nach dasselbe, ein Wechselfeld kann aber ein sich *bewegendes* und ein *bewegliches* System miteinander in Resonanz bringen. Die Wassermassen des Meeres treten *in Resonanz* mit dem Rhythmus des bewegten Mondes.

Um das noch deutlicher zu machen, können wir mit unserer Maschine weitere Experimente anstellen. Wir stellen auf unserer künstlichen Stahlerde allerlei schwingungsfähige Gebilde auf und steigern die Umdrehungszahl des Mondes bis zu deren jeweiliger Eigenschwingung. Wir könnten auf diese Weise etwa eine Saite zum Schwingen bringen, und die Menschen würden verzückt sagen, es kommt Sphärenmusik auf unsere arme Erde herab. Ja, es ließen sich erstaunliche Dinge mit unserer Mond-Erde-Maschine bewerkstelligen, die alle aber nicht wunderbarer wären als das, was täglich der gute, alte Mond, wenn auch nur in Zeitlupe, vor unseren Augen vollbringt.

Das schwingende Kraftfeld des Mondes überträgt kinetische Energie der Mondbewegung auf das schwingungsfähige Meer. Ein schwingendes Kraftfeld kann also Energie von einem System auf ein anderes übertragen, ohne selbst Energie zu sein. Nur gut, daß der Mond so langsam kreist, und noch niemand den Charakter des Wechselfeldes bemerkt hat. Würde er schneller kreisen und ein rasch schwingendes Wechselfeld, eine sogenannte „Feldwelle“ erzeugen, so würde die Wissenschaft vielleicht sagen, daß der Mond „Gravitationsenergie ausstrahlt“.

Aber das Wechselfeld des Mondes ist eben kein *Energiefeld*, sondern ein wechselndes *Kraftfeld*, durch welches das Meer mit dem Mond in Resonanz tritt und die Energie der Mondbewegung auf das bewegliche Meer übertragen wird. Es ist ein wundersames Zusammenspiel, das uns der Sparsamkeit in der Schöpfung gedenken läßt. Die Energie des Mondes wird an das Meer geliefert, ohne daß das „Etwas“, welches die Energie transportiert, selbst Energie ist. Es erinnert an einen bargeldlosen Zahlungsverkehr: auf Gold wird ein Scheck gezogen, den der Empfänger wieder in Gold verwandelt. Ebenso wie das Papier des Schecks kein Gold ist, aber wieder zu Gold wird, ebenso ist das wechselnde Kraftfeld keine Energie, sondern vermittelt nur Energie.

Wir stehen hier vor dem Prototyp eines großen Phänomens: der energielosen Energieübertragung! Dies ist die Geschichte, die der Mond und das Meer uns erzählt haben.

DAS TRAFOPRINZIP

Haben wir in den Gezeiten des Meeres die erste energielose Energieübertragung durch ein wechselndes Gravitationsfeld kennengelernt, so liegt es nahe, der Frage nachzuspüren, ob wir bei anderen Kraftfeldern ähnliches feststellen können, wenn sie sich als Wechselfelder betätigen. Wir wenden uns deshalb den elektromagnetischen Wechselfeldern zu, der sogenannten Elektrodynamik.

Wenn wir im folgenden einfache und bekannte Experimente mit bewußter Ausführlichkeit schildern, hat dies seinen besonderen Grund. Mit diesen Experimenten – sie sind in einem früheren Bild die Davidsschleuder – beabsichtigen wir unserer zentralen Frage nach dem Wesen des Lichtes zu Leibe zu rücken. Durch die Sorgfältigkeit der Untersuchungen wollen wir gemeinsam mit dem Leser darüber wachen, daß sich nicht irgendein Fehler einschleicht. Beginnen wir nun mit unseren Versuchen!

Ein Stahlstab ruht auf einem kleinen Kunststoffschlitten, der ähnlich dem Kolben bei einer Pumpe durch eine Kurbelwelle über eine Pleuelstange hin- und herbewegt wird. Die Kurbelwelle wird von einem Elektromotor angetrieben, der von einem konstanten Strom gespeist wird, so daß man an der Tourenzahl erkennen kann, ob er belastet ist.

Das Experiment hat begonnen, der Stahlstab bewegt sich wie ein Kolben rhythmisch hin und her, die Tourenzahl des Motors ist konstant.

Anschließend magnetisieren wir den Stahlstab auf bekannte Weise und legen ihn als nunmehr permanenten Magneten auf den Schlitten zurück. Der Motor wird wieder eingeschaltet, und der ganze Ablauf sieht genau gleich aus. An der Tourenzahl des Motors ändert sich nichts. Obwohl der Stahlstab jetzt ein Magnetfeld hin- und herbewegt, bedarf es dazu keiner *zusätzlichen* Energie, was wir auch nicht anders erwartet haben, da das Magnetfeld keine Reibung erzeugt und von keinen störenden metallischen Gegenständen beeinflußt wird.

Ein schwingendes Magnetfeld ist ein schwingendes Kraftfeld. Es ist ebensowenig Energie wie das schwingende Schwerefeld des kreisenden Mondes. Daran ändert sich auch nichts, wenn ich die Schwingungszahl meines Stabes erhöhe, indem ich den Motor schneller laufen lasse. Ich könnte ihn zum Beispiel mit 50 Perioden pro Sekunde schwingen lassen – das ist die Schwingungszahl des Wechselstroms unseres Netzes – oder so schnell, wie es mir mit dem gedachten Mechanismus beliebt. Immer ist die zur Erreichung der Schwingung benötigte mechanische Energie die gleiche, unabhängig davon, ob sich der Stahlstab in nicht magnetisiertem oder in magnetisiertem Zustand befindet.

Nun geht es weiter in unserem Experiment. Die Kunststoffvorrichtung, welche den magnetisierten Stahlstab trägt, ist so gebaut, daß man eine Spule aus Kupferdraht um den Schlitten legen kann. Es wird also um den hin- und herschwingenden Schlitten mit dem permanenten Magneten eine walzenförmige Spule angebracht, die man in der Physik Solenoid nennt. Die Enden dieser Drahtspule sind zunächst nicht miteinander verbunden; man spricht dann von einem offenen Stromkreis.

Hier dämmert uns aus der Physikstunde – ich rieche sogar noch das Öl, mit dem der Boden des Klassenzimmers behandelt war –, daß in der Spule ein Strom entsteht, und ich höre die Litanei, die uns in die Gehirnrinde eingegraben wurde: schneidet ein elektrischer Leiter magnetische Kraftlinien, so entsteht in ihm Strom! Ich erinnere mich auch noch der Korkzieherregel und der Linke-Hand-Regel, mit denen man den störrischen Esel über die wanke Brücke führen wollte. Also: durch das bewegte Magnetfeld entsteht in dem elektrischen Leiter, welcher seine Kraftlinien schneidet, ein Stromimpuls, der seine Richtung mit der Bewegungsrichtung des Stabes ändert. Dabei blieb mir besonders die Formulierung in Erinnerung, nach welcher der Strom, der in der Spule entsteht, so gerichtet ist, daß die von ihm erzeugte magnetische Kraft die Bewegung des Stabes zu *hemmen* sucht.

Kehren wir nun aber von der Physikstunde zu unserem Experiment zurück: bewegt sich der permanente Magnetstab in unserem Solenoid, so entsteht zunächst eine wechselnde Spannung, ein Wechselstrompotential, welches man in Volt mißt. Da wir den Stromkreis offenlassen, also die Pole nicht miteinander verbinden, stellen wir keine meßbare Änderung an der Tourenzahl unseres Antriebsmotors fest. Die Spule nimmt, technisch ausgedrückt, noch keine Energie auf.

Wir folgen dem Experiment mit gespannter Aufmerksamkeit und schließen nun, ohne sonst irgend etwas an dem Versuch zu ändern, die beiden Enden der Spule, das heißt wir entnehmen ihr nun Strom, dessen Stärke man in Ampère mißt. Im gleichen Augenblick sinkt die Drehzahl des Antriebsmotors, und zwar eben um den Energiebetrag, welchen die Spule als Wechselstrom erzeugt, dessen Leistung das Produkt aus Volt und Ampère ist, die wir an den Instrumenten ablesen. (Spannung × Stromstärke = elektrische Arbeit, oder Volt × Ampère = Watt.) Das geschlossene Solenoid wird von einem Strom durchflossen, der die Bewegung des Magneten hemmt, obwohl es mit ihm nur durch ein magnetisches Kraftfeld verbunden ist. Mit anderen Worten: der entstehende Strom hat über das Kraftfeld die Bewegung des Magnetstabes abgebremst. (Übrigens ist unser kleiner Apparat das einfachste Modell eines Wechselstromgenerators oder Dynamos, das heißt einer Maschine, die mechanische in elektrische Energie verwandelt.)

Beachten Sie genau, worauf es ankommt! Der schwingende Magnetstab erzeugt wohl ein Kraftfeld, aber er strahlt keine Energie aus. Das Magnetfeld, auch das schwingende, ist keine Energie, sondern der bewegte Stab leistet die Arbeit, die als elektrischer Strom in der Spule entsteht. Das Feld ist nur die verbindende Kraft, genau wie das Gravitationsfeld des Mondes, der die Gezeitenenergie spendet. Der Magnet verliert in keiner Phase des Experiments an Magnetismus und strahlt auch keine „schwingende magnetische Energie“ aus. Der Begriff „magnetische Energie“ wäre hier ebenso verfehlt wie „Gravitationsenergie“ bei dem Mond-Erde-System. Der Mond wird durch die Gezeiten nicht leichter, sondern langsamer.

Das ist ein zweites Beispiel der energielosen Energieübertragung! In diesem einfachen Experiment liegt der Schlüssel zur Erkenntnis des Wesens des Lichtes.

Nun geht es fließend weiter. Da sich auch mit einer stromdurchflossenen Spule ein Magnetfeld erzeugen läßt, können wir in unserem Experiment den Magneten samt dem Kunststoffschlitten durch ein Solenoid ersetzen. Wir nehmen also den ganzen Schlitten heraus und führen statt dessen ein Solenoid in die zylindrische Öffnung unserer alten Spule ein. Leiten wir durch das neue Solenoid einen Wechselstrom, so entsteht wieder ein schwingendes Magnetfeld, dessen Kraftlinien die äußere Spule schneiden und in ihr gemäß der „Litanei“ Strom erzeugen. Man nennt dann die innere Spule die Primärspule, die äußere die Sekundärspule und das Ganze einen Transformator. Genau genommen stellen zwei solche ineinandergesteckte Spulen einen Induktor dar, wie er als Zündspule des Automotors bekannt ist, welche den niedergespannten Akkustrom in den hochgespannten Zündstrom transformiert. Da aber alle Vorrichtungen dieser Art unter den Dachbegriff des Transformators gehören, wollen wir solche Anordnungen in Zukunft *Trafo* und das Prinzip, nach dem sie wirken, das *Trafoprinzip* nennen.

Grundsätzlich ist auch hier alles geblieben wie im ersten Experiment: ein Wechselstrom erzeugt über ein Wechselfeld in einer Drahtspule wieder einen Wechselstrom. Der Trafo verwandelt einen Wechselstrom in einen anderen, wenn wir wollen, in den gleichen. Dabei kann man durch Änderung des Querschnittes und der Windungszahl der Sekundärspule das Verhältnis von Volt und Ampère im Sekundärstrom ändern. Das Produkt aus Volt und Ampère bleibt in beiden Stromkreisen konstant und hat, abgesehen von Wärmeverlusten, dieselbe Wattzahl.

Weil die magnetischen Kraftlinien im magnetischen Feld nicht geradlinig verlaufen, werden in der Praxis bei Induktoren zur Vermeidung der magnetischen Streuung die Sekundärspulen möglichst eng um die Primärspulen gelegt. Nichts kann uns aber daran hindern, uns den Abstand zwischen den beiden Spulen beliebig groß vorzustellen. In unserem Gedankenlaboratorium, das wir jetzt wieder betreten, macht es keine Schwierigkeit, der Apparatur astronomische Dimensionen zu geben und zum Beispiel die Entfernung zwischen den Spulen so groß zu wählen, wie den Abstand zwischen Sonne und Erde. Immer funktioniert der Trafo noch, wenn wir die Spulen groß genug bauen. Dabei dürfen wir uns indessen nicht vorstellen, daß die Primärspule irgendwelche „Energie aussendet”, sondern beide Spulen sind durch ein elektromagnetisches Wechselfeld verbunden, welches die Energie überträgt.

Vergleichen wir abschließend noch einmal die verschiedenen energielosen Energieübertragungen, die uns bisher begegnet sind. Da ist also zunächst unser schönes

Mond-Erde-System, in dem wir den Ozean einfrieren ließen, so daß keine Gezeiten entstanden, und der Mond ungestört kreisen konnte. Erst als wir den Ozean auftauten und das Wasser sich wieder bewegen konnte, wurde die Mond-Erde-Maschine belastet und mußte die Gezeitenenergie hergeben. Genau so geschieht auch dem schwingenden Magnetstab und dem Primärstrom als Urheber seines magnetischen Wechselfeldes nichts, *solange der Sekundärkreis nicht geschlossen wird.* Erst der Sekundärstrom hemmt die Bewegung des Stabes, denn er verläuft in entgegengesetzter Richtung zum Primärstrom. Der Erreger, sei es der schwingende Stab oder die Wechselstromspule, „sendet" keine Energie aus, sondern erst die Störung des Feldes erzeugt im Ursprung einen Energieverlust.

Ohne Sekundärspule gibt die Primärspule keine Energie ab. Die Energie, die eine Sekundärspule aufnimmt, entspricht der Energie, die in der Primärspule verbraucht wird. Es ist die Trafoleistung. Unterbreche ich die Sekundärspule oder entferne sie, wird die Trafoleistung gleich Null. Der elektromagnetische Nutzeffekt jedes Trafos ist theoretisch 100%, und die praktischen Verluste entstehen als Wärme aus Ohmschem Widerstand und der Hysteresis des Eisens.

Die außergewöhnliche Bedeutung dieser Feststellung kommt uns besonders zum Bewußtsein, wenn wir wieder zu unserem Riesentrafo zurückkehren. Auch dort sind die Verhältnisse genau dieselben und die Primärspule auf der Sonne verbraucht nur Energie, wenn eine Sekundärspule auf der Erde sie aufnimmt.

Hier wollen wir vorläufig unser Versuchsprotokoll abschließen. Wenn tatsächlich der Mond-Erde-Motor und die Gezeiten, der bewegte Magnet und der durch ihn erzeugte Strom, wenn Primär- und Sekundärspule dasselbe Prinzip verkörpern, welche Konsequenzen ergeben sich dann, wenn am Ende auch die Energievermittlung von der Sonne auf die Erde, die wir Licht nennen, sich als ein Trafo entpuppen würde?

FELDENERGIE?

Nachdem wir die Wirkung eines wechselnden Gravitationsfeldes bei der Mond-Erde-Gezeitenmaschine und eines wechselnden elektromagnetischen Feldes beim Trafo untersucht haben, befassen wir uns im folgenden mit der Frage nach dem Wesen und der Dimension der Felder.

Das Vorfeld eines Körpers ist nicht neutral; es wirken in ihm Kräfte, die von seinem Schwerpunkt ausgehen und bis ins Endlose zu wirken scheinen.

Könnte ich einen Stern entstehen lassen – und solche entstehen und verschwinden im Universum – dann braucht sein Gravitationsfeld eine gewisse Zeit, um sich auszubreiten. Diese Ausdehnungsgeschwindigkeit des Schwerefeldes ist gleich der Lichtgeschwindigkeit oder, richtiger ausgedrückt, die Lichtgeschwindigkeit ist gleich der Ausdehnungsgeschwindigkeit der Felder. Alle Felder haben nämlich dieselbe Ausdehnungsgeschwindigkeit: sie beträgt 300 000 Kilometer pro Sekunde. Dies ist ein Urphänomen.

Die gleiche Ausdehnungsgeschwindigkeit aller Felder ist unbestritten, und insoweit decken sich auch unsere Ansichten mit denen der Wissenschaft. In der Frage nach dem Wesen der Felder aber, womit wir ihre Kategorie und physikalische Dimension meinen, nämlich ob sie eine Kraft oder eine Arbeit sind, gehen die Ansichten diametral auseinander. Nur darin dürfte auch hier Übereinstimmung bestehen, daß nämlich *alle* Felder Kraft *oder* Energie sein müssen, nachdem sie die gleiche Ausdehnungsgeschwindigkeit haben und derselben universellen Feldformel genügen. Einige Beispiele zu Kraft und Arbeit:

eine *Kraft* ist der Druck in der Leitung eines Kraftwerkes vor der Turbine,
eine *Arbeit* ist die Bewegung des Hochdruckwassers gegen die Schaufel der Turbine,

eine *Kraft* ist die 6-Volt-Spannung an den Klemmen meines Akkus,
eine *Arbeit* ist die Wattleistung der Batterie beim Anlassen des Motors,

eine *Kraft* ist die Temperatur, die ich mit dem Thermometer in meinem Teekessel messe,
eine *Arbeit* ist die Wärmemenge in Kalorien, die ich dem Teekessel zuführen muß, um das Wasser auf den Siedepunkt zu bringen.

Nach der heute geltenden Auffassung der Wissenschaft erfordert nun auch die Erzeugung eines Feldes einen Arbeitsaufwand, der als „Feldenergie" realiter in ihm enthalten ist, während wir im Gegensatz dazu das Feld für eine an einem bestimmten Punkt auf einen dort befindlichen Prüfkörper wirkende Kraft ansehen.

Da wir es nun nicht in der Hand haben, ein Gravitationsfeld entstehen oder verschwinden zu lassen, ist die Schwerkraft ein ungeeignetes Objekt für unsere Untersuchungen, obwohl in unserer Alltagsvorstellung bei der Gravitation wohl kaum jemand auf den Gedanken käme, daß sie eine Energie darstellt. Wir alle kennen sie lediglich als eine Kraft und jede Bewegung gegen diese Kraft, wie etwa das Heben eines Körpers, benötigt einen Energieaufwand. Die Energie, die ich aufwenden muß, um den Körper zu heben, ist dann als sogenannte potentielle Energie der Lage in ihm aufgespeichert und wird wieder frei, wenn ich ihn fallen lasse.

Auch die Untersuchung des elektrostatischen Feldes dürfte eigentlich niemand dazu veranlassen, es für eine Energie zu halten. Lade ich einen metallischen Körper, einen sogenannten Konduktor, elektrisch auf, so bewege ich Elektronen gegen ihre Abstoßungskraft. Die dazu notwendige Energie wird als potentielle Energie der Ladung im Konduktor gespeichert und beim Entladen wieder frei, völlig analog dem Vorgang beim Heben und Fallen eines Gewichtes. Warum soll nun das elektrostatische Feld Energie darstellen, geradeso, als ob die elektrische Arbeit, die beim Laden aufgewandt werden mußte, zu ihrer Aufspeicherung eines Feldes bedürfte, das sie beim Entladen wieder abgibt? Nein, die Ladungsenergie sitzt nicht im Feld, sondern in der Zusammendrängung der sich gegenseitig abstoßenden Elektronen. Der Vorgang ist genau derselbe, wie das Aufblasen eines Fußballes, wenn ich die Luft wieder ausströmen lasse. In beiden Fällen zwingen wir die kleinsten Teile – dort die Luftmoleküle gegen die thermische Bewegung, hier die Elektronen gegen die elektrostatische Abstoßung – zusammen, ohne daß irgendwelche Gründe die Annahme rechtfertigen, nach welcher die dadurch erzeugte potentielle Energie in ein das Ganze umgebendes Feld schlüpft und dort gehortet sein soll.

Interessant wird nun unsere nächste Untersuchung, bei der wir einen elektrischen Strom durch einen geradlinigen Leiter fließen lassen, wodurch bekanntlich um diesen ein magnetisches Feld entsteht. Zur Darlegung der Auffassung der Wissenschaft hierüber haben wir eine Literaturquelle ausgewählt, deren einfache Darstellung allen verständlich ist. Es handelt sich um ein Zitat, für dessen Inhalt kein geringerer als Albert Einstein mitverantwortlich zeichnet[1]):

> „Wir denken uns einen Stromkreis, der, sagen wir, von einem Voltaschen Element gespeist wird. Plötzlich wird der Kontakt zwischen Draht und Stromquelle unterbrochen. Jetzt fließt natürlich kein Strom mehr, doch spielt sich während dieser kurzen Unterbrechung ein verwickelter Vorgang ab, der nach der Feldtheorie auch wieder hätte vorhergesagt werden können. Bevor der Stromkreis unterbrochen wird, ist der Draht von einem magnetischen Feld umgeben, das dann bei der Unterbrechung verschwindet. Das magnetische Feld wird also durch die Unterbrechung des Stromkreises ausgelöscht, das heißt, die Anzahl der Kraftlinien, welche durch die von dem Draht eingeschlossene gedachte Fläche hindurchgehen, hat sich sehr rasch verändert. Eine solche rasche Veränderung, wodurch immer sie herbeigeführt wird, muß aber wiederum einen Induktionsstrom erzeugen. Das, worauf es ankommt, ist die Veränderung des magnetischen Feldes. Je größer diese ist, um so stärker fällt der Induktionsstrom aus. Diese Schlußfolgerung ist ein weiterer Prüfstein für unsere Theorie. Die Unterbrechung eines Stromkreises muß also mit der Entstehung eines starken, nur für einen kurzen Augenblick fließenden Induktionsstromes verbunden sein. Wieder erbringt das Experiment eine Bestätigung unserer Voraussage. Jeder, der schon einmal einen Stromkreis unterbrochen hat, wird bemerkt haben, daß dabei ein Funke entsteht. Dieser Funke läßt auf die großen Potentialdifferenzen schließen, die durch die rasche Veränderung des magnetischen Feldes bedingt sind.
>
> Den gleichen Vorgang können wir von einer anderen Seite her betrachten,

[1]) Einstein-Infeld, „Evolution der Physik", 1951, S. 170 ff.

nämlich im Hinblick auf die Energie. Wenn das magnetische Feld verschwindet, entsteht, wie wir gesehen haben, ein Funke. Der Funke repräsentiert Energie; folglich *muß auch das magnetische Feld eine Erscheinungsform der Energie* sein. Wenn wir im Gebrauch des Feldbegriffs und der dazugehörigen Terminologie konsequent sein wollen, *so müssen wir das magnetische Feld als Energieanreicherung betrachten.* Nur dann können wir elektrische und magnetische Erscheinungen nämlich im Einklang mit dem Gesetz von der Erhaltung der Energie beschreiben.“[1])

Die von Einstein wiedergegebene Ansicht der Wissenschaft lautet also wie folgt: schalte ich einen Strom ein, so erzeugt dieser ein Magnetfeld, wobei ein Teil seiner Energie in diesem Magnetfeld thesauriert wird. Der dafür gelieferte Beweis ist der bei Unterbrechung des Stromkreises entstehende Induktionsstrom im sogenannten Öffnungsfunken, der aus diesem Magnetfeld stammen soll. Mit anderen Worten: der Induktionsstrom ist gleich der Energie, die im Magnetfeld thesauriert war und bei der Unterbrechung des Stromes aus diesem wiedergewonnen wird.

Wie sieht nun das Experiment in unserer Schau aus? Schalte ich einen Strom ein, so wird dabei den im Kupferdraht vorhandenen labilen Elektronen ein Bewegungsimpuls erteilt. Die sich im Draht bewegenden Elektronen stellen nunmehr eine elektrische Energie dar, die wir elektrischen Strom nennen. Um diese Zustandsänderung zu erreichen, braucht es Energie, genauso, wie es Energie braucht, um ein Schwungrad in Bewegung zu setzen. Ist das Schwungrad erst einmal durch einen Aufwand an Energie in Bewegung gesetzt, so bleibt sie – vorausgesetzt, daß es sich reibungslos bewegt – darin enthalten und kann im vollen Umfange wieder abgegeben werden, wenn ich es anhalte. In die elektrische Sprache übersetzt: wenn ich den Trägheitszustand der Elektronen in den Kupferatomen des Leiters in einen Zustand bewegter Elektronen überführe, so brauche ich dazu einen einmaligen Energieaufwand. Wie das Schwungrad dem Bewegtwerden einen Widerstand entgegensetzt, der nicht aus der Reibung, sondern aus seiner Trägheit herrührt, genauso setzen die Elektronen ihrem Bewegtwerden einen Widerstand entgegen, der nicht aus dem Ohmschen Widerstand des Leiters, sondern aus ihrer elektrischen Trägheit stammt. Die Überwindung dieser Trägheit geschieht nach einem Mechanismus, den wir Selbstinduktion nennen, ein Vorgang, der integral

[1]) Hervorhebungen von A. S.

gesehen, nur den Energieaufwand spiegelt, der notwendig ist, um die Elektronen in Bewegung zu setzen, das heißt: ihre elektrische Trägheit zu überwinden.

Wie beim Schwungrad die kinetische Energie, die ich hineingesteckt habe, beim Anhalten wieder erscheint, so wird auch die Impulsenergie, die ich beim Einschalten des Stromes aufgewandt habe, bei dessen Ausschalten wieder frei. Das geschieht wiederum über den Mechanismus der Selbstinduktion, die im Öffnungsfunken sichtbar wird. Die Energie des Öffnungsfunkens entspricht in der Energiebilanz genau der Energie, die ich benötigt habe, um die Elektronen gegen ihre Trägheit in Bewegung zu setzen. In unserem Bild können wir sie uns etwa so vorstellen, als würde unvorsichtigerweise das Schwungrad mit einem zu leichten Gegenstand angehalten, der nun durch die Schwungmasse davongeschleudert wird. Immer ist die aufgewandte Energie, die den Strom in Bewegung setzt, dieselbe, die beim Ausschalten wieder frei wird.

Praktisch müssen wir beim Einschalten eines Stromes also zwei Wirkungen voneinander unterscheiden:

> die Energie, welche einmalig aufgewandt wird, um die *ruhenden* Elektronen in *bewegte* zu verwandeln und

> die Energie, die notwendig ist, um diese Bewegung gegenüber der Reibung, nämlich dem Ohmschen Widerstand des Leiters, zu erhalten.

Die erste Wirkung könnten wir für sich allein realisieren, indem wir in einem geschlossenen Leiter bei extrem tiefen Temperaturen einen Strom erzeugen, an dem bekanntlich der Ohmsche Widerstand praktisch nicht mehr vorhanden ist. Ein solcher in einem sogenannten „Supraleiter“ fließender geschlossener Strom wird zu Unrecht wattloser Strom genannt, denn er verkörpert die Wattleistung, die zu seiner Erzeugung notwendig war, und die bei der Unterbrechung des Stromes im Öffnungsfunken wieder zutage tritt.

Daß die Selbstinduktion, die Einstein so wichtig ist, beim *Anlassen* und *Abbremsen* eines elektrischen Stromes eine Rolle spielt, hat eben seinen Grund darin, daß sie für alle Zustandsänderungen der elektrischen Bewegung, also sowohl für die

Überführung ruhender Elektronen in bewegte als auch umgekehrt, verantwortlich ist. Mit anderen Worten: die Induktionsströme sind Trägheitswirkungen bei der Energieänderung zwischen ruhenden und bewegten Elektronen. Dabei ist die Vorstellung, daß sich interimistisch elektrische Energie in magnetische Feldenergie verwandelt, also sozusagen ein Bankinstitut auf magnetische Währung dazwischengeschaltet sei, völlig unnötig, wenn man naturphilosophisch gewöhnt ist, einen elektrischen Strom im Supraleiter auch als kinetische elektrische Energie anzusehen.

Noch eine weitere Überlegung spricht gegen die Auffassung, daß die zum Anlassen eines elektrischen Stromes notwendige Energie im magnetischen Feld thesauriert werde. Das entstehende magnetische Feld breitet sich ja um den Draht mit der Feldgeschwindigkeit von 300 000 Kilometer pro Sekunde aus; dabei nimmt die Feldstärke nicht etwa ab, sondern sie verteilt sich lediglich nach dem Coulombschen Gesetz auf einen weiteren Raum. Das entstehende Feld, welches die Energie thesaurieren soll, ist also – was offenbar ganz vergessen wurde – im ständigen Anwachsen begriffen und dehnt sich während Sekunden, Stunden, unter Umständen Lichtjahren ins Endlose aus, so daß unser elektrischer Strom dauernd Energie nachliefern müßte, um das wachsende Magnetfeld damit auszustatten. Wo bleibt hier der Einklang mit dem Gesetz der Erhaltung der Energie, auf das Einstein abzielt?

Und dann noch eine etwas boshafte Frage: wenn ich nun nach einiger Zeit unseren Strom unterbreche, saust dann das schon entstandene Feld wie eine Rundfunkwelle von hinnen und nimmt dabei seine Energie mit auf die Reise, oder schlüpft es wieder in den Draht zurück, um seine Energie an den Öffnungsfunken abzugeben, wobei natürlich für die Heimkehr des Feldes wieder ebensoviel Zeit benötigt würde wie zu seiner Ausbreitung?

Sie sehen, wenn wir die Vorstellung, ein elektrischer Strom thesauriere Energie in seinem Magnetfeld, konsequent durchdenken, so verwickeln wir uns in Widersprüche und Absurditäten, die fast wie Eulenspiegeleien anmuten.

Wenn demnach ein Feld keine Energie darstellt, also auch seine Ausbreitung keine Energie benötigt, so kann sein Verschwinden, welches wir in Zukunft Feldlöschung nennen, ebenfalls keine Energie liefern. In gleicher Weise stellt auch ein pulsierendes Feld, welches durch rhythmische Unterbrechungen des Stromes entsteht, keine Energie dar. Ein Wechselfeld schließlich, das nur aus umgekehrt aneinandergereihten pulsierenden Feldern besteht und durch Wechselströme erzeugt wird, ist naturgemäß ebensowenig eine Energie.

Hatten wir für die Vorgänge beim Gleichstrom das integrale Modell eines als Schwungmasse drehenden Rades gewählt, so gilt für den Wechselstrom das integrale Modell des Pendels. Schwungrad und Pendel bewegen sich, falls sie nicht durch Reibung gebremst werden, unbeschränkt weiter; denn beide stellen eine kinetische Energie dar, die ihnen durch einen einmal zugeführten kinetischen Impuls mitgeteilt wurde. Genau dasselbe gilt für das elektrische Schwungrad Gleichstrom und das elektrische Pendel Wechselstrom.

Alle von Gleich- oder Wechselströmen erzeugten Felder sind ihrem Wesen nach keine verlagerten Energien, sondern auf einen Prüfkörper wirkende Kräfte.

Die letzte Hoffnung, die den Gläubigen der Feldenergie nun noch genommen werden muß, ist die von Maxwell ausgehende Vorstellung von den gewaltigen Energien, die wir als elektromagnetische Strahlung tagtäglich von unseren Sendetürmen um die Erde schicken.

DER FEHLANSATZ VON JAMES CLERK MAXWELL

In den „Vorbetrachtungen" schilderten wir, wie der theoretische Physiker von den Ergebnissen der Experimentalphysik einen Abdruck nimmt und diesen mit der mathematischen Formulierung erfaßt. Wir nannten jenen Vorgang den „Ansatz" und wiesen darauf hin, welche weitreichenden Folgen es haben kann, wenn das zugrundeliegende Experiment ungenau ist oder unklar gesehen wird oder der geniale Griff nicht „sitzt". Einem Fall dieser Art begegnen wir in der Maxwellschen Konzeption des „Verschiebungsstromes". Diese bedeutungsvolle Station in der Genealogie unseres Problems müssen wir ganz besonders hervorheben.

Um die Vorgänge in einem Sender auf einfache Weise zu entwickeln, beginnen wir mit einem Kondensator, der im Prinzip aus zwei entgegengesetzt geladenen, parallel angeordneten Metallplatten besteht, die durch einen Isolator, zum Beispiel trockene Luft, getrennt sind (Abb. 1).

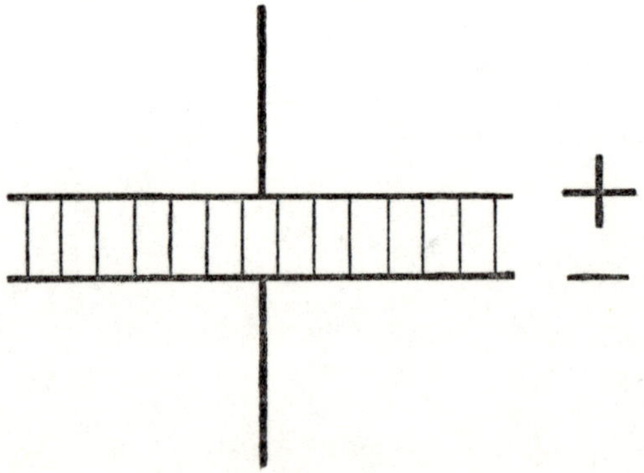

Abb. 1

Das zwischen den Platten bestehende elektrostatische Feld ist durch Schraffierung gekennzeichnet.

Verbinden wir nun die beiden Kondensatorplatten mit einem Kupferdraht, so entladen wir den Kondensator und erzeugen in dem Leiter einen elektrischen Strom, der mit einer Intensität *i* in der Stromrichtung fließt (Abb. 2).

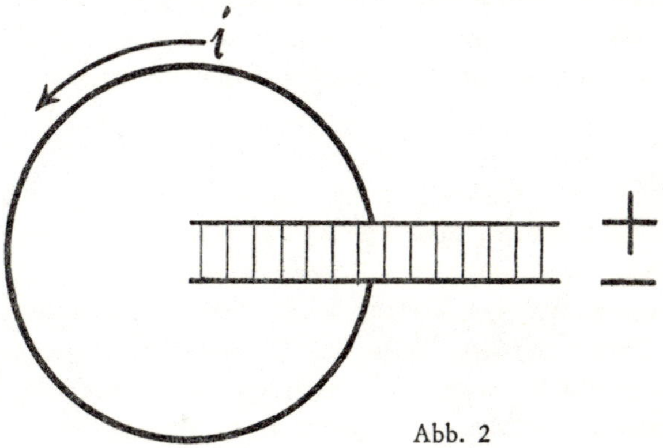

Abb. 2

Durch den Entladungsvorgang der Kondensatorplatten wird das elektrische Feld, das zwischen ihnen bestanden hat, aufgehoben. Dieses zusammenbrechende elektrische Feld wird in der Physik variables elektrisches Feld genannt.

So weit ist alles klar und einfach, und niemand denkt etwas Böses, bis James Clerk Maxwell auf den „kühnen" Gedankenansatz kam, daß das variable elektrische Feld automatisch ein variables magnetisches Feld erzeugt. Auch das wäre noch verständlich, was aber nicht mehr geht, ist die Behauptung, ein derartiges variables elektrisches Feld, welches von einem variablen magnetischen Feld begleitet wird, sei ein *elektrischer Strom,* das heißt, dieser Tatbestand erfülle die Bedingungen, die es rechtfertigen, ihn in die Kategorie „elektrischer Strom" einzureihen.

Dabei ist es nie gelungen, das begleitende Magnetfeld etwa durch Eisenfeilspäne oder durch einen Induktionsstrom nachzuweisen. Der ganze Ansatz ist vielmehr eine Hypothese, die nicht kritiklos übernommen werden durfte. Ein elektrischer Strom ist zwar von einem elektromagnetischen Feld umgeben, das wieder elektrische Induktionswirkungen in einem Leiter erzeugen kann, aber die *Abstraktion*, ein variables elektrisches Feld, welches von einem magnetischen Feld begleitet werde, sei bereits ein elektrischer Strom, ist unhaltbar.

Um die Maxwellsche These zu beleuchten, rufen wir uns noch einmal in Erinnerung, daß sich zwischen den Kondensatorplatten keine Elektronen bewegen, sondern lediglich eine elektrische Spannung aufgehoben wird. Schon damit widerspricht die Maxwellsche Auffassung der bestehenden wissenschaftlichen Definition des elektrischen Stromes, die lautet: ein elektrischer Strom ist eine *bewegte elektrische Ladung*.

Während im Kupferdraht, der die beiden Kondensatorplatten verbindet, Elektronen fließen, also eine elektrische Energie vorhanden ist, geschieht zwischen den Platten nichts Energetisches, da – wie wir im vorigen Kapitel entwickelt haben – das elektrische Feld zwischen den Platten keine Energie darstellt, also auch seine Änderung keine Energietönung bedeutet. Maxwell hingegen geht sehr massiv vor und behauptet nichts weniger, als daß das magnetische Feld, welches den Kupferdraht umgibt, und dessen ringförmige Kraftlinien wir uns als Schlauch vorstellen können, daß also dieses schlauchförmige Magnetfeld sich auch über das zusammenbrechende elektrische Feld des Kondensators fortsetzt, wodurch ein geschlossener Leiter entsteht. Die fragwürdige Lücke wird kurzerhand Verschiebungs-*Strom* getauft. Nach Maxwell kann also elektrischer Strom nie Anfang oder Ende haben, sondern es gibt für ihn *nur* geschlossene Stromkreise.

Die Auffassung Maxwells, nach der ein durch den Draht fließender Strom als „Verschiebungsstrom" zwischen den Kondensatorplatten weiterwirkt, ist eine falsche Konzeption, denn ein elektrischer Strom ist und bleibt *Energie*. Was zwischen den Kondensatorplatten geschieht, ist die Änderung einer Spannung, das heißt eines Feldes, und hat mit Energie nichts zu tun, auch wenn ich den Kunstgriff anwende, jedes elektrische und magnetische Feldpaar schlechterdings als elektrischen Strom zu bezeichnen und „Verschiebungsstrom" zu nennen.

Noch folgenreicher wird die Maxwellsche Hypothese aber erst dann, wenn ich nun unsere Vorrichtung zu einem sogenannten Schwingungskreis weiterentwickle, indem ich in meine Drahtverbindung eine Selbstinduktion einschalte (Abb. 3).

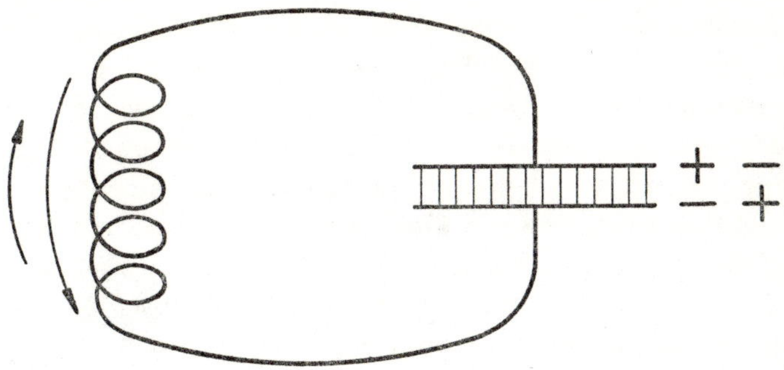

Abb. 3

Diese Maßnahme hat die Wirkung, daß der Entladungsvorgang kein einmaliger Stromstoß bleibt, sondern ein pendelnder wird, oder mit anderen Worten, daß in unserem elektrischen Leiter eine sogenannte gedämpfte Schwingung entsteht, ohne daß es hier notwendig ist, auf die genaue Wirkungsweise einer Kombination dieser Art näher einzugehen. Gedämpft heißt die Schwingung, weil sie durch den Ohmschen Widerstand des Systems allmählich abklingt, während sie sich im Supraleiter erhalten würde. In der Radiotechnik wird nun dieser gedämpften Schwingung durch geeignete induktive Maßnahmen laufend Energie zugeführt, wodurch eine ungedämpfte Schwingung entsteht. Wenn ich dann noch die beiden Kondensatorplatten zu einem sogenannten Dipol aufklappe, worunter man ganz allgemein zwei entgegengesetzte elektrische Ladungen versteht, so ist das Sendegerät der Rundfunktechnik verwirklicht. Der vermeintliche Verschiebungsstrom fließt jetzt nicht mehr zwischen den Kondensatorplatten hin und her, weil diese ja als Dipol aufgeklappt sind, sondern die Energie des Sendestroms wird nunmehr als vermeintliche elektromagnetische Energiewelle ausgestrahlt. Der Begriff der „strahlenden Energie" war geboren und wie ein Gespenst in die Welt gesetzt, so daß jeder sich nunmehr vorstellen mußte, die Energie eines Senders werde in die Welt verstrahlt, indem sie sich in eine elektromagnetische Schwingung verwandelt. Dies ist der Kernirrtum unserer heutigen Physik, der in unserem Traktat von allen nur möglichen Seiten aufgespürt und angegangen wird.

Die ganze Vorstellung der Energieaussendung durch den Dipol, über welchen sich der vermeintliche Verschiebungsstrom als Energiewelle in den Raum ausbreitet, so daß Schwingungskreis und elektrische Welle zusammen einen *geschlossenen Strom-*

kreis ergeben sollen, ist für die Naturphilosophie weder wahr noch richtig, sondern ein schlichter Irrtum. Ein Schwingungskreis ist im Prinzip genau dasselbe wie jeder Wechselstrom und das Dogma, daß es nur geschlossene Stromkreise gäbe, entbehrt jeden Beweises. Der Gnosis fällt hier vielmehr auf, daß die Natur alle ihre Probleme mit dem Pendelprinzip verwirklicht und die elegante Lösung des Rades dem ohnehin benachteiligten Menschen überließ. Ein Schwingungsstrom ist die Verwirklichung eines elektrischen Pendels. Das Schwungrad des geschlossenen Stromkreises und das Pendel der offenen Schwingung bestehen gleichwertig nebeneinander und verwirklichen beide einen elektrischen Strom.

Daß andererseits das Aufklappen des Kondensators zu einem Dipol weitreichende Feldwirkungen erzeugt, welche in einem Empfangsresonator mit dazu parallel gestellten Dipolen auch auf große Entfernungen registriert werden, ist in keiner Weise verwunderlich. Die Reichweite dieser Induktionswirkung gründet sich jedoch nicht auf einen imaginären Verschiebungsstrom, sondern auf die Intensität der Störung des elektrischen Beharrungsvermögens zwischen Elektronen und Protonen, die in den Kondensatorplatten bzw. im Dipol am stärksten ist. Die richtige Anordnung dieser Dipole, also nicht gegeneinander, sondern parallel zum Dipol des Empfangsgerätes, ist dabei zur Erreichung der größten Wirkung nur eine Selbstverständlichkeit; denn auch der Musiker im Orchester weiß, warum er die angeschlagenen Becken wie einen Dipol gegen den Konzertraum hält, und niemand kommt auf die Idee, die Scheinwerfer seines Kraftwagens wie zwei Kondensatorplatten gegeneinander zu richten oder gar die Sekundärspule senkrecht statt parallel zur Primärspule anzuordnen.

Trotz alledem kommt den Maxwellschen Gleichungen als paramathematische Leistung eine ungeheure Bedeutung zu, welche darin liegt, daß sie keine statischen, sondern dynamische Formeln sind, die die Feldwirkung nicht nur an einem Punkt erfassen, sondern auch den *zeitlichen* Verlauf dieser Felder spiegeln. Es mag richtig sein, daß die Spiegelung dieser Formelsprache so aussieht, als ob zwei Wellen, eine elektrische und eine magnetische, die senkrecht zueinander verlaufen, zusammenwirken. Für die Naturphilosophie ist das jedoch nur insoweit richtig, als die Formeln eine *Prognose* darstellen, die voraussagt, was sich an irgendeiner Stelle abspielen wird, wenn sich dort ein Prüfkörper, also beispielsweise ein elektrischer Leiter befindet, der bewegliche Elektronen enthält. Mit einem Wort, die Maxwellschen Gleichungen sind Prognosen für die Wirkung bestehender Feldkräfte auf gedachte Prüfkörper, nicht aber Darstellung von elektromagnetischen Energien in Verschiebungsströmen, die realiter nicht bestehen. Die Maxwellsche Konzeption des Verschiebungsstromes ist eine falsche Konsequenz aus einer richtigen mathematischen Prognose.

Ohne Zweifel werden auch in Zukunft die Maxwellschen Feldgleichungen ihre Bedeutung behalten; wir haben auch nichts dagegen einzuwenden, wenn an der Vorstellung festgehalten wird, als seien die elektromagnetischen Wellen in elektrische und magnetische aufzulösen. So darf an den großen Verdiensten Maxwells nicht gerüttelt werden, und auch wir behalten den Begriff der „elektromagnetischen" Schwingungen bei, obwohl es der Naturphilosophie gegen den Strich geht, die Induktionswirkung als etwas aus magnetischen und elektrischen Feldern *Zusammengesetztes* zu betrachten, selbst wenn dies in der Formelprognose so aussieht. Für uns ist ein elektromagnetisches Feld einfach ein Induktionsfeld und als solches eine *autonome Feldwirkung,* die neben dem magnetostatischen und dem elektrostatischen Feld besteht. Sie ist weder eine Resultante von zwei Wirkungen, noch ein Hin- und Herpendeln zwischen diesen, sondern ein originales und souveränes Phänomen, das nicht in etwas anderes aufgelöst werden muß.

Das Induktionsfeld ist von der Schöpfung nicht als schmückende Beigabe eingesetzt worden, sondern ist der Wächter, der über die Zuordnung der Elektronen zu den Protonen als der schicksalhaften Zone der Welt der Elektrizität zu wachen hat.

STRAHLENDE ENERGIE

oder

WIRKENDE KRAFT

Bei der Mond-Erde-Gezeitenmaschine und an der Wirkungsweise des Trafos haben wir erkannt, daß eine zwischen zwei Systemen wirkende Kraft eine energielose Energieübertragung ermöglichen kann. Wir konnten dann im weiteren feststellen, daß keinerlei Notwendigkeit besteht, ein Feld für Energie zu halten und ihm die Dimension Arbeit (Energie) statt Kraft (Potential) zu geben, ja, daß die Annahme einer Feldenergie sogar zu unlösbaren Widersprüchen führt. Im folgenden wollen wir nun die beiden Gedankenwege zusammenführen.

Es ist durchaus verständlich, wenn sich der Leser unter einer „zwischen zwei Systemen wirkenden Kraft" hier noch nichts Genaues vorstellen kann. Deshalb wollen wir zunächst noch einmal das Wesen der Kraft an Hand eines supponierten Experimentes erläutern. Wir nehmen dazu ein langes Rohr aus absolut unelastischem Material. Das Rohr ist mit einer absolut unkompressiblen Flüssigkeit gefüllt. Auf der einen Seite des Rohres bringen wir einen Druckzylinder an, auf der anderen ein ideales Manometer, welches bei der Druckregistrierung keine Energie aufnimmt. Wenn wir nun eine Kraft auf den Kolben des Druckzylinders wirken lassen, verändert sich nichts, weil Rohr und Flüssigkeit absolut unveränderlich gewählt wurden. Die wirkende Kraft pflanzt sich in der Flüssigkeit fort, ohne daß sich auch nur das Geringste ändert. In der unkompressiblen Flüssigkeit wird nichts verdichtet und nichts verschiebt sich oder leistet Arbeit. Auf diese Weise läßt sich also eine Kraft ohne begleitende Energie verwirklichen.

Der Leser wird sich jedoch vielleicht daran stoßen, daß es sich bei unserem klaren und einfachen Experiment um materielle Vorgänge handelt, während wir ja gerade feststellten, daß das Feld keine Energie ist, und daher auch kein Energieträger vorhanden sein kann, der nun etwa als Träger der Kraft wirkt. Wir stellen deshalb noch ein weiteres Gedankenexperiment an: setze ich ein defektes Auto mit einem Schlepper in Bewegung, so vermittelt das Seil, mit dem ich es abschleppe, die Kraft, welche die Energie des einen Wagens auf den anderen überträgt. Hierbei wird niemand sagen, daß das dünne Drahtseil, welches die Kraft überträgt, eine Energie sei. Stellen wir uns nun vor, daß dieses Seil, ohne an Festigkeit zu verlieren, immer dünner wird, bis seine Masse gegen Null konvergiert, dann sind wir unserer Absicht nahe gekommen, wenn auch wiederum unser Seil nicht zu einer reinen, immateriellen Kraftlinie wurde.

Wir müssen uns darüber klar sein, daß in der Physik ein Beispiel fehlt, welches die Wirkung einer Kraft ohne materielle Verbindung illustriert. Im ganzen Universum ist ein solches eben nur im Feld verwirklicht. Selbst bei der elektrischen Kraft, Potential genannt, ist die Substanz Elektron dazwischengeschaltet. Über diese Tatsache gehen wir hier nicht etwa leichtfertig hinweg, sondern betonen ausdrücklich, daß unserer Erkenntnis an dieser Stelle, das heißt auf diesem Kreis der Gnosis, noch die Voraussetzungen fehlen, um das Wirken einer Kraft auch ohne materielle Vermittlung, eben das Wesen der Feldkraft, aufzuklären. Das ist dem zweiten Kreis der Gnosis vorbehalten, welcher dem Leser die Antwort nicht schuldig bleiben wird. Dieses Traktat ist nur der erste Schritt auf unserem Wege und hat die Aufgabe, das Problem virulent zu machen. Zunächst müssen wir uns also damit begnügen, bis in alle Tiefen unseres Bewußtseins zu erkennen, daß das, was im Feld geschieht, nicht eine existente Energie, sondern eine wirkende Kraft ist. Im folgenden werden wir uns mit dem Wirken dieser Kraft immer mehr vertraut machen, so daß dann der Sprung auf den zweiten Kreis der Gnosis selbstverständlich wird.

Die wichtigste Folgerung unserer Betrachtung über das Wesen und Wirken des Feldes besteht vorerst darin, daß wir *gelernt* haben, den Sender, das schwingende Kraftfeld und den Empfänger als eine Einheit zu betrachten oder besser, daß wir *verlernt* haben, die elektromagnetische Welle als eine für sich bestehende Größe wie eine im Wasser sich fortpflanzende Energiewelle anzusehen. Wir setzen uns damit von der Ansicht Einsteins ab, an die wir hier nochmals erinnern[1]): „Die elektromagnetische Welle breitet sich im leeren Raum aus, und auch das ergibt

[1]) Einstein-Infeld, „Evolution der Physik", 1951, S. 178 ff.

sich aus der Theorie. Wenn die Ladung plötzlich zu schwingen aufhört, wird ihr Feld elektrostatisch. Die bis dahin durch Schwingungen erzeugte Wellenlinie pflanzt sich jedoch ungeachtet dessen weiter fort. Die Wellen führen nunmehr ein Eigendasein, und der Ablauf ihrer Veränderungen läßt sich genauso gut verfolgen wie der von materiellen Objekten."

Leider hatten sich die Fehlvorstellungen von Faraday, Rowland und Maxwell tief in die Lebenskonzeption Albert Einsteins eingenistet, den wir mit Recht den Kopernikus des 20. Jahrhunderts nennen dürfen. Beeindruckt sehen wir wieder jene Erkenntnisgrenze, die wir schon bei dem Genius Faradays feststellen mußten. Wie Faraday einst den Satz schrieb, durch den bereits das Erhaltungsgesetz hindurchschimmerte, so spricht auch Einstein ein unterbewußtes Bekenntnis in dem Satz aus: „Wir müssen die Analogie zwischen Schall- und Lichtwellen nun wohl endgültig fallen lassen"[1]). Von dieser latenten Erkenntnis ist ihm der Absprung aber nicht mehr gelungen; er hat es lediglich abgelehnt, den mechanistischen, materiellen Energiebegriff der Schallwelle auf die elektromagnetische Welle zu übertragen, die er als Veränderung im Raum ansprach. Durch die Überzeugung aber, Materie und Feld seien dasselbe, die gleichzeitig Leitstern und Unstern seines Lebens war, konnte er aus dem magischen Kreis der „strahlenden" Energie nicht mehr heraus.

Worin liegt nun aber die Bedeutung des Schrittes, den wir mit so viel Einsatz und Aufwand gegangen sind, nämlich die Dimension der Induktionswellen als die einer Kraft und nicht als die einer Arbeit anzusehen? Wird hier ein Spiel mit Worten getrieben, wie etwa beim fehlenden Trägermedium, das einmal Äther, dann Feld und schließlich veränderter Raum getauft wurde, oder handelt es sich um eine Erkenntnis, die tiefere Konsequenzen nach sich ziehen wird?

Die Naturwissenschaft kannte bislang nur zwei Energieformen: die mechanische Energie, welche nicht nur die Mechanik, sondern auch Akustik und Wärmelehre umfaßt, bei denen es sich ja ebenfalls um mechanisch bewegte Körper oder Teilchen handelt, und die elektrische Energie, welche sich mit der Bewegung der elektrischen Elementarteilchen, der Elektronen und Protonen, beschäftigt; zu ihr zählen phänomenologisch wiederum die chemische und die atomische Energie, welche in

[1]) Einstein-Infeld, „Evolution der Physik", 1951, S. 178 ff.

der Umlagerung von Korpuskeln in den Atomen bestehen. Wenn Energie ein bewegtes Etwas ist, so konnte dieses auch nur aus Körpern, Atomen oder Korpuskeln bestehen.

Erst das 20. Jahrhundert, als Vorbote des aufgehenden Zeitalters des Wassermannes, hat diesem Gebäude einen neuen Pfeiler hinzugefügt und eine dritte Energieform postuliert, die ihr Wesen und ihren Sitz in den Feldern, ihren Bewegungen und Verquickungen haben soll. Auf diesem dritten Eckpfeiler, der strahlenden Energie, ruht das ganze Gebäude der heutigen Naturwissenschaft, und eben diesen wollen wir zum Einsturz bringen. Kein Feld, welches es auch immer sei, stellt eine Energie dar und auch seine Veränderung oder die Verkopplung der elektrischen und magnetischen Felder zu elektromagnetischen Schwingungen sind keine Energieformen. Die dritte Energieform der modernen Physik, die strahlende Energie, gibt es nicht. Sie hat sich als ein schwingendes Wirkungsfeld entpuppt, das seiner Dimension nach ein Potential und keine Energie ist.

Zwar wird diese Erkenntnis keine unmittelbaren technischen Folgen haben und uns etwa schon morgen eine neue Elektronik oder gar neue Atomwaffen schenken, aber weil sich die Gnosis zur Wissenschaft verhält wie Befruchtung zur Frucht, so gibt es keine gnostische Erkenntnis, die nicht auch Wirkungen im Reiche der Technik haben wird.

Es wird auf die Entwicklung der modernen Physik nicht ohne Wirkung bleiben, wenn die Vorstellung, der Energiezustand Masse könne sich in den Energiezustand Strahlung verwandeln, zerstört wird, weil es eben die Energieform Strahlung überhaupt nicht gibt. Dabei ist nicht etwa die Einsteinformel falsch, sondern nur die Vorstellung, welche wir uns über das Phänomen der Verstrahlung machen.

Niemals ist eine Unwahrheit, ein Vorurteil oder ein Irrtum ein guter Führer in die Zukunft gewesen. Es sind die Erkenntnisse, welche aus der sich uns offenbarenden Wahrheit stammen, die uns weiterbringen, auch wenn sie sich nicht im Heute oder im Morgen, sondern erst in ferner Zukunft auswirken.

Kleines Zwischenstück

STREITGESPRÄCH ÜBER DEN ELEKTRISCHEN STROM

Ein Kapitel aus der Elektrizität, das der daran nicht interessierte Leser überspringen darf, um sich dafür an die am Ende des Kapitels gegebene Zusammenfassung zu halten.

Die folgenschwere Unterstellung von James Clerk Maxwell, nach welcher das Zusammenwirken eines elektrischen und eines magnetischen Feldes den Tatbestand „elektrischer Strom“ erfüllen soll, nötigt uns, an dieser Stelle vom Standpunkt der Naturphilosophie, einige Gedanken und Erwägungen zu der Frage anzustellen, was ein elektrischer Strom ist. Der Wissenschaft – soweit sie uns Beachtung entgegenbringt – danken wir für alle Ergänzungen oder Berichtigungen durch Experiment, Formeln und logische Beweisführungen, besonders dort, wo der gnostische Spürsinn auf eine falsche Fährte geraten sein sollte.

Nun zum Streitgespräch!

*

„Elektrizität“ ist ein Dachbegriff und umfaßt sowohl die elektrischen Elementarteilchen, deren Anhäufung eine elektrische Ladung ergibt, als auch sämtliche Phänomene der Bewegung dieser Elementarteilchen, worin sich elektrische Energie manifestiert.

Von vornherein muß klar herausgestellt werden, daß die elektrischen Elementarteilchen selbst keine elektrische Energie sind oder enthalten. Sie sind vielmehr elektrische Substanz und ebensowenig Energie wie das Wasser im Stausee, das von seinem Gefälle zum Kraftwerk abgeschlossen ist.

Jedwede Elektrizität, ob ruhendes oder bewegtes elektrisches Korpuskel, erzeugt eine wirkende Kraft, die wir Feld nennen. Dabei unterscheiden wir drei grundsätzlich verschiedene Feldwirkungen:

Das Feld, welches ein ruhendes Elementarteilchen, also Elektron oder Proton oder ihre Anhäufungen, erzeugt, wird elektrostatisches Feld genannt.

Felder, welche entstehen, wenn die Elektronen sich in einem Leiter mit konstanter Geschwindigkeit bewegen, und der Strom dadurch eine konstante Intensität aufweist. Die auf diese Weise erzeugten Felder werden magnetische oder genauer magnetostatische Felder genannt.

Wenn der Stromfluß eines Leiters jedoch seine Intensität ändert, wenn er also eingeschaltet, ausgeschaltet, verstärkt oder abgeschwächt wird, dann entsteht eine dritte, selbständige Feldwirkung, die Maxwell elektromagnetische Felder nannte, und welche wir als induktive Wirkungsfelder charakterisierten.

Die drei Feldwirkungen lassen sich an folgenden experimentellen Beispielen darlegen:

Führe ich einem Konduktor Elektronen zu, so erteile ich ihm eine Ladung, welche ein elektrostatisches Feld erzeugt. Stelle ich mir einen Leiter vor, der von einem Strom konstanter Intensität durchflossen wird, so erzeugt dieser ein magnetostatisches Feld. Verstärke oder vermindere ich die Intensität dieses Stromes, schalte ich ihn aus und wieder ein, so erzeugt diese energetische Zustandsänderung die Wirkung eines induktiven Feldes.

Hier offenbart sich wieder das Wesen der Naturphilosophie darin, daß sie weniger in Feldwirkungen und ihren Berechnungen denkt, als vielmehr von der Vorstellung ausgeht, daß die Felder einen tieferen Sinn erfüllen, und es eigentlich nicht so sehr auf die Felder selbst als auf die Vorgänge ankommt, die sie vermitteln.

So gesehen, beabsichtigt das elektrostatische Feld, elektronegative und elektropositive Korpuskeln, die wir auch schon mit dem männlichen und weiblichen Prinzip verglichen, zusammenzuführen, also die beiden Elementarteilchen, aus denen die Elektrizität besteht, zu vereinen, wobei gleichnamige Korpuskeln sich abstoßen. Naturphilosophisch können wir diese Feldkategorie als *Ausgleichsfelder* bezeichnen.

Die magnetostatischen Felder konstanter elektrischer Ströme haben die Tendenz, einen zweiten, entsprechenden Strom, der sich in ihrem Wirkungsbereich befindet, so auszurichten, daß er entgegengesetzt und in der größtmöglichen Nähe parallel verläuft. Darin zeigt sich gewissermaßen eine Art „Beaufsichtigungstendenz", die ein Strom auf einen benachbarten ausüben will, so daß wir diese Felder naturphilosophisch als *Überwachungsfelder* kennzeichnen. Zwei Drahtspulen, die von konstanten Strömen durchflossen sind, benehmen sich also etwa wie zwei Stabmagneten, das heißt, sie richten sich so aus, daß ihre Strombahnen den gerade dargelegten Gesetzen entsprechen, wobei sie sich an ihren offenen Stirnflächen anziehen. Hier wollen wir vorsorglich beim Leser jegliche Assoziation und Gedankenverbindung vom magnetostatischen Feld zu den bekannten magnetischen Erscheinungen des Eisens und verwandter Metalle richtigstellen, weil sonst das Verständnis nur erschwert wird. Permanente Magneten, also magnetisierte Eisenkörper, sind vermutlich lediglich ausgerichtete, kleine Rotationsströme, mithin eine Summe kleinster Solenoide, so daß wir den Stabmagneten in seiner Wirkung mit einem Solenoid identifizieren können. In allen unseren Betrachtungen über magnetostatische Felder ist also der Stabmagnet wie ein entsprechendes Solenoid zu behandeln.

Die dritte Feldwirkung schließlich, die induktive, verläuft in der Weise, daß jeder Stromimpuls und jede Stromänderung in einem Leiter in einem anderen, sich in seinem Wirkungsbereich befindenden Leiter, eine Reaktion im entgegengesetzten Sinne hervorruft. Die induktiven Felder dokumentieren gewissermaßen ein elektrisches Beharrungsvermögen und wirken jeder Zustandsänderung entgegen. Dabei sind die in einem Leiter ruhenden Elektronen ebenso ein Trägheitszustand der Elektrizität wie auch konstant fließende Ströme. Erst die Änderung dieses Trägheitszustandes erzeugt ein induktives Feld, dessen Wirkung wir naturphilosophisch auch als *Störungsfeld* bezeichnen können.

*

Diese allgemeine Orientierung vorausgeschickt, greifen wir nun gleich zentral die Definition des Begriffes elektrischer Strom an, wie sie die heutige Wissenschaft gibt. Nach ihr ist ein elektrischer Strom eine bewegte Ladung. Der Tatbestand ist also erfüllt, wenn ein Elektron oder eine elektrische Ladung sich bewegen. Der Strom ist hierbei identisch mit der Bahn der Bewegung.

Unsere naturphilosophische Kritik beginnen wir mit folgenden Betrachtungen: da es auch Korpuskeln gibt, die keine elektrische Ladung verkörpern, wie etwa die Neutronen, erhebt sich die Frage nach dem Unterschied im Energieaufwand, wenn ich einmal ein neutrales Korpuskel und ein anderes Mal ein elektrisch geladenes Korpuskel unter der Supponierung bewege, daß beide die gleiche Masse besitzen. Diesen Versuch nehmen wir im absoluten Raum vor, damit jede störende Einwirkung vermieden bleibt.

Die Antwort kann nur lauten, daß die Energie, welche in beiden Fällen aufgewandt werden muß, um den Korpuskeln eine gewisse Beschleunigung zu geben, gleich ist und die Bewegung des elektrisch geladenen Korpuskels keinen zusätzlichen Energieaufwand erfordert, der nachher in der bewegten Ladung etwa als kinetische elektrische Energie enthalten wäre. Es ist ein ganz ähnlicher Sachverhalt, wie wir ihn schon einmal bei der Feststellung des Energieaufwandes für die Bewegung eines magnetisierten und eines nicht magnetisierten Eisenstabes angetroffen haben.

Wie es im absoluten Raum keine Bewegung an sich gibt, sondern nur gegenüber einem Bezugssystem, so wird die Bewegung eines *elektrisch* geladenen Korpuskels erst dann eine *elektrische* Realität, wenn es sich nicht gegen ein räumliches, sondern gegen ein *elektrisches* Bezugssystem bewegt. Ein sich im absoluten Raum bewegendes Elektron beinhaltet außer seiner mechanischen Bewegung, die den Gesetzen der Kinetik folgt, keinerlei elektrischen Effekt. Die kinetische Energie der Masse eines bewegten Elektrons ist mit der Energie eines elektrischen Stromes nicht identisch. Erst wenn das Elektron sich in einem Feld bewegt, das heißt im Prinzip gegen ein Proton, entsteht elektrisches Schicksal, elektrischer Effekt, elektrischer Strom, der durch magnetostatische und induktive Felder gekennzeichnet ist.

Die moderne Naturwissenschaft ist in den Fehler verfallen, die elektrischen Phänomene zu sehr vom negativen Elektron aus zu sehen. Die Elektrizitätslehre wurde zu einer Elektronenphysik und vernachlässigte die Protonen, insbesondere aber die Bedeutung der Zuordnung und des Zusammenwirkens der beiden elektrischen Elementarteilchen als einer schicksalhaften Zone des Naturgeschehens.

Die Polarität und ihr Zusammenwirken ist aber ein kosmisches Prinzip. Der Kosmos ist so gebaut: er besteht aus Nordpol und Südpol, aus negativen und positiven Teilchen, aus einem männlichen und einem weiblichen Prinzip, ihren Beziehungen, Spannungen und ihren Bewegungen zueinander, die erst eigentlich ihr Schicksalhaftes sind. Man könnte den Mann auch als das Weibsuchende und das Elektron als das Protonsuchende bezeichnen.

Eine „Elektronenphysik" ist derselbe Mißgriff wie die Postulierung einer monomaskulinen Welt. Eine nur vom Mann aus gesehene Welt, welche die Bedeutung des weiblichen Prinzips übergeht, ist unfruchtbar und schicksalleer, ja, verderblich. Das Schicksalhafte liegt in der Einbeziehung beider Prinzipien, und so kann auch hier nur aus ihrer Zusammenwirkung elektrisches Schicksal, also eine elektrische Wirkung entstehen. Nur Elektronen, die sich nicht *an sich*, sondern *in bezug* auf ihren Schicksalspartner bewegen, erzeugen die uns bekannten Feldwirkungen.

Wir wollen uns nun auf die wichtigsten Folgerungen beschränken:

Der Tatbestand elektrischer Strom ist also für uns noch nicht erfüllt, wenn ein Elektron oder eine elektrische Ladung sich lediglich gegen ein räumliches Bezugssystem bewegen, sondern nur dann, wenn diese Bewegung gegen ein elektrisches Bezugssystem erfolgt. Elektrischer Strom ist die Bewegung elektrischer Substanz gegen eine andere elektrische Substanz in einem Feld. Wir sehen mithin das Phänomen elektrischer Strom in einer Verlagerung von Ladungen gegeneinander und könnten folgerichtig von „Verlagerungsstrom" sprechen, nachdem das schöne Wort „Verschiebungsstrom" leider schon im unglücklichen Ansatz Maxwells vertan wurde.

Zur Illustration folgende Beispiele: in einem elektrischen Leiter erster Klasse, zum Beispiel in einem kupfernen Leitungsdraht, bewegen sich negative Elektronen gegen die positiven Kerne der Kupferatome bzw. gegen die Kupferionen. In den Leitern zweiter Klasse, den sogenannten Elektrolyten, bewegen sich negativ geladene Ionen gegen positiv geladene Ionen. Bei der Kataphorese, dem Stromfluß durch kolloide Lösungen, bewegen sich geladene Kolloidteilchen gegen das entgegengesetzt geladene Lösungsmittel. Bei den elektrischen Leitern dritter Klasse schließlich, bei den Gasen, wie wir sie in der Geißlerröhre und ihren Abwandlungen vor uns haben, bewegen sich negative Elektronen gegen positiv geladene Gasionen.

Nachdem sich immer zwei Ladungen relativ zueinander bewegen, sind folgende Charakteristiken untrennbar mit dem Begriff elektrischer Strom verbunden:

Er muß zwei Pole haben, und es gibt weder einen einpoligen Strom noch eine einpolige Voltasche Säule oder einen einpoligen Generator.

Er muß eine definierte Fortpflanzungsgeschwindigkeit haben, die von der Beweglichkeit der Ladungen zueinander unabhängig ist. Die Bewegung der Ladungen zueinander hat eine spezifische Geschwindigkeit, die jedem System eigen und sehr gering ist (sie liegt etwa in der Größenordnung von cm/sec.), während der Verlagerungsimpuls sich mit einer Geschwindigkeit fortpflanzt, die die Geschwindigkeit des elektrischen Stromes darstellt. Dieses Zusammenspiel können wir uns leicht in einem Bild vorstellen. Wir denken uns eine endlose Reihe von Fußballspielern mit abwechselnd schwarzen und weißen Trikots. Auf einen Zuruf hin wechseln die Weißen mit den Schwarzen den Platz. Dies erfolgt mit der spezifischen Geschwindigkeit der menschlichen Bewegung. Dagegen pflanzt sich der Ruf in unserer endlosen Reihe mit der Geschwindigkeit der Schallwelle fort, was in übertragenem Sinne der Fortpflanzungsgeschwindigkeit des elektrischen Stromes entspricht. Wäre hingegen schon ein bewegtes Elektron an sich ein elektrischer Strom, dann müßte es Ströme von beliebiger Fortpflanzungsgeschwindigkeit geben, was indessen einer der Charakteristiken des Strombegriffes widerspricht.

Wir ziehen hier, wohlgemerkt, eine scharfe Grenze zwischen den elektrostatischen und den elektrodynamischen Phänomenen. Selbstverständlich bleibt unwidersprochen, daß ein Zusammendrängen von Elektronen eine Ladung erzeugt, und daß durch Zufuhr und Abfuhr von Elektronen diese Ladung verändert werden kann. Ebenso bleibt deshalb auch unwidersprochen, daß durch Bewegung von Elektronen von einer Elektrode auf eine andere deren Ladungen geändert werden können, ein Prinzip, das in den Röhren der Radiotechnik mit großem Erfolg ausgenutzt wird. Hier geht es hingegen ausschließlich um die elektrodynamische Wirkung solcher Vorgänge, das heißt um die Frage, welche Feldkräfte bei der Bewegung elektrischer Korpuskeln erzeugt werden.

*

Obwohl ein im Atom kreisendes Elektron keine elektrische Wirkung erzeugt, beruft sich die heutige Wissenschaft bei ihrer Auffassung, daß der Tatbestand elektrischer Strom allein schon durch die Bewegung einer elektrischen Ladung erfüllt sei, auf einen Versuch, den Rowland bereits vor langer Zeit „heimtückischerweise" anstellte. Er variierte den Oerstedschen Versuch der Ablenkung einer Magnetnadel durch einen kreisförmig um sie geführten elektrischen Leiter derart, daß er diesen durch eine rasch rotierende elektrische Ladung ersetzte, und siehe da, ein Ausschlag der Magnetnadel konnte festgestellt werden, der um so größer wurde, je stärker die Kugel geladen und je schneller ihre Drehbewegungen waren.

Das Experiment Rowlands wurde zur Grundlage aller weiteren Überlegungen und zum Kronzeugen für die heutige Auffassung über den elektrischen Strom, so daß wir uns näher mit ihm befassen müssen.

Man hatte also festgestellt, daß die Bahn eines bewegten Elektrons in einem magnetischen Feld abgelenkt wird. Unsere Frage lautet nun: ist dadurch aber wirklich auch bewiesen, daß ein bewegtes Elektron an sich schon gleich einem konstanten Strom ein magnetostatisches Feld erzeugt, oder ist die Versuchsanordnung als ein Ganzes anzusehen und sagt lediglich aus, daß die Bewegung eines Elektrons in einem Magnetfeld abgelenkt wird? Auch im Rowlandschen Versuch ist die Magnetnadel ja nicht nur Prüfkörper, sondern als magnetisches Feld Versuchsbestandteil. Da nun hier die Bahn der rotierenden Ladung nicht abgelenkt werden konnte, wurde eben das bewegliche Magnetfeld abgelenkt. Der Rowlandsche Versuch zeigt also nur wieder die erwartete Ablenkung einer bewegten Ladung in einem Magnetfeld mit der einzigen Variante, daß die Bahn feststeht und das Magnetfeld beweglich ist.

Naturphilosophisch läßt sich dazu folgendes aussagen: *Zwei* sich im Raum auf beliebigen Bahnen bewegende Elektronen beeinflussen sich nur durch ihre elektrostatischen Kräfte, und alle Änderungen an ihren Flugbahnen sind ausschließlich Resultanten aus ihren Eigenbewegungen und der Wirkung ihrer Abstoßung. Die beiden Elektronenbahnen beeinflussen sich dagegen nicht magnetostatisch, etwa in der Weise, daß sie sich in umgekehrter Richtung parallel zueinander stellen. Alle diese Effekte bleiben aus, weil ein fliegendes Elektron weiter nichts ist als ein fliegendes elektrostatisches Feld, welches wohl in einem bestehenden magnetischen Feld abgelenkt wird, ohne daß es aber selbst ein Magnetfeld erzeugt. Da jedoch ein elektrischer Strom alle diese Feldeigenschaften hat, wie sie das fliegende Elektron eben nicht hat, ist es unzulässig, ein fliegendes Elektron als elektrischen Strom zu bezeichnen.

Um dies zu prüfen, müßte konsequenterweise der Rowlandsche Versuch weitergeführt werden: es wird nicht nur ein Ladungsring A erstellt, sondern ihm gegenüber ein entsprechender Ladungsring B, in welchem die gleiche Ladung in entgegengesetzter Richtung rotiert. Erzeugt eine rotierende Ladung tatsächlich ein magnetostatisches Feld, dann müßten die beiden Rotationskreise sich nunmehr anziehen, was wir bezweifeln. Aber selbst wenn sie dies täten, bliebe immer noch eine entscheidende Frage offen: entspricht nämlich ein bewegtes Elektron einem elektrischen Strom, dann müßten auch die Änderungen seiner Geschwindigkeit ein elektromagnetisches bzw. induktives Feld erzeugen. Das Rowlandsche Experiment wäre also zur entscheidenden Befragung wie folgt weiterzuführen: steigere ich die Geschwindigkeit im Rotationskreis A, dann müßte nach den Induktionsgesetzen sich auch die Geschwindigkeit im Rotationskreis B, natürlich in entgegengesetzter Richtung, steigern, denn nach der Elektrodynamik muß ein Stromimpuls im Primärsystem einen entsprechenden Impuls im Sekundärsystem auslösen. Erst wenn dies bewiesen ist, könnte man sagen, eine bewegte elektrische Ladung ist in jeder Beziehung mit einem elektrischen Strom identisch.

In diesem letzten Experiment, das durchzuführen die Aufgabe derer wäre, welche sich auf Rowland berufen, liegt der Kardinalpunkt. Es widerspricht einfach gnostischer Auffassung, daß ein beschleunigtes Elektron, welches sich ohne elektrisches Bezugssystem bewegt, eine induktive Feldwirkung auslöst. Dies ist nämlich die eigentlich entscheidende Frage, auf die es ankommt. Für uns kann ein induktives Feld nur dann entstehen, wenn die Zuordnung von Elektron und Proton gestört und nicht, wenn ein Elektron allein beschleunigt wird.

Es verbleibt noch die Untersuchung des Versuches, den Albert Einstein erwähnt[1]). Er schreibt: „Denken wir uns wieder ein idealisiertes Experiment aus. Eine kleine, elektrisch geladene Kugel wird durch einen äußeren Einfluß in rasche Schwingun-

[1]) Einstein-Infeld, „Evolution der Physik", 1951, S. 177.

gen versetzt, die wie bei einem Pendel rhythmisch verlaufen. Wie können wir die Vorgänge, die sich dabei abspielen, mit den Kenntnissen, die wir schon im Hinblick auf Feldänderungen gesammelt haben, in die Kraftfeldsprache fassen?

Die Schwingung der Ladung ruft ein veränderliches elektrisches Feld hervor. Ein solches wiederum ist stets von einem veränderlichen Magnetfeld begleitet. Stellt man in der Nähe einen geschlossenen Kreisleiter auf, so wird das veränderliche magnetische Feld auch hier wieder einen elektrischen Strom erzeugen. Alles das ist noch bloße Wiederholung bereits bekannter Dinge."

Ob Einstein ebenfalls nicht experimentierte oder so fest von seinen realen Feldenergien überzeugt war, daß er ein solches idealisiertes Experiment für Wirklichkeit hielt, ist nicht an uns zu entscheiden. Wir sind jedoch bezüglich des Erfolges sehr skeptisch, wenn das Experiment „ideal" durchgeführt wird, also unter Reproduktion der Verhältnisse im absoluten Raum. Schon im Rowlandschen Experiment und allen seinen Abarten muß man zunächst einmal das Vorhandensein jeder Gegenladung, wie sie bereits die den Konduktor umgebende Luft darstellt, eliminieren. Ferner müssen die im System selbst wirkenden Gegenladungen ausgeschlossen werden, wobei aber schon eine bewegte Ladung in allen Materialien einschließlich dem Leiter Ladungen influenziert. Angenommen, das Experiment wäre tatsächlich in idealer Weise durchführbar, so hegen wir schwerste Bedenken gegen seinen Erfolg und damit gegen die Schlußfolgerung Einsteins: „Jede Veränderung eines elektrischen Feldes ruft ein magnetisches Feld hervor; jede Veränderung dieses magnetischen Feldes erzeugt wieder ein elektrisches Feld und so weiter und so fort. Da das Feld Energie repräsentiert, bilden alle diese Veränderungen, die sich da mit einer bestimmten Geschwindigkeit in den Raum hinaus verbreiten, eine Welle ... Die elektromagnetische Welle breitet sich im leeren Raum aus, und auch das ergibt sich aus der Theorie. Wenn die Ladung plötzlich zu schwingen aufhört, wird ihr Feld elektrostatisch. Die bis dahin durch Schwingungen erzeugte Wellenserie pflanzt sich jedoch ungeachtet dessen weiter fort. Die Wellen führen nunmehr ein Eigendasein, und der Ablauf ihrer Veränderungen läßt sich genau so gut verfolgen wie der von materiellen Objekten."

Für die Naturphilosophie ist die Vorstellung, daß ein im absoluten Raum schwingendes Elektron einen Sender darstellen soll, unannehmbar.

Ein im absoluten Raum allein schwingendes Elektron erzeugt kein Licht.

Damit schließen wir unser Votum zum Streitgespräch über den elektrischen Strom, das wir hier nur deshalb produziert haben, weil alle folgenden Ansichten über den Ursprung und die Wirkungsweise des Lichtes sich durch diese theoretische Grundlage am vollkommensten erklären und deuten lassen. Wenn die Wissenschaft aber auf ihrem Standpunkt beharren und diesen auch zu beweisen vermögen sollte, ändert dies an dem weiteren Gedankengang des Traktates nichts. Unsere Auffassung über den elektrischen Strom bildet keinen Eckpfeiler des vorliegenden Gebäudes, wohl aber einen solchen der folgenden Traktate. Deshalb ist uns die Fortführung dieses Streitgesprächs von unschätzbarem Wert.

*

Wir hatten dem Leser die Teilnahme an der Disputation freigestellt. Sollte er dieser deshalb nicht gefolgt sein, wiederholen wir für ihn zusammengefaßt ihren Inhalt:

Das Streitgespräch geht um die Frage: welcher Tatbestand erfüllt die Bedingungen „elektrischer Strom" als die Voraussetzung einer Erzeugung magnetostatischer beziehungsweise induktiver Feldwirkungen? Die Definition der Wissenschaft, elektrischer Strom sei eine bewegte Ladung, wird aus naturphilosophischen Erwägungen abgelehnt. Elektrischer Strom entsteht nicht, wenn ein Elektron allein sich im absoluten Raum bewegt, sondern nur dann, wenn es sich gegen ein elektrisches Bezugssystem, also im Prinzip gegen ein Proton bewegt. Ein sich im Raum allein bewegendes Elektron ist ebensowenig elektrischer Strom, wie die Bewegung eines auf Rollen gelagerten Stausees mit gleichbleibender Niveauebene im Kraftwerk Strom erzeugt. Die Auffassung über den elektrischen Strom als ein „Verlagerungsphänomen" wird an Hand von Beispielen illustriert und klargestellt, daß der Verschiebungsimpuls der Ladungen gegeneinander sehr langsam vor sich geht, während die Fortpflanzung dieser Impulse mit der Geschwindigkeit des elektrischen Stromes erfolgt. Wenn auch ein fliegendes Elektron in einem Magnetfeld abgelenkt wird, so ist damit nicht bewiesen, daß es selbst ein Magnetfeld erzeugt. Vor allem wird die Ansicht vertreten, daß Änderungen in der Bewegungsgeschwindigkeit eines Elektrons ohne elektrisches Bezugssystem kein Induktionsfeld hervorrufen können, also auch eine schwingende Ladung oder ein schwingendes Elektron kein elektromagnetisches Feld bewirkt. Wenn unsere Auffassung auch keine unbedingte Voraussetzung für das Verständnis des Traktates darstellt, so gibt sie für dieses eine vollkommene Erklärung und bildet einen Eckpfeiler aller folgenden Traktate. Sie gipfelt in der These: wenn Licht eine elektromagnetische Schwingung ist, so erzeugt ein im absoluten Raum ohne elektrisches Bezugssystem schwingendes Elektron kein Licht.

DAS LICHT ALS ELEKTRISCHES PHÄNOMEN

DAS GROSSE UND DAS KLEINE SPEKTRUM

Da wir die Identifizierung der Lichtwellen als elektromagnetische Schwingung, wie sie sich durch die Maxwellschen Gleichungen ergibt, akzeptieren und lediglich über die Dimension solcher Feldwellen anderer Ansicht sind, indem wir sie nicht für eine Arbeit, sondern für eine Kraft halten, wollen wir sie nun zunächst in die bekannten anderen elektromagnetischen Strahlen einreihen, die nach ihren Wellenlängen geordnet werden. Wir nennen dieses Band das große Spektrum und die Lichtwellen, die darin nur einen kleinen Ausschnitt kurzer Wellen bilden, das kleine Spektrum.

Das große Spektrum beginnt mit dem einfachen Wechselstrom, dessen Wechsel (Periode) wir beliebig langsam steuern können, so langsam, wie der Mond um die Erde kreist oder auch noch langsamer. Nach unten ist das große Spektrum nicht begrenzt; wir können beliebig lange Wellen erzeugen, die allerdings keine technische Bedeutung mehr haben.

Auf die Induktionswellen der Wechselströme folgen die elektrischen Wellen der Radiotechnik, die – wie bereits ausgeführt wurde – durch Schwingungsströme erzeugt werden. Die Frequenz oder der Richtungswechsel solcher Schwingungsströme kann sehr hoch gelegt und genau eingestellt werden. Man spricht dann von der Trennschärfe eines Senders und Empfängers.

An die kürzesten elektrischen Wellen, die Kurzwellen, schließen sich im großen Spektrum die als Wärmestrahlen bekannten elektromagnetischen Schwingungen an, auch Infrarotstrahlen genannt. Diese werden von *jedem* warmen Körper ausgestrahlt, und wir empfinden sie, wenn wir sonnenbaden oder uns am Kamin wärmen. Zur Erzeugung von Wärmestrahlen ist keine sichtbare Glut notwendig;

auch ein Teekessel strahlt elektromagnetische Wellen aus. Ja, jeder warme Körper, dessen kleinste Teile sich in thermischer Bewegung befinden, erzeugt um sich ein elektromagnetisches Wechselfeld, welches „strahlende Wärme" heißt, weil es durch Wärme entsteht und Wärme erzeugt, obwohl es selbst nichts mit Wärme zu tun hat.

Von den Wärmestrahlen geht es mit abnehmender Wellenlänge zu den eigentlichen Lichtstrahlen. Ihre Wellenlängen liegen zwischen 0,8–0,4 μ (1 μ = 1/1000 mm) und bilden das für das Auge sichtbare kleine Spektrum der Regenbogenfarben.

Nach dem Violett des Lichtes geht das große Spektrum dann über das unsichtbare Ultraviolett weiter zu den ebenfalls unsichtbaren aber durchdringenden Röntgenstrahlen, auf welche die noch kurzwelligeren und gefährlichen Gammastrahlen folgen. Die kürzesten bekannten Wellen sind die Höhenstrahlen, die auch die energiereichsten und durchdringendsten sind.

Theoretisch gibt es im großen Spektrum jede Wellenlänge. Auch das kleine Spektrum des Lichtes ist demzufolge kontinuierlich, und seine Farben gehen fließend ineinander über. Folgerichtig dürften wir daher nicht nur von den sieben Regenbogenfarben sprechen, sondern von den unendlichen Farbtönen des sichtbaren Spektrums, die unser Auge kaum mehr zu trennen vermag.

Die Kontinuität des gesamten Spektrums gilt indessen mit einer merkwürdigen Einschränkung. Die Quantentheorie belehrt uns, daß nicht jede Menge von Strahlung zu verwirklichen ist und eine Schwingung also keine beliebigen „Energiebeträge" vermitteln kann, sondern entweder gar nichts oder ein ganzzahliges Vielfaches eines kleinsten Betrages, den man das Elementarquantum (h) nennt. Obwohl es für uns keine „Strahlungsenergie" gibt, stimmen wir der Quantenlehre bei, denn auch die im Induktionsfeld wirkende Kraft ist dem Prinzip der Quantelung unterworfen, weshalb wir der von Planck gewählten Formulierung des „Wirkungsquantums" so sehr beipflichten. Das Quantenprinzip ist ein universelles Prinzip.

Haben wir nun dem Leser alle bekannten elektromagnetischen Wellen einschließlich derjenigen des sichtbaren Lichtes vorgestellt und erkannt, daß sie artgleich und nur durch die Wellenlängen verschieden sind, so liegt der Gedanke nahe, daß sie alle, so verschiedenartig ihre Wirkungen sein mögen, auch die gleiche Ursache haben. Nachdem wir aber außer elektrischen keine andere Ursache elektromagnetischer Felder kennen, muß auch die Ursache der von der Natur hervorgezauberten herrlichen Wellenskala des Regenbogens die gleiche, nämlich eine elektrische sein.

Der Ursprung des Lichtes ist ein elektrischer Strom.

DER GENERALNENNER

Gleiche Wirkungen haben gleiche oder mindestens artgleiche Ursachen. Da die Wirkung des Lichtes unzweifelhaft der eines elektromagnetischen Wechselfeldes entspricht, müssen alle Lichtursachen elektrischer Natur sein. Das wechselnde Kraftfeld der Feldwelle weist dabei auf rhythmische elektrische Veränderungen hin, wie wir ihnen in elektrischen Wechselströmen begegnet sind.

So muß also die gleiche Ursache nachgewiesen werden für das Leuchten glühender Körper, die Geißlerröhre und das Neonlicht, das Kaltlicht der Fluoreszenz, den Blitz und das Polarlicht. Aber auch für die brennende Weihnachtskerze und das faulende Holz, die Irrlichter im Moor, welche die Kinder erschrecken, das Leuchten, welches dem Phosphor seinen Namen gab, und die Glühwürmchen, welche zum Hochzeitsfest flimmern, für den Mond und schließlich die Sterne. Für alle muß eine im Prinzip gleiche Ursache gelten, die sich darüber hinaus auch noch mit den Ursachen aller übrigen Schwingungen des großen Spektrums identifizieren lassen muß.

Alle Erkenntnis ist gleitend, doch selbst neue Vorstellungen enthalten oft noch Rudimente verblassender Bilder. War zwar der Glaube an den Äther längst ins Wanken geraten, nahm man trotzdem lange Zeit weiter an, daß thermische Schwingungen der Atome die Lichtwellen erzeugen, obwohl dies bei elektromagnetischen Wellen schwer vorstellbar war, weil Atome elektrisch neutral sind. Erst die neuere Entwicklung der Atomphysik und die Erforschung der inneratomaren Vorgänge und Umwandlungen hat uns wenigstens für die Lichtwellen auf den Gedanken gebracht, daß nicht die Schwingungen des Atoms selbst elektromagnetische Wellen erzeugen, sondern die Bewegungen der Elektronen zwischen ihren Elektronenbahnen. Man nimmt heute an, daß die Atome durch Wärmeenergie „angeregt“ werden und durch Energieaufnahme ein Elektron auf die weiter außenliegende Bahn „gehoben“ wird. Beim „Zurückfallen“ auf die alte Bahn soll dann die dadurch wieder freiwerdende Energie als „strahlende Lichtenergie“ abgegeben werden. Mit dieser Auffassung, die mehr dem mathematischen Formelabdruck als einer inneren Logik entspricht, werden wir uns noch zu befassen haben.

Aber schon bei längeren Wellen, also etwa den langsamer schwingenden Atomen, welche die strahlende Wärme erzeugen, wird die Divergenz zwischen Rechnung und Vorstellung größer. Man trifft dort oft auf den Kompromiß, daß diese Wellen eben doch von den schwingenden Atomen selbst erzeugt werden sollen, weil es schwerfällt, in diesem Zusammenhang noch Elektronensprünge anzunehmen, nachdem deren Auslösung hohe Energiekonzentrationen erfordert. So bleibt für die strahlende Wärme eine Vorstellungslücke. Sie vergrößert sich noch durch folgende Indizien: obwohl vornehmlich monoatomar strukturierte Metalle, deren Atome sich also nicht zu Molekülen vereinigen, beim Erhitzen Wärmestrahlen aussenden, erzeugen auch erwärmte Atomverbände, wie zwei- oder vielatomige Moleküle, Wärmestrahlen. Schließlich ist nicht zu leugnen, daß sogenannte Kunststoffe, welche aus Makromolekülen – das sind große Molekülverbände – aufgebaut sind, bei höheren Temperaturen gleichfalls Infrarotstrahlen aussenden, eben als eine immanente Eigenschaft aller Materie, die sich in Wärmeschwingung befindet. Gerade bei diesen sehr trägen Riesenmolekülen fällt es nun besonders schwer, als Ursache der Strahlung Elektronensprünge anzunehmen. Wie sollen aber erst die Oxydation des faulenden Holzes oder der Phosphor als flammenlose chemische Verbrennung oder das kalte Bäuchlein des Glühwürmchens auf Elektronensprüngen beruhen, die wir sonst nur bei sehr hohen Temperaturen kennen?

Und doch muß für alle diese Vorgänge die gleiche Ursache wirken, die näher zu erfassen wir bemüht sind: ihr Generalnenner heißt elektrischer Wechselstrom!

ATOMDEFORMATION

Immer wieder versuche ich, dem Leser auf unserem gemeinsamen Wege die neue Denkweise näherzubringen. Dabei bedeutet „integrale" Betrachtung nicht etwa, klare Begriffe oder Modelle durch nebulose Vorstellungen zu ersetzen. Es handelt sich vielmehr darum, die *Umrisse* des Geschauten so deutlich wie möglich zu erkennen. Die Naturphilosophie betrachtet die Dinge in ihrer Ganzheit. Die Ganzheit ist mehr als die Summe der Teile. Die Ganzheit meint die innere Struktur eines Vorganges und seine Einordnung in die Erscheinungswelt. Daher muß eine Skizze wie die vorliegende die Umrisse und das Wesentliche wiedergeben und die Feinheiten bewußt übergehen. Als Beispiel: unser im Solenoid schwingender Magnetstab war „integral" gesehen eine Dynamomaschine, obwohl heute keine Dynamomaschine mehr so gebaut wird, aber dennoch nach dem gleichen Prinzip arbeitet.

Die Zwangsvorstellung, das Elektron müsse Energie an das Feld abgeben, führte zu der Annahme, daß das auf eine höhere Schale gehobene Elektron beim Zurückfallen strahlende Energie in den Raum sende, etwa so, wie ein fallender Stein Energie abgibt. Das war eine falsche Leitlinie! Es kommt nämlich nicht darauf an, daß durch einen Niveauwechsel Energie frei wird, sondern daß – wie beim elektrischen Strom oder in einem Sender – etwas *schwingt*. Nur die schwingende Veränderung in der Zuordnung von Elektron zu Proton vermag eine Induktionswelle zu erzeugen, über die nach dem Prinzip der energielosen Energieübertragung Energie verlagert werden kann.

Dieser neuen Leitlinie folgend geben wir nachstehend eine Skizze der elektrischen Stromerzeugung im thermisch angeregten Atom unter Benützung einfachster Vorstellungen und mit den plausibelsten Folgerungen.

Erwärmen wir einen Körper und teilen dadurch seinen Atomen Wärmeenergie mit, so bedeutet das physikalisch, daß wir die Bewegungsenergie der Atome steigern. In einem warmen festen Körper befinden sich die Atome in schwingender Bewegung um eine Mittellage, im flüssigen Aggregatzustand in gleitender und im gasförmigen in fliegender Bewegung. Beim absoluten Nullpunkt sind alle Atome in Ruhe. Pro memoria halten wir fest, daß man die Bewegung der Atome, Moleküle oder Molekülverbände in einem warmen Körper „thermische Agitation" nennt, die mitgeteilte Energie in Kalorien (Wärmemenge) und die Intensität der Wärmebewegung, ihr Potential, mit dem Thermometer mißt.

Bevor wir untersuchen, was nun eigentlich geschieht, wenn ein Atom thermisch angestoßen wird, betrachten wir es noch einmal unter dem Mikroskop der Vorstellung. Dort sehen wir insbesondere:

Ein Elektron kreist um einen zweitausendmal schwereren oder massigeren Kern. Die Masse sitzt also praktisch im Zentrum des Atoms und wird durch den Kern repräsentiert.

Die Elektronen bewegen sich mit astronomischer Geschwindigkeit auf ihren Bahnen um den Kern, und man hatte lange Mühe zu glauben, daß diese Rotationsbewegung nicht ermüdet. Heute wissen wir, daß sie reibungslos vor sich geht und nach außen keine Energie abgibt.

Die Elektronen bewegen sich mit so großer Geschwindigkeit, daß sie sich in stehende Wellen auflösen und von einem „Ort", an dem sich ein Elektron befindet, eigentlich nicht mehr gesprochen werden kann. Die Elektronen gleichen dabei geschlossenen Wellenringen.

Das Ganze ist ein außerordentlich luftiges Gebilde, ungefähr so leer wie sein Gegenstück, das Planetensystem. Vergleichen wir den Atomkern mit einer Orange, dann entspricht ein Elektron etwa einer kleinen Erbse, und die erste Bahn befindet sich 1 km weit entfernt; die nächste liegt 10 km weiter und so fort. Das Atom besteht sozusagen nur aus Zwischenraum.

Die Bahnebene der Elektronenkreisung ist in bezug auf den Kern nicht feststehend, sondern variierend. Außerdem bewegen sich bei schweren Elementen gleichzeitig mehrere Elektronen auf verschiedenen Bahnen derselben Schale.

Das Ganze stellt also ein kugelförmiges Gebilde dar, welches aus einer oder mehreren Schalen und einem Kern besteht. In der folgenden analytischen Betrachtung dürfen wir uns indessen zur Vereinfachung darauf beschränken, in einzelnen Elektronenbahnen zu denken. Dabei stellen wir uns modellhaft die äußere Schale aus einem elastischen Kunststoff vor, in welcher der schwere Kern an Gummischnüren aufgehängt ist. Sie verkörpern die elastischen Feldkräfte, die die Atome zusammenhalten.

Wenn wir uns nun das Atom in der geschilderten Weise vorstellen, ist es einleuchtend, daß jeder Stoß auf die äußere Schale zu einer Störung des Lagegleichgewichtes zwischen ihr und ihrem Kern führt, das heißt, die Lage des an den Gummischnüren aufgehängten Kerns wird verändert. Durch einen Stoß wird der Kern dezentriert, also aus seiner zentralen Lage gedrängt. Hier liegt der Schlüssel des Problems! Ganz integral gesehen erzeugt die thermische Agitation als mechanischer Stoß gegen das Atom eine Veränderung der Lage des Kerns zur Summe der um ihn kreisenden Elektronen, die wir uns als schalenförmiges energetisches Gebilde vorgestellt haben.

Wir analysieren nun diesen Vorgang weiter, beschränkt auf ein Proton und eine Kreisbahn. Weicht der Kern durch einen Stoß aus seiner zentralen Lage beispielsweise nach links aus, so nimmt seine Anziehungskraft auf die rechts davon befindliche Schalenseite ab, wodurch deren Abstand vom Kern zunimmt (Abb. 4).

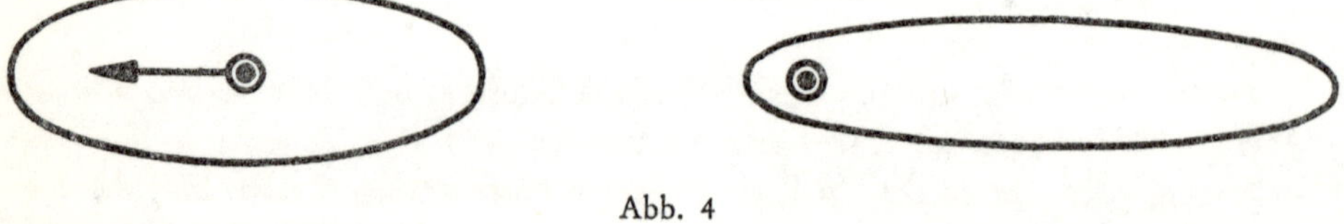

Abb. 4

Wird also ein Atomkern durch einen thermischen Stoß dezentriert, so deformiert sich die Kreisbahn der Elektronen zu einer Ellipse. Dort bleibt der fließend verlaufende Vorgang aber nicht stehen. Der elastisch aufgehängte schwere Kern, der wie ein Pendel Energie aufgenommen hat, schwingt nun über die Mittellage nach der anderen Seite aus. Gleichzeitig pulsiert die elliptische Deformation der Elektronenbahn in entgegengesetzter Richtung, so daß in jeder Lage der Schwingungen der Kern sich in einem Fokus der Ellipse und beim Durchlaufen der Kreisphase in dessen Zentrum befindet.

Hat diese Pendelbewegung durch einen Anstoß erst einmal Energie aufgenommen, dann begegnet das Schwingungssystem ebensowenig einem Reibungswiderstand wie im Atom das Kreisen der Elektronen um den Kern. Die Atomdeformation stellt ein reibungsloses Pendel dar, welches wohl Energie aufgenommen hat, aber einmal in Schwingung versetzt, diese nicht wieder verliert, es sei denn, daß die Pendelschwingung auf irgendeine Weise gebremst oder gestört wird. Das Atom ist also ein schwingungsfähiges Raumgebilde, welches Energie aufnehmen kann, die sich in einer Deformation äußert, welche ihrerseits als reibungslose Schwingung erhalten bleibt.

*

Weil die verschiedenen Kreise der Gnosis nacheinander wachsen und abgegrenzt bleiben müssen, verzichten wir hier bewußt darauf, über das Phänomen der „Bahn“ etwas auszusagen, obwohl gerade dadurch unsere Auffassung über die Atomdeformation besonders gestützt würde.

ELEKTROTHERMISCHE OSZILLATION

Wir haben die Wirkung des thermischen Stoßes gegen unsere weiträumige Schalenkugel aus deformierbarem Kunststoff mit einem kleinen, aber schweren und im Zentrum elastisch aufgehängten Kern, der dabei dezentriert wird und eine elliptische Deformation der Bahnen der Schale nach sich zieht, bisher rein mechanisch analysiert. Da aber das kreisende Elektron und der Kern elektrische Ladungen verkörpern, müssen wir diesen Vorgang auch elektrisch sehen.

Zuvor vergegenwärtigen wir uns noch einmal, daß nach Schrödinger das mit astronomischer Geschwindigkeit kreisende Elektron vom Korpuskularzustand in den Wellenzustand übergeht und eine stehende Welle bildet. Ohne auf das Problem Korpuskel – Welle näher eingehen zu können, interessiert uns hier nur die Feststellung, daß das kreisende Elektron aufgehört hat, eine bewegte Ladung zu sein und sich nicht mehr auf seiner Bahn lokalisieren läßt, welche nunmehr als eine ringförmige elektrische Ladung behandelt werden muß. Wir stehen vor dem Phänomen der Auflösung der gewissermaßen punktförmigen Ladung eines Elektrons. Auf dieses Phänomen werden wir in späteren Betrachtungen noch häufig stoßen, weil die Tatsache, daß das Elektron nicht mehr lokalisierbar ist, für die ganze Konzeption des Atoms große Bedeutung hat. Das Elektron überholt sich sozusagen selbst, wobei der Bewegungsvorgang nicht mehr in Einzelbilder auflösbar ist. Die Partialexistenz Elektron verwandelt sich in die Kontinuitätsexistenz „elektrischer Ladungsring".

Diese Erkenntnis ist deshalb besonders wichtig, weil – und das muß hervorgehoben werden – nicht das Elektron die Schwingungen ausübt, welche elektromagnetische Wellen erzeugen, sondern die Deformationen dieses Ladungsringes. Es ist bereits „Stand der Technik", daß in thermisch angeregten Atomen die Elektronenbahnen elliptisch verlaufen wie auch, daß die rasch kreisenden Elektronen eine Art vibrierende Wolke von Energiewellen, eben einen Ladungsring, darstellen. Der gnostische Schritt ist nun, diese Erscheinungen nicht für sich zu sehen, sondern Ladungsringe und Kerne als ein selbständiges Schwingungssystem zu erkennen, in welchem sich die elektrischen Deformationen rhythmisch nach der einen oder der anderen Seite um die Nullage der Kreisform vollziehen.

Die in dem System Kern – Ladungsring entstehende Deformation hat daher eine *Eigenfrequenz,* die weder mit der Frequenz der Wärmeschwingung noch mit der Frequenz des rotierenden Elektrons gegen ein gedachtes Koordinatensystem identisch ist. Das System bewegt sich wie ein Pendel mit einer ihm eigenen Frequenz. Ein Atom ist ein in sich schwingendes System.

Wird nun dieses Pendel thermisch angestoßen, so bewegen sich nicht mehr allein mechanische Größen, sondern auch elektrische Ladungen gegeneinander, und wir treten in die Schicksalszone der Elektrizität ein, die wir elektrischen Strom genannt haben. Genau so, wie sich beim Anlassen eines elektrischen Stromes die labilen Elektronen gegen die positiven Kerne der Kupferatome verschieben und damit gegen ihr Beharrungsvermögen angegangen wird, genau so bedeutet das Anregen eines Atoms durch einen thermischen Stoß die Überwindung des elektrischen Beharrungsvermögens, welche die Zuordnung Ladungsring – Kern seinem Gegeneinander-Bewegtwerden entgegensetzt. Ist dieser Anstoß einmal erfolgt, so schwingt das Feld genau so weiter wie ein angelassener elektrischer Strom in einem Supraleiter, denn das elektrische Pendel begegnet ebensowenig einer Reibung, wie die Rotation der Elektronen um den Kern.

Wir nennen das Phänomen der Verwandlung von kinetischer Energie der Wärmebewegung in elektrische Schwingungsenergie eines angeregten bzw. warmen Atoms *elektrothermische Oszillation:*

elektro – weil es sich um einen Verschiebungsvorgang von Ladungen gegeneinander handelt, welcher einen elektrischen Strom darstellt,

thermisch – weil diese Bewegung durch thermische Agitation, also durch Wärmebewegung der Atome entstanden ist und

Oszillation – schließlich, um anzudeuten, daß es sich bei dieser Pendelschwingung um einen Wechselstrom höchster Frequenz handelt.

Wir sehen gerade an diesem Beispiel, daß unsere Auffassung über den elektrischen Strom in überzeugendster Weise zutrifft, obwohl diejenigen, die sie noch nicht akzeptieren können oder wollen, sich auch ruhig vorstellen dürfen, daß schon die Deformation des Ladungsringes an sich als einer selbständigen Schwingung eine elektromagnetische Welle erzeugt. Vom Standpunkt der Naturphilosophie aus ist diese monopolare Erklärung allerdings unzulänglich.

*

Wir fassen zusammen: durch einen thermischen Stoß tritt eine Verschiebung zwischen Kern und Elektronenbahn ein, wobei die Elektronenbewegung als Ladungsring betrachtet wird. Dadurch deformiert sich der Ladungsring elliptisch entsprechend der Verschiebung des Kerns nach rechts oder nach links eines gedachten Zentrums. Dieser Verschiebungsvorgang geht fließend vor sich, dergestalt, daß in jedem Moment der Deformation sich der Kern im Fokus einer entsprechenden Ellipse befindet. Die *Schwingung dieses Systems* und nicht die der Elektronen ergibt die Frequenz des vom Atom ausgesandten Induktionsfeldes.

Vor allem aber lehnen wir die Theorie ab, daß ein durch Energiezufuhr auf ein anderes Schalenpotential „gehobenes" Elektron beim Zurückfallen strahlende Energie emittiere. Unterstellen wir sogar, daß wir zur Klärung höherer Schwingungszustände des Lichtes das Phänomen des Bahnwechsels – wie wir in späteren Kapiteln sehen werden – einführen, so könnten wir mit der Konzeption des Elektronensprunges bei der Erklärung der strahlenden Wärme dennoch nichts anfangen, weil die Energien, die diesen auslösen könnten, hier nicht vorhanden sind, während das Schwingungssystem Ladungsring – Kern mit seiner elektrothermischen Oszillation schon bei den niedersten Temperaturen, also vom absoluten Nullpunkt an, einsetzt. Mit wachsender Wärmezufuhr steigert sich dann die Energieverlagerung (unter Wahrung des Quantenprinzips) kontinuierlich. Wir benötigen also zur Erklärung der strahlenden Wärme weder Elektronensprünge noch die längst veraltete Auffassung, daß langwellige Wärmestrahlen lediglich durch schwingende Atome erzeugt würden.

Alle Infrarot- oder Wärmestrahlung beruht demnach auf dem dargelegten Schwingungssystem der *äußersten* Schale des Atoms infolge einer thermischen Ursache. Durch den thermischen Anstoß eines Atoms verlagert sich ein Teil dieser kinetischen Energie in sein elektrisches System. Die thermische Agitationsenergie der Wärme verschiebt sich ins Innere des Atoms und verwandelt sich dort in die elektrische Energie eines Oszillationsstromes, den wir wie jeden elektrischen Strom in Watt darstellen könnten. Die kinetische Energie der thermischen Agitation steht dabei mit der Oszillationsenergie der elektrischen Schwingung in einem *Gleichgewicht*.

Die elektrothermische Oszillationsenergie, welche dieser elektrische Pendelstrom aufnimmt, ist proportional den Coulombs der sich verschiebenden Ladungen von Kern und Ring, dem Verschiebungsweg und der Spannung, die sich aus den Feldstärken ergibt, welche dabei wirksam sind. Um auf unseren alten Vergleich zurückzukommen, würden die Ladungen dem Gewicht des Pendels und die Spannung der Gravitation entsprechen, während die Deformation dem Pendelausschlag gleichkommt. In beiden Fällen ist der Ausschlag proportional der aufgenommenen Energie, während die Schwingungszahl (Frequenz) eine Eigenschaft des Systems ist.

Wärme, die ich demnach irgendeinem größeren oder kleineren Atom, oder auch einem Molekül oder Molekülverbänden oder selbst Makromolekülen als thermische Agitationsenergie zuführe, verlagert sich in eine innere elektrische Deformation des Gebildes, welche einer echten einmaligen Energieaufnahme entspricht. Dort aber bleibt sie im reibungslosen elektrischen Pendel als Oszillationsstrom thesauriert und so lange erhalten, bis das Gleichgewicht zwischen der thermischen Agitation und der elektrothermischen Oszillation gestört wird. Das kann dadurch geschehen, daß die thermische Agitation abnimmt, also das System abgekühlt wird, oder daß die Energie des Oszillationsstromes durch sein elektromagnetisches Wechselfeld über eine energielose Energieübertragung *in ein anderes System verlagert wird.*

Nun sind wir am entscheidenden Punkt: die zugeführte Wärmeenergie verlagert sich über die thermische Agitation der Atome als elektrische Oszillationsenergie ins Atominnere. Das Atom wird angeregt und der elektrische Wechselstrom, den wir elektrothermischen Oszillationsstrom nannten, erzeugt ein elektromagnetisches

Wechselfeld von derselben Frequenz, die seinem elektrischen Schwingungssystem entspricht.

Auf die einfachste Formel gebracht: thermische Bewegungen der Atome erregen einen atomaren Wechselstrom, welcher die elektromagnetische Feldwirkung der Infrarotstrahlung erzeugt.

ATOMARE ELASTIZITÄT

Während die Griechen sich ihr A-Tom, das Unzerschneidbare, etwa wie eine kleine Stahlkugel vorstellten und niemand sich über deren Eigenschaften Gedanken machte, hat die Entwicklung der modernen Naturwissenschaft, ob wir wollten oder nicht, diesen kleinsten Teilchen der Materie bestimmte Eigenschaften unterstellt, denen sie zu genügen hatten. So beruht eine der fruchtbarsten physikalischen Entwicklungen, die kinetische Gastheorie, welche die Gesetze aufstellte, nach denen sich ein Gas zum Beispiel beim Komprimieren, Erhitzen oder bei seiner Ausdehnung benimmt, auf der Kinetik der Atome und Moleküle eines Gases. Als grundlegende Unterstellung nahm man dabei an, daß die Atome oder Moleküle in bezug auf die auftretenden kinetischen Energien vollkommen elastisch reagieren, also bei der Reflexion an einer Wand nicht etwa nur ein Teil ihrer kinetischen Energie reflektiert wird, und sie weder irgendwelche Deformationen erleiden noch gar zerstört werden können. Die kinetische Gastheorie gründete sich auf der Voraussetzung eines völlig elastischen Atoms, wobei zumindesten die Wärmetechniker, welche die kinetische Gastheorie entwickelten, sich keine exakte Vorstellung über diese Eigenschaft eines Atoms gemacht haben.

Ein Körper heißt elastisch, wenn er die kinetische Energie seiner Bewegung nach innen verlagert, sobald man ihr einen Widerstand entgegensetzt und er diesen Verlagerungsvorgang rückgängig machen kann, wodurch ihm seine kinetische Energie der Bewegung in entsprechend neuer Richtung zurückgegeben wird.

Einer Energieverlagerung dieser Art sind wir nun begegnet, ohne das Phänomen bisher seinem Wesen nach als Elastizität gedeutet zu haben. Die kinetische Energie der Wärmebewegung hat sich im Atom in eine Deformation des Ladungsringes und damit in elektrische Oszillationsenergie umgewandelt. Ein oszillierendes Atom kann nun beim Zusammenstoß diese verlagerte elektrische Energie wieder in kinetische Energie zurückverwandeln. Ein Atom ist demnach *kine-elektro-elastisch,* denn es verlagert beim Zusammenstoß kinetische Energie in elektrische und kann diese wieder als kinetische Energie abgeben.

Ich meine diese „Elastizität“ nicht symbolisch, sondern so real wie die Elastizität eines Tennisballes, der beim Aufprall seine kinetische Energie in Kompressionsenergie der in ihm enthaltenen Luft verlagert. Genauso besitzt ein Atom Elastizität, nur wird hier die Energie des Aufpralls nicht in Kompression, sondern in Deformation gespeichert. Ohne dieses grundlegende Phänomen der Elastizität wäre, wie gesagt, die ganze kinetische Gastheorie sinnlos. Wir müssen uns also hierüber keine vagen Vorstellungen mehr machen, etwa so, als ob die Kugelschale des Atoms selbst elastisch sei wie das Zelluloid eines Tischtennisballes oder als ob Elektronen, die beim Zusammenstoß aus ihrer Bahn gedrängt würden, elastisch zurückspringen, oder dergleichen mehr, sondern Elastizität bleibt vorübergehende Umwandlung einer Energieform in eine andere und läßt sich hier nur durch eine kine-elektrische Elastizität erklären.

In einem warmen Körper, das heißt in einem System schwingender Atome oder Moleküle – ungeachtet ihres Aggregatzustandes – wird ständig ein Teil der kinetischen Energie in elektrische verlagert. Dies ist kein statischer, sondern ein dynamischer Vorgang, durch den sich beide Energien in einem Gleichgewicht befinden, welches nur dann verschoben wird, wenn auf der einen oder der anderen Seite Energie zu- oder abgeführt wird. Bei dieser Verlagerung unterliegen die Atome gleich einem Tennisball dem Phänomen der Elastizität.

Blenden wir nun von hier aus auf unser Problem der energielosen Energieübertragung durch ein wechselndes Kraftfeld über, so ließe sich folgender Versuch darstellen: in einem Kasten voll Tennisbälle verbinde ich jeden von ihnen über ein unsichtbares dünnes Luftschläuchlein jeweils mit einem entsprechenden, der sich in einem zweiten Kasten voll Tennisbälle befindet, derart, daß jede Volumenveränderung des ersten eine entgegengesetzte Volumenveränderung des zweiten bewirkt. Ziehen sich die Bälle im ersten System zusammen, dehnen sich also die Bälle im zweiten System aus und umgekehrt. Schüttle ich nun den Kasten der ersten Bälle und führe ihnen damit mechanische Energie zu, so fangen die Bälle im Kasten des zweiten Systems automatisch an, sich zu bewegen, weil sie dauernd aufgeblasen und entspannt werden. Hierbei brauche ich – und das ist das Entscheidende – das Geschehen in den Schlauchleitungen phänomenologisch nicht als Energie zu betrachten, sondern kann es lediglich als eine Druckschwankung ansehen. Jeder Leser mit einigem Imaginationsvermögen sieht nun bereits die Analogie und nennt den ersten Kasten den Primärkasten, den zweiten den Sekundärkasten, die Verlagerung von wechselnder Bewegung in Volumenveränderung kine-elektrische Elastizität und die Verlagerung der Kompressionsenergie von System 1 in das System 2 energielose Energieübertragung, während die *Druck*schwankungen in den Luftschläuchlein das schwingende elektromagnetische Kraftfeld darstellen.

DER LICHTSENDER

Nachdem wir inzwischen den atomaren elektrothermischen Oszillationsstrom als Sender der elektromagnetischen Wellen der strahlenden Wärme erkannten, wollen wir im weiteren untersuchen, wie sich diese Erkenntnis für das Licht als dem kleinen Spektrum modifiziert. Beginnen wir auch hier wieder mit einer kurzen Genealogie:

In der schönen und geistig lebendigen Stadt Basel, in der ich meine Lehrjahre verbrachte, wirkte vor etwa hundert Jahren als Lehrer der spätere Professor der Physik, Johann Jakob Balmer. Er war „mathematisch begabt", und deshalb konnte er nicht anders, als beim Experimentieren mit Wasserstoffspektren mit den Zahlen ihrer Wellenlängen eigentümliche Manipulationen vorzunehmen, auf die normalerweise niemand kommt, der eben nicht dazu veranlagt ist. Diese Manipulationen führten zu einer fiktiven, vorerst unverständlichen Zahl. Dividierte man sie aber durch die Quadrate der Grundzahlen, ergaben sich interessanterweise die Schwingungszahlen der Linien des Wasserstoffspektrums. Damit war erwiesen, daß deren Anordnung von einer geheimen Gesetzmäßigkeit bestimmt sein mußte, und man sprach fortan von der „Balmer-Serie", ohne zunächst zu wissen, was man mit diesem überraschenden mathematischen Ergebnis anfangen sollte. Erst der junge Niels Bohr erkannte dessen Bedeutung und stellte wiederum mathematisch fest, daß die Sprossen der Balmer-Leiter den Schalen entsprechen, auf denen die Elektronen in einem Atom angeordnet sind.

Hieraus entwickelte Bohr für das Linienspektrum die Theorie der Quantensprünge. Vereinfacht formuliert besagt diese, daß die Elektronen bei ihren Rotationen um den Kern keine beliebigen Bahnen wählen können, sondern die Energiedifferenz zwischen zwei Bahnen immer ein Quant oder ein ganzzahliges Vielfaches davon sein muß. Solange nun ein Elektron auf einer Quantenbahn rotiert, strahlt es keine Energie aus, kann also auch nicht leuchten. Führt man aber einem Atom Energie zu, so soll sich die Rotationsenergie des Elektrons steigern und dieses dadurch vom Kern wegbewegen. Dabei kann es indessen keine beliebige Bewegung, sondern eben nur einen Quantensprung machen. Mit dem Sprung auf die nächsthöhere Bahn aber nimmt das Elektron Energie auf, welche – wenn es wieder auf seine alte Bahn „zurückfällt" – frei und als Strahlungsenergie emittiert werden soll. Die Tatsache, daß diese Theorie mathematisch belegt und die Wellenzahlen der Spektrallinien in einen Zusammenhang mit dem Abstand der Elektronen gebracht werden konnten, hat großes Aufsehen erregt und dem Bohrschen Atommodell weite Beachtung verschafft.

Es überrascht uns in keiner Weise, daß die Sprache der Paramathematik, welche – wir betonen es hier wieder – den infraphysikalischen Vorgängen konform ist, eine richtige Spiegelung ergab, die unwidersprochen bleibt. Sobald jedoch die Paramathematik das Medium ihrer Sprache – gleichsam ihre Muttersprache – verläßt, verläßt sie eben auch ihr Genius und die ergänzenden Aussagen und Bilder bleiben Stückwerk.

Für uns, für die die Gnosis Muttersprache ist, sind dann Vorstellungen unannehmbar, wie etwa, daß durch Zufuhr von Wärmeenergie die Rotationsgeschwindigkeit eines Elektrons sich steigere (so wie der Knabe mit der Peitsche den Kreisel antreibt), wodurch es schließlich auf ein Niveau höherer potentieller Energie gehoben wird, von dem es schließlich ohne ersichtlichen Grund wieder herunterfällt, um eben diese Energie in den Äther auszustrahlen. Der einzige Schlüssel zur Erklärung der Elektronensprünge, also zur Änderung der Quantenbahnen, ist und bleibt die elektrische Oszillation. Sie ist nicht nur die einzig mögliche Folge der thermischen Agitation auf das luftige Gebilde des Atoms, sondern nur durch ihre Steigerung, die zunächst nur die Amplitude und nicht die Schwingungszahl beeinflußt, kann überhaupt ein Elektronensprung stattfinden.

Am besten machen wir uns das Ganze an folgendem Bild klar: statt einer mit sechs Saiten bespannten Gitarre wählen wir ein Monochord, dessen Anfangsspannung der E-Saite entspricht. Ihr Spannungsschlüssel ist nicht fest fixiert, sondern derart gebaut, daß sich die Spannung der Saite um jeweils einen Zahn ändern kann, wenn die ihr mitgeteilte Schwingungsenergie mit wachsender Amplitude und gleichbleibender Schwingungszahl einen Wert erreicht, der die Federspannung um ein „Elementarquantum" erhöht. Wenn ich mir nun vorstelle, daß ich eben diese Saite zunehmend anrege, so springt bei einer gewissen Tonstärke die Arretierung des Schlüssels auf den nächsten Zahn und die Spannung der Saite nimmt ab, ihr Ton wird niedriger, bis eine weitere Energiezufuhr das gleiche Spiel wiederholt und das Monochord nacheinander die Rolle der sechs Saiten übernimmt.

Genau wie hier mit wachsender Energiezufuhr die Tonhöhe, das heißt die Schwingungszahl, absinkt, genauso springt im Atom mit wachsender Energiezufuhr die schwingende Ellipse des Ladungsringes jeweils auf die nächste Quantenbahn, um dort in einer niederen Schwingungszahl entsprechend den Feststellungen von Balmer-Bohr weiterzuschwingen. Dies ist ein integrales Modell, welches als Bild ebenso autonom ist wie die mathematische Formel an ihrem Ort.

*

Bei der Auseinandersetzung mit der Bohrschen Theorie müssen wir zunächst erneut darauf hinweisen, daß es nach Auffassung der klassischen Physik unverständlich ist, warum das Kreisen der Elektronen auf stationären Bahnen *keine* Energie aussendet. Betrachtet man ein kreisendes Elektron nämlich senkrecht zur Achse, so führt es eine Pendelbewegung aus. Diese Schwingung sollte nun eigentlich Licht emittieren. Daß dies nicht geschieht, entspricht aber gerade unserer Auffassung über den elektrischen Strom, da sich ja der Abstand vom Elektron zum Proton nicht ändert. Außerdem ergibt sich daraus, daß ein im Atom kreisendes Elektron gar kein bewegtes Korpuskel mehr darstellt, sondern als Ganzes, eben als Ladungsring, betrachtet werden muß.

Analysieren wir nun den Vorgang des Bohrschen Quantensprunges genau, so ist sein Prototyp der: ein Stein wird gehoben, wodurch er Energie aufnimmt; er fällt zurück und gibt dabei diese Energie wieder ab. Selbst wenn man annimmt, daß dieser Vorgang sich nicht nur einmal, sondern periodisch vollzieht, man also von einem Schwingen der Elektronen zwischen zwei Quantenbahnen reden könnte, so unterscheidet sich dieses Bild *grundsätzlich* von unserer Auffassung.

Vor allem besteht nirgends ein Grund dafür, daß ein durch Energiezufuhr auf eine höhere Schale gebrachtes Elektron ohne äußeren Anlaß wieder zurückfällt, da das Kreisen auf dieser höheren Schale ja gerade dem neuen Energiezustand mit seiner ihm gemäßen Temperatur entspricht und es sich also um einen stabilen Vorgang handelt. Nicht einzusehen ist daher, warum das eben auf der höheren Schale angekommene Elektron gleich wieder herunterstürzen soll, zumal über die Dauer seines Verharrens, das heißt über das Vorhandensein einer Sendepause, nichts bekannt ist.

An der Theorie der Quantensprünge ist also etwas richtig und etwas falsch. Richtig ist, daß bei niederen Energiezuständen – das heißt mithin bei der ersten Schale – das Quantengesetz eine entscheidende Rolle spielt, unrichtig dagegen ist, daß sich die zugeführte Wärmeenergie durch Steigerung der Rotationsgeschwindigkeit in eine potentielle Energie der Lage verwandelt, die beim Zurückfallen des Elektrons wieder frei wird. Auch dann, wenn der Prozeß rasch hintereinander folgend, gewissermaßen schwingend, gesehen wird, hat er nichts mit unserer Auffassung des elektro-oszillatorischen Pendels zu tun.

Wir müssen den Vorgang vielmehr in der Weise sehen, daß die thermische Energie in einen elektrischen Schwingungszustand des Atoms verlagert wird, der als konstanter atomarer Wechselstrom unbeschränkt bestehen bleibt. Die zugeführte Energie ist also nicht als potentielle Energie thesauriert, sondern dem Bild des gehobenen und fallenden Steins steht das Bild des Pendels gegenüber. Der gehobene Stein nimmt periodisch Energie *auf* und gibt diese beim Fallen wieder *ab*, während das Pendel die ihm einmal mitgeteilte Energie als Schwingung *erhält*.

Dieser Schwingungszustand im Atom kann nur gestört werden durch die Veränderung der Temperatur oder durch Verlagerung seiner elektro-oszillatorischen Energie über das Wirkungsfeld. Es handelt sich also nicht um ein Schwanken *zwischen zwei Energiestufen*, sondern um eine *Energieform*, wie wir sie bereits im Bilde des sich drehenden Schwungrades darlegten, das mit dem Pendel konform ist.

Für die Naturphilosophie bleibt sowohl bei der strahlenden Wärme als auch beim Licht das Prinzip der Verlagerung von thermischer Energie in einen atomaren Wechselstrom als Erzeuger eines potentiellen Feldes das verbindliche Bild. Bei der Lichterzeugung spielen aber nicht mehr wie bei der Erzeugung der strahlenden Wärme die äußeren Schalen schwerer Atome die tragende Rolle, sondern es nehmen nun auch innere Schalen teil, die – wie wir gesehen haben – den Quantengesetzen unterworfen sind, welche bei den äußeren Schalen wohl ebenfalls noch wirksam sind, dort aber entsprechend dem Bohrschen Korrespondenzprinzip nicht mehr in Erscheinung treten.

Betrachten wir einmal als Lichtsender das „Monochord“ eines Wasserstoffatoms, bei dem bekanntlich auf der innersten Schale nur ein Elektron kreist. Alle Bewegungen dieses Elektrons zu seinem Kern sind den Quantengesetzen unterworfen, das heißt, es kann sich nur auf Quantenbahnen bewegen, die nach unserer Auffassung nicht „an sich“ im Raum existieren, sondern aus den durch die Quantengesetze bestimmten jeweiligen Aufnahmen an Energie resultieren. Auch die Ladungsringe unterstehen selbstverständlich den Quantengesetzen. Damit kommen wir in unserer Stellungnahme zu jenem Teil der Theorie der Quantensprünge, den wir als richtig bezeichneten.

Rege ich ganz allgemein gesehen unser System des gegen den Kern schwingenden Ladungsringes immer mehr an, so werden bei gleicher Frequenz seine Ausschläge zwangsläufig größer gleich denen unserer Saite, wenn ich sie in immer stärkere Schwingung versetze. Auf diese Weise wird einmal ein Punkt erreicht, an dem die Deformierbarkeit des Ladungsringes aufhört und dieser abreißt, wobei das Elektron aus seiner Bahn herausfliegt, wie es uns beim Erhitzen von Metallen geläufig ist. Seine Flugbahn entspricht dabei *nicht der Tangente eines Kreises, sondern die Ellipse geht in die Parabel über.*

Führen wir dieses Experiment nun mit unserem Wasserstoffatom durch, dessen einziges auf der inneren Schale kreisendes Elektron eine starke Bindung an den Kern hat, so erkennen wir zwischen den elliptischen Deformationen der innersten Schale einerseits und dem infolge extremer Zufuhr an Wärmeenergie aus der abreißenden elliptischen Bahn herausgeschleuderten Elektron andererseits eine *Zwischenstufe,* die hier unser zentrales Thema ist.

Wird die Energiezufuhr der Schwingung des ersten Ladungsringes um den Kern gesteigert, dann tritt eben dieser eingangs erwähnte Vorgang ein, wo der Ladungsring zwar nicht abreißt, aber auf eine neue Quantenbahn springt, das heißt mit anderen Worten, sich so benimmt, als ob das Elektron Bewohner der zweiten Schale geworden wäre, dort aber, nur eben auf einer niederen Spannungslage, elliptisch weiterschwingt wie zuvor. Da ein Ladungsring immer eine stehende Welle darstellt, kann er sich dabei jeweils nur um mindestens eine Wellenlänge vergrößern, indem er mindestens ein Elementarquant an Energie aufnimmt.

Also wohlverstanden: die Energieaufnahme und -wiederabgabe erfolgt nicht in zwei getrennten Phasen, sondern es wird so viel thermische Energie an die elektrische Schwingung abgegeben, daß sie wie bei unserem Monochord nicht mehr als „E-Saite", sondern als „A-Saite" weiterschwingt, beziehungsweise die zweite Spektralfarbe in der Balmer-Serie erzeugt. Wird dem Wasserstoffatom noch mehr Energie zugeführt, so findet dasselbe Spiel auch bei den weiter außenliegenden Quantenstufen statt, so daß verständlich wird, weshalb die Schwingungszahlen der Wasserstofflinien den Elektronenschalen des Atoms entsprechen. Ein einziges Atom kann dabei zeitlich jeweils nur eine Farbe übernehmen. Die Linien der Balmer-Serie werden demnach durch verschiedene Atome des Wasserstoffs gebildet, die sich alle mit der sie umgebenden Wärme in einem Gleichgewicht befinden.

*

Dies alles scheint kompliziert und wurde eigentlich nur der Vollständigkeit halber erwähnt, denn um das Prinzipielle des Traktates zu verstehen, genügt es, wenn wir uns immer wieder vorstellen und wiederholen, daß die Ladungsringe zum Kern ein elektrisch schwingendes, reibungsloses Pendel darstellen, in welches thermische Energie verlagert werden kann. Eigentlich müssen wir also nur das Problem der strahlenden Wärme verstehen, denn alle Lichtemissionen sind mit einer etwas komplizierteren Besaitung dasselbe. Zwischen strahlender Wärme und Lichtstrahlen besteht weder ein prinzipieller noch ein genetischer Unterschied. Wir haben diese erweiternden Deutungen gegeben, um dem interessierten Leser auch die Entstehung der Linienspektren nahezubringen und werden – um das Thema erschöpfend zu behandeln – auch noch auf die sogenannten Bandenspektren eingehen.

*

Seitdem Bohr die Theorie der Quantensprünge aufstellte, ist mehr als ein Vierteljahrhundert vergangen, und das Thema wurde von bedeutenden Physikern weitergeführt und zur Wellenmechanik entwickelt, die wir bereits im Bild des „Ladungsringes“ übernahmen. Dabei fiel mir das Wort Lichtenbergs ein: „Je näher wir einem Gegenstand kommen, um so unerklärlicher wird er. Denn durch alle Forschung wird das Unerklärliche nur verschoben und nicht aufgehoben.“ Item. Man darf also unter der Weiterentwicklung keine Klärung der Verhältnisse verstehen. So sehen wir uns vorläufig auch nicht zu einer Stellungnahme hinsichtlich dieser weiteren Entwicklung genötigt, zumal sie sich nicht auf unsere Konzeption auswirkt.

DAS JUNGFRÄULICHE LICHT

Während die Spektren der meisten chemischen Elemente aus einzelnen Farbstreifen oder Farblinien bestehen und deshalb Linienspektren genannt werden, erzeugt das Sonnenlicht – aber auch beispielsweise das Licht der Kohlenbogenlampe – bei der Brechung im Prisma ein kontinuierliches Farbband, wie wir es vom Regenbogen her kennen.

Einer der wesentlichen Streitpunkte in der Sache Goethe contra Newton war nun die Frage, ob die Wiedervereinigung des durch ein Prisma erzeugten Spektrums wieder Weiß ergibt. Seitdem Goethe an der simplifizierten These Ärgernis nahm, weißes Licht sei die Summe aller Farben, könne also in diese zerlegt und aus ihnen wieder zusammengesetzt werden, hat die Wissenschaft allerdings nie mehr so ganz klar zu dem Problem Stellung genommen oder einen Richtspruch für oder gegen Goethe gefällt. Heute sieht es so aus, als ob man die Ansicht vertrete, weißes Licht, welches scheinbar in die ungezählten Farben des Regenbogens zerlegt werden kann, werde durch ebenso viele Einzelsender erzeugt, die wie Orgelpfeifen nebeneinander wirken und jeweils nur einen bestimmten Farbton aussenden.

Doch nicht nur für Goethe, auch für unsere naturphilosophische Betrachtungsweise ist diese Auffassung ein Ärgernis, gerade als ob im weißen Licht alle Farben in getrennter Einzelexistenz enthalten, sauber zusammengefügt und quantitativ so abgestimmt wären, daß am Schluß ein reines Weiß entsteht und auch nicht ein einziges Blümchen aus dem Bukett vorlaut dominieren kann.

In der Naturphilosophie Goethes begegnen wir wieder jener „Wünschelrute“ des Gnostikers, die einen Irrtum aufspürt, den logischen Grund aber dafür nicht sagen kann, warum es ein Irrtum ist, denn sichtlicherweise entsteht ja aus weißem Licht, welches durch ein Prisma fällt, das Spektrum mit seinen fließenden Übergängen zwischen allen erdenklichen Farben, die unser Auge nicht mehr zu trennen vermag. Goethe hatte einen ganz sicheren Spürsinn dafür, daß – ebenso wie zwei überlagerte Komplementärfarben Grau ergeben – die wiedervereinten Spektralfarben Weiß vortäuschen, ohne damit den virginen Zustand des ursprünglichen weißen Lichtes zu verwirklichen. Auch die Mischung von Gelb und Blau täuscht ein Grün vor, welches dem originalen Grün der Spektralfarben ähnlich, aber mit ihm nicht identisch ist. Eine aus einer Weißlichtquelle gewonnene Farbenskala ergibt nach ihrer Wiedervereinigung eben kein Weiß, sondern ein ganz helles Grau, welches weißähnlich ist, ohne daß diese Tatsache nun etwa mit einem „Energieverlust" zu erklären wäre, den das Licht beim Durchgang durch die Prismen erlitten hat. Zu Ehren Goethes muß gesagt werden, daß er in dieser Streitfrage nicht nur das Richtige gefühlt, sondern auch objektiv recht hatte, obwohl seine Theorie der Farben als Taten und Kämpfe zwischen Licht und Finsternis faktisch unrichtig war.

*

Das Regenbogenspektrum entspricht nicht einer Summe von Einzelsendern, sondern wir haben ein neues Instrument vor uns, welches dieses Phänomen ganz allein hervorzubringen vermag. Weißes, virgines Licht wird durch ein *einzelnes* Atom erzeugt, das als polychromatischer Sender wirkt. Darunter wollen wir einen Sender verstehen, der eine fließende Schwingungslage besitzt. Er hat – wie die Sirene des Feuerwehrwagens, deren Tonhöhe dauernd variiert – keine bestimmte, sondern eine variable Frequenz. Der Resonator reagiert dabei auf dieses polychromatische Feld mit seiner jeweiligen Eigenschwingung. Die Aufteilung des weißen Lichtes in Farben bedeutet also nicht, daß die Farben schon ursprünglich im weißen Licht enthalten waren, sondern das Farbphänomen liegt im Resonator, der auf den polychromatischen Farbton, das heißt auf den Sender mit fließender Schwingungslage, nur mit seiner Eigenschwingung anspricht. Beim Versuch mit dem Prisma liegt das Phänomen der Farbe *nicht im Licht, sondern im Prisma,* wobei wir später noch erkennen werden, daß die Durchlässigkeit, also auch die Zerlegung des Lichtes durch einen Glaskörper, auf der Eigenschwingung seiner Atome beruht.

Ein weißes Licht spendender Sender besteht also nicht wie die Besaitung eines Flügels aus der Summe von Saiten, die verschieden gespannt sind, sondern aus einer einzigen Saite mit einer dauernd wechselnden Spannung. Um den im Lichtsender sicher sehr komplizierten Vorgang auf ein einfaches integrales Modell zu bringen, greifen wir wieder zu unserem Pendel, das mit einer bestimmten Frequenz hin- und herschwingt, die von der Länge seines Pendelfadens abhängig ist. Wir ersetzen nun diese unelastische Aufhängung durch einen elastischen Gummifaden und lassen das Pendel jetzt nicht nur *hin- und herschwingen,* sondern gleichzeitig auch das Pendelgewicht mittels der Elastizität des Gummifadens *auf- und abschwingen.* Ein auf diese Weise schwingendes Pendel stellt das einfachste integrale Modell eines polychromatischen Senders dar.

Auch hier müssen wir uns wieder bewußt machen, daß die Auf- und Abwärtsbewegung nicht dem Fallen eines Steines entspricht, der Energie aufnimmt und dann wieder abgibt, sondern daß das Vertikalpendel sich ja ebenfalls über eine Nullage bewegt, die in unserer Abbildung im ruhenden Pendel angedeutet ist (Abb. 5).

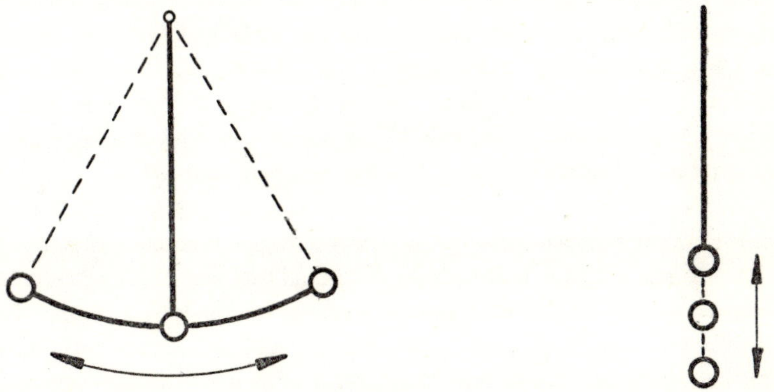

Abb. 5

Ich kann das Pendel nun dadurch in Schwingung versetzen, daß ich sein Gewicht hebe, wodurch es beim Fallen über die Nullage hinausschwingt. Das Bild vom gehobenen und wieder fallenden Stein müssen wir also endgültig aufgeben und alle elektrischen Vorgänge in Atomen *nicht als eine Bewegung zwischen zwei Energiestufen,* sondern als ein kinetisches System betrachten, welches eine bestimmte, einmal aufgenommene Energiemenge reibungslos erhält. Die Pendelbewegung unterscheidet sich dabei von einer Schwungradbewegung nur dadurch, daß sie zur Erzeugung eines Wechselfeldes geeignet ist.

Wie das im Atom realiter vor sich gehen könnte, ist in der Arbeitsteilung zwischen Naturphilosophie und exakter Naturwissenschaft eigentlich nicht mehr unsere Sache, aber wir wollen trotzdem den Versuch machen, das integrale Modell auf das Atom zu übertragen.

Um uns auf die richtige Spur zu bringen, möchte ich zunächst auf das Faktum verweisen, daß zwischen den reinen Linienspektren und den sogenannten Bandenspektren – das sind Spektren, bei welchen sich die Linien zu mehr oder weniger breiten Bändern ausdehnen – ein fließender Übergang besteht. Theoretisch müßte ein Linienspektrum jeweils nur einen einzigen Farbton emittieren und eine schmale Linie darstellen. Dies ist nicht immer der Fall, sondern die Spektrallinien sind bei bestimmten Elementen verschieden breit, enthalten also selbst schon kleine Schwankungen im Farbton, die uns nicht entgehen dürfen. Praktisch erklären sich diese dadurch, daß ein auf ein anderes Quantenpotential übergehender Ladungsring dort nicht genau stehenbleibt, sondern über sein Ziel hinausschießt, naturnotwendig dann zurückschwingt, so daß wir uns ihn auf einer solchen Quantenbahn nicht statisch, sondern um eine Nullage schwingend vorstellen müssen. Dadurch entsteht das Bandenspektrum.

Das gleiche Prinzip können wir nun auf das ganze Atom übertragen dergestalt, daß die im vorigen Kapitel besprochene Verschiebung der Ladungsringe auf eine höhere Stufe eine so starke Energieverlagerung bedeutet, daß nun das ganze System zurückschwingt, und zwar nicht wie der fallende Stein auf seinen Ausgangspunkt, sondern wie unser Vertikalpendel über die Nullage hinaus auf eine innere Quantenbahn, wodurch eine echte Schwingung entsteht.

Bekanntlich erzeugt ein Kohlenstoffatom ein ganzes Regenbogenspektrum, wofür schon die Tatsache spricht, daß die mit vier Elektronen besetzte Schale einen sehr deformationsfähigen Ladungsring darstellt. Außerdem spricht hierfür auch die Fähigkeit des Kohlenstoffatoms, als dem zentralen Atom der organischen Chemie, kraft der Schwingungsfähigkeit seiner äußeren Elektronenschale Hunderttausende von Verbindungen einzugehen. Damit ist auch aufgeklärt, warum das weiße Licht seine höchste Lichtintensität im Gelb, also zwischen den Vertikalausschlägen Blau und Rot hat, ohne daß etwa Gelb als Farbe erscheint, da es sich ja eben um ein polychromatisches Pendel handelt.

*

Bei der vorliegenden Betrachtung erkennen wir wieder, daß die Aufgabe der Naturphilosophie vornehmlich im Herausstellen der Prinzipien besteht, nach denen etwas vor sich geht. Eine Umwertung im Sinne einer realistischen Interpretation ist hingegen nicht mehr ihre Aufgabe. In der Einleitung sagten wir, daß der Gnostiker nicht denken darf, „was er will", sondern nur, was ihm als Schau beschieden ist.

Wir müssen es also sowohl für das vorhergehende als auch für dieses Kapitel bei der Erkenntnis des *Prinzips* bewenden lassen, wonach alle Strahlung auf der Schwingung zweier Ladungen gegeneinander beruht, die in sich ein reibungslos pendelndes System darstellen. Für das weiße Licht führten wir dabei als integrales Modell ein Pendel mit zwei Bewegungsrichtungen ein.

Goethe hatte also recht! Weißes Licht ist mehr als das hellste Grau. Es ist der jungfräuliche Zustand, dem noch keine Berührung mit der Materie widerfuhr, und in dem latent alle Möglichkeiten an Farbtönen enthalten sind, wie wenn die Windsbraut über die Äolsharfe streicht.

ANDERE LICHTURSACHEN

Vor mir steht eine Kerze. In der Hitze ihrer Verbrennungsreaktion erglühen unverbrannte Kohlenstoffteilchen lichtspendend. Dasselbe geschieht, wenn der elektrische Draht der Glühlampe sich dadurch erhitzt, daß die Verlagerung der Elektronen gegen die positiven Metallionen auf einen Reibungswiderstand stößt. Im Auerstrumpf glüht das Cer-Thor-Oxyd im hellsten Weiß, weil die Temperatur der ohnehin schon heißen Gasflamme durch die Katalytwirkung dieses Gemisches seltener Erden noch gesteigert wird. So ließen sich noch mannigfache Beispiele von *heißem* Licht erwähnen, welche alle eine thermische Erregung als Ursache der elektrischen Oszillation der Atome haben.

*

Wenden wir uns nun aber anderen Lichtursachen zu. Die alte Alchemistenweisheit „corpora non agunt nisi fluida" heißt: Die Körper reagieren nicht, wenn sie nicht flüssig sind. Diese Bedingung hat schon zur Zeit unserer Väter eine erste Wandlung erfahren und wurde damals interpretiert: die Körper reagieren nicht, wenn sie sich nicht in thermischer Bewegung befinden. Doch vergessen wir dabei nicht, daß noch die gleichen Väter der festen Überzeugung waren, die chemische Valenz (chemisches Bindungsvermögen) sei eine Kraft oder gar eine Energie, welche ein Atom ausstrahle oder irgendwie betätige und damit chemische Reaktionen erzeuge. Diese Vorstellung war beinahe so irrig wie der Glaube an die strahlende Energie. Heute sind wir bereits so weit von ihr entfernt, daß wir uns fast schämen, je dergleichen gedacht zu haben, wie vielleicht auch unsere Enkel sich einst unserer heutigen Gedanken schämen werden.

Inzwischen hat die Alchemistenweisheit corpora non agunt nisi fluida *wieder* eine Wandlung erfahren. Sie lautet für uns: die Körper reagieren nicht, wenn ihre äußeren Elektronenschalen sich nicht in thermischer Oszillation befinden. Nur durch diese Lockerung sind die Elektronen imstande, von der Schale *eines* Atoms auf die Schale eines *anderen* überzuspringen, wodurch eine chemische Reaktion entsteht und sich zwei Atome unter Freiwerdung von Energie zum Molekül vereinigen. Aber schon, indem ich dies schreibe, ist auch diese Auffassung wieder im Fluß, denn wir haben ja gar keine kreisenden Elektronen vor uns, sondern ein Ladungsring schlüpft in einen anderen oder läßt einen Teil seiner Energie in einen anderen abfließen.

Für die vorliegende Betrachtung kommt es darauf an festzuhalten, daß der Elektronensprung vom Atom zu Atom nur dann vor sich geht, wenn dabei Energie frei wird. In der unbelebten physikalischen Welt vollziehen sich nur solche Vorgänge von selbst, bei denen Energie frei wird, und nirgends fließt das Wasser den Berg hinauf. Eine chemische Reaktion bzw. ein Elektronensprung kann also nur dann stattfinden, wenn dabei Energie frei wird. (Jede chemische Reaktion ist exoenergetisch.) Da sich dieser Vorgang in den Ladungsringen vollzieht, fällt die frei werdende Energie erstinstanzlich als elektrische Oszillationsenergie an, die sich – wie wir gesehen haben – mit der thermischen Bewegung ihrer Umgebung im Gleichgewicht befindet, so daß eine chemische Reaktion letztinstanzlich Wärme erzeugt. Liegt nun die zunächst entstehende Steigerung der atomaren elektrischen Oszillation im Bereich der Wellenlängen des sichtbaren Lichtes, so ist sie von Leuchterscheinungen begleitet. Das ist das Geheimnis des Phosphors, der von dieser Erscheinung seinen Namen hat, des faulenden Holzes, der Irrlichter und der Glühwürmchen, die alle *kaltes* Licht erzeugen, das heißt Licht, welches nicht durch eine thermische, sondern eine chemische Erregung der Moleküle enstanden ist.

*

Die weitere Betrachtung gilt den Lichterscheinungen elektrischer Entladungen. Der Blitz leuchtet aus thermischen Gründen, welche die Entladung begleiten. In der Geißlerröhre haben wir den Prototyp aller Leuchtröhren vor uns. Diese bestehen im Prinzip aus einem evakuierten Glasrohr, in das zwei Elektroden eingeschmolzen sind. Obwohl mit Wechselströmen gespeist, bildet sich eine Elektrode als Kathode aus und schießt negative Elektronen in den luftverdünnten Raum. Stoßen sie dabei auf ein Gasatom oder Gasmolekül, so können sie dieses elektrooszillatorisch erregen. Das ist das Geheimnis aller Leuchtröhren der Lichtreklamen, worunter uns die Quecksilberdampfröhren besonders interessieren, weil dort das fliegende Elektron sogar das schwere Quecksilberatom zum Leuchten bringt. Das Atom wird hier also nicht durch thermische Agitation oder chemische Reaktion, sondern durch einen *Elektronenstoß* angeregt. Als Folge davon entstehen die kurzwelligen ultravioletten Strahlen.

Phänomenologisch geht eine Linie vom Neonlicht über die Quecksilberdampflampe bis zu den Röntgenstrahlen. Bei diesen wird in einer hochevakuierten Röhre einer Elektronen aussendenden Kathode ein Wolfram- oder Platinblock gegenübergestellt. Treffen nun die Elektronen auf diese schweren Metallatome, so erzeugen sie noch kürzere Schwingungen als das Ultraviolett. Es würde hier zu weit führen, eine Theorie der Röntgenstrahlen zu produzieren, insbesondere, weil die Ansicht der Naturphilosophie wieder von der der Wissenschaft abweicht. Wir wollen deshalb nur das Integrale der Vorgänge zu erfassen suchen: trifft ein fliegendes Elektron auf ein Atom, so erzeugt dieser Stoß eine elektrische Oszillation. Je härter der Stoß, das heißt, je schneller die Bewegung des Elektrons und je schwerer das getroffene Atom ist, um so weiter dringt die Wirkung des Beschusses in das Innere des Atoms vor. Schon beim Ultraviolett und vor allem bei den Röntgenstrahlen ist daher der Sitz der elektrischen Oszillationsströme in den inneren Schalen der schweren Atome zu suchen, welche zu kurzwelligen Schwingungen angeregt werden, die außerordentlich starke Feldkräfte erzeugen.

Theoretisch müßte es sogar möglich sein, durch solche Beschüsse den Kern dergestalt in Schwingungen zu versetzen, daß nunmehr das System der Elektronenschalen als der verharrende und der Kern als der dagegen schwingende Teil betrachtet werden kann. Dies hieße nichts weniger, als in der Kette der ultravioletten und Röntgenstrahlen auch den letzten Vertreter zu realisieren: die Gammastrahlen. Glücklicherweise ist die Gammaröhre noch nicht erfunden, denn diese kurzwelligsten Strahlen sind mit Recht wegen ihrer koagulierenden Wirkung auf alles lebendige Gewebe als „Todesstrahlen“ bezeichnet worden.

Von den aus einer Elektronenbeschießung von Neonatomen in der Leuchtröhre entstehenden Strahlen über die ultravioletten Strahlen der Quecksilberröhre, die Röntgenstrahlen, die noch nicht entdeckte Gammaröhre bis zur Atomzertrümmerung vermittels eines Zyklotrons, bei der unter anderem ebenfalls Gammastrahlen

entstehen, gibt es also in der Weise eine phänomenologische Kontinuität, als die zuerst genannten gewissermaßen Vorstufen des letzten Effektes sind, bei welchem der Beschuß nunmehr direkt auf den Kern hinzielt, und diesen nicht nur in Schwingung versetzt, sondern das atomare Gleichgewicht so sehr stört, daß der Kern und damit auch das Schalensystem zerfallen. Aus einem Atom werden zwei neue, was Rutherford als erstem im Jahre 1919 mit der Umwandlung von Stickstoff in Sauerstoff und Wasserstoff durch Beschuß mit Alphateilchen gelang.
Diese ganze Gruppe der Lichterzeugung läßt sich auf die Formel bringen, daß außer durch Wärme und chemische Reaktion ein Atom auch durch Elektronenbeschuß nicht nur in den äußeren, sondern auch in den inneren Schalensystemen elektro-oszillatorisch zur Lichtemission angeregt werden kann. Dabei gilt generell, daß um so kürzere und wirkungsvollere Strahlen entstehen, je mehr sich ihre Entstehungszone in das Innere des Atoms verlagert, wobei wir das Wort „energiereiche" Strahlen nicht mehr benutzten.

*

Um nichts auszulassen, bleibt abschließend noch das Phänomen der *Fluoreszenz* zu erwähnen. Diese erklärt sich dadurch, daß auch ein elektromagnetisches Wechselfeld ein Atom zum Leuchten bringen kann. Bringe ich das Bariumplatincyanür des Röntgenschirmes in das Kraftfeld einer Röntgenröhre, so werden die kurzwelligen Röntgenstrahlen in sichtbare Lichtstrahlen transformiert, ähnlich etwa wie bei einem Ton auch die niedere Oktave mitschwingt. Im Leuchtmantel der heutigen Leuchtröhren wiederum wird das Ultraviolett, das ihre Quecksilberdampffüllung erzeugt, in sichtbares Licht transformiert, weil sich dort ein Fluoreszenzkörper befindet, der durch die Feldwirkung des Ultravioletts aufleuchtet. Auch auf Varietébühnen können wir sehen, wie unsichtbare Ultraviolettstrahlen den Mummenschanz in magisches Leuchten versetzen. So unbedeutend dieses Phänomen auch erscheinen mag, ist es nicht nur der Vollständigkeit halber erwähnt worden. Die „Photolumineszenz", das Selbstleuchten der Materie in einem schwingenden Kraftfeld, hat eine viel tiefere Bedeutung, als uns bis heute bewußt geworden ist. An einer späteren Stelle dieses Traktates wird uns hierüber noch eine Überraschung beschieden sein.

DER LICHTELEKTRISCHE TRANSFORMATOR

Es dürfte nunmehr wohl als sichergestellt gelten, daß das Licht ein wellenförmiges, wechselndes elektromagnetisches Kraftfeld ist, wie es nur von Wechselströmen bewirkt wird. Dabei haben wir die schon bekannten Wechselströme, nämlich den einer Dynamomaschine und den eines elektrischen Schwingungskreises, wie wir ihm im Radiosender begegneten, um eine dritte Form erweitert, die in der Schwingung eines Ladungsringes gegen einen positiven Kern besteht und die wir atomaren Oszillationsstrom nannten. Alle drei Wechselströme sind aber im Prinzip dasselbe, nämlich rhythmische Veränderungen der Lage von negativen zu positiven Ladungen, deren gestörtes Beharrungsvermögen den spezifischen Effekt der induktiven Feldwirkung ergibt: die elektromagnetische Welle.

Bei dem uns hier ausschließlich interessierenden atomaren Oszillationsstrom und seinen Wirkungen müssen wir uns bewußt machen, daß nicht nur die Atome warmer Körper, sondern *alle Materie* als Zuordnung von Ladungsringen zu Kernen ein elektrisches System darstellt. Jede Materie muß also in bezug auf das Primärsystem eines Lichtsenders als Sekundärsystem angesprochen werden. Als elektrisches System hat sie im Prinzip dieselben Schwingungsmöglichkeiten wie ein erregtes Sendesystem. Das bedeutet gnostisch auch der Satz: „Die Materie ist der Gegenspieler des Lichtes."

*

Wir haben uns hier noch kurz mit dem gegenteiligen Vorgang des Lichtsenders, dem Lichtempfänger, zu beschäftigen. Wird ein schwingungsfähiges Sekundärsystem, ein erregbares Atom also, in das Wechselfeld eines warmen oder leuchtenden Körpers gebracht, so induziert dessen Kraftfeld in ihm den spiegelbildlichen Oszillationsvorgang, genauso, wie eine Primärspule in der Sekundärspule einen spiegelbildlichen Wechselstrom erzeugt. Unter der Wirkung des induktiven Kraftfeldes erfährt im Empfängeratom die Zuordnung Kern – Ladungsring dieselbe Deformation wie das Sendeatom und gerät in elliptische Oszillation, welche ihrerseits wieder mit der thermischen Agitation ihrer Umgebung im Gleichgewicht steht. Dadurch wird ein Körper im wechselnden Induktionsfeld warm.

Die als Sekundärspule wirkende Materie eines sich im Lichtfeld befindenden Körpers erwärmt sich in dem Maße, wie sich das Sendesystem abkühlt. Die Energie wird über das Feld vom Lichtsender zum Lichtempfänger verlagert. Die energielose Energieübertragung im elektrischen Transformator vom erregten Sendeatom zum Resonanz-Atom geht also nach folgendem Schema vor sich, wobei der Doppelpfeil ein Gleichgewicht bedeutet:

Sender: Wärme als thermische Agitation der Atome und Moleküle.	⇄	Elektrothermische Oszillation als elektrische Energie eines atomaren Wechselstromes.
	↑↓	Energielose Energieübertragung durch das induktive Wirkungsfeld.
Die elektrische Energie des „heißen“ Atoms wird als thermische Agitation abgegeben: der Körper wird warm.	⇄	Gekoppeltes System bzw. Empfänger: das Schwingungssystem Ladungsring — Kern tritt in elektro-oszillatorische Resonanz und nimmt so viel Energie auf wie das Primärsystem abgibt.

Im Lichtempfänger geht also genau dasselbe, nur spiegelbildlich, vor sich wie im Lichtsender. Wir denken hier an die zwei Stimmgabeln, welche miteinander in Resonanz treten, mit der Einschränkung, daß beim Licht eben keine schwingende Luft als echte Energie die Vermittlung vornimmt, sondern die wirkende Kraft des elektromagnetischen Wechselfeldes. Mehr brauchen wir an dieser Stelle nicht zu sagen, da wir in allen folgenden Kapiteln fortgesetzt auf das Zusammenspiel von Sender und Empfänger stoßen werden. Es genügt hier, wenn wir uns bis in alle Tiefen unseres Bewußtseins immer wieder vorstellen, daß keine Lichtenergie unterwegs ist. Zwischen dem Primärsender Sonne und dem Sekundärempfänger Erde besteht lediglich eine Kopplung durch ein Feld, wie wir es bereits zwischen dem Mond und dem Meer erkannt haben.

*

So ist es also ebenso falsch, von Licht „an sich" zu sprechen, wie etwa von Liebe als Abstraktion. Beide, das Licht und die Liebe, lassen sich nicht dinglich behandeln und vergegenständlichen, sondern sind eine Beziehung zwischen einem Sender und einem Empfänger. Wie wir erst von Liebe reden können, wenn es den liebenden und den geliebten Menschen gibt, können wir nur von Licht sprechen, wenn es den Sender und den Empfänger gibt, zwischen denen die vermittelnde Kraft wirkt. Licht ist keine Gabe, sondern ein Mittler. Licht ist die potentielle Beziehung zwischen zwei elektrischen Phänomenen, und schon der Begriff *Primär*spule weist darauf hin, daß diese Bezeichnung nur in bezug auf eine *Sekundär*spule Bedeutung hat, weil beide zusammen erst das Prinzip des Transformators verwirklichen.

Licht ist die wirkende Feldkraft in einem Transformator, der aus zwei thermoelektrischen Oszillationsströmen besteht.

*

In unserem täglichen Leben und in den Laboratorien dieser Welt ist alles, was wir tun, unausweichlich von Materie, das heißt von Sekundärsystemen, *ummantelt* und der lichtelektrische Transformator daher dauernd verwirklicht. So haben wir uns schließlich daran gewöhnt, in einem gegenständlichen Licht zu denken und es für eine Energie zu halten, wie die schwingende Luft des Schalls. Hier hat sich unsere Erdgebundenheit besonders verhängnisvoll ausgewirkt, denn wenn es uns vergönnt gewesen wäre, ein einziges Mal unter der Versuchsbedingung des absoluten Raumes zu experimentieren, hätte uns längst ein ganz einfaches Experiment auf die richtige Spur gebracht.

Dieses Experiment sieht folgendermaßen aus: bringen wir ein glühendes Stück Eisen in den absoluten und leeren Raum, so daß seine Infrarotstrahlung auf keine

Sekundärspule Materie trifft und in diese Energie verlagern kann, dann würde dieses glühende Stück Eisen unbeschränkt weiterglühen bis an den jüngsten Tag. Dies ist eine harte Rede.

Auch eine ausgelöste Atombombe zerstrahlt im absoluten Raum nicht in Energie, sondern wird zum leuchtenden Ball, so daß wir eigentlich richtiger von einer Atomsonne reden sollten. Sie bleibt als winzige Sonne so lange bestehen, bis Materie in ihr Feld gelangt, in die sie über ihr Kraftfeld Energie verlagert.

Der Sekundärstrom zur ersten Atomsonne des Menschen war Hiroshima, das weniger durch Explosion als dadurch zerstört wurde, daß es plötzlich in Sonnennähe gerückt war. Durch den über das Wechselfeld erzeugten Induktionsstrom sind die Menschen erblindet und verbrannt wie eine Sekundärspule, die durchbrennt, wenn sie zuviel Energie aufnimmt.

Bei der Explosion einer Atombombe müssen wir im übrigen die einzelnen Phänomene trennen. Der berühmte Rauchpilz, der aus verdampfenden Konstruktionsmaterialien der Bombe entsteht, ist eine Sekundärwirkung. Auch von der Korpuskularemission, im wesentlichen Alpha- und Betastrahlen bzw. Protonen und Elektronen, welche die Atombombe genau wie das Radium emittiert, sehen wir ab, weil uns hier nur die gleichzeitig entstehenden elektromagnetischen Wechselfelder interessieren, also das Wesen der Strahlung zur Diskussion steht.

Während in unseren Laboratorien der Primärstrom jedes warmen Systems über das Infrarot dauernd entladen wird und wir diese Wirkung unmöglich verhindern können, bleibt eben im „absoluten" Laboratorium ein glühendes Stück Eisen oder eine entzündete Atomsonne ewig bestehen wie unsere wirkliche Sonne, die auch nichts anderes ist als ein atomar entzündeter Stern. Auch sie wäre gleich der Atombombe über Hiroshima schon lange erloschen, wenn wir ihr Feld durch eine geschlossene materielle Ummantelung, sei es in welcher Entfernung auch immer, stören könnten. In Wirklichkeit aber gibt die Sonne über ihre als Mittler wirkende Strahlung nur so viel Energie ab, als vor allem ihre Planeten aufnehmen können, unter denen unsere Erde dazu auserwählt war, sich gerade in jenem Abstand zu befinden, in dem sie weder glüht noch im Kältetod erstarrt, wodurch erst unser Leben ermöglicht wurde.

Falsch ist dagegen die Vorstellung, daß sich eine in Atomreaktion befindende Materie in ein Lichtmeer von Schwingungsenergie verwandelt. Die Schwingungsenergie der Oszillationsströme wird durch die Feldbeziehung Licht nicht verbraucht, sondern nur verlagert. Sie verbraucht sich nur in dem Maße, wie sie an einem anderen Ort, mithin in einem Sekundärsystem, *neu entstehen* kann. Das Wort „strahlende Energie" muß aus unserer Vorstellung und aus unserem Wortschatz gestrichen werden. Die Ansicht Einsteins, nach der Materie sich in strahlende Energie verwandeln könne oder umgekehrt, Materie materialisierte Strahlungsenergie sei, war zu ihrer Zeit eine Erkenntnisbrücke, die Heil und Unheil stiftete. Sie ist aber nach dem Gesagten ebenso irrig wie der geheimnisvolle Ausspruch von Roger Bacon aus dem 13. Jahrhundert: „Materie ist gefrorenes Licht."

DIE GÖTTLICHE ÖKONOMIE

Bevor wir nun weiterwandern auf unserem Wege einer neuen und erregenden Schau des Lichtes, wollen wir ein wenig anhalten und uns Zeit lassen zu einer kleinen Betrachtung.

Als ich ein Knabe war, fand ich beim Stöbern eine Lupe meines Vaters, die man damals Fadenzähler oder Brennglas nannte. Die Anwendung als Brennglas wollte ich ausprobieren und fokussierte im hellen Sonnenlicht das linsengroße Glas auf meinen Handrücken. Dabei überkam mich der Gedanke, wie lange ich die Wirkung wohl auszuhalten imstande wäre. Als sich aber auf der Haut ein roter Fleck zeigte, hörte ich auf, da ich fürchtete, daß meine Mutter ihn bemerken könnte. Knaben verbergen die Übungen ihrer Tapferkeit wie ein keusches Geheimnis. Dann kehrten meine Gedanken zu der physikalischen Seite des Experimentes zurück, und ich geriet in Staunen darüber, welche schmerzhaften Wirkungen ein so winziges Ding verursachen konnte. Es ging mir auf, daß die Sonne offenbar jeden Augenblick unendliche Energien ins Weltall hinausstrahlt. Wieviel Heizkraft mußte sie dabei wohl verbrauchen, wenn die Fläche eines kleinen Glases schon meine Haut verbrannte, und die ganze Erde von der Sonne aus gesehen selbst nur als talergroßer Kreis erscheint! Seitdem beunruhigte mich diese Überlegung, und ich machte mir Gedanken darüber, wie lange die Herrlichkeit noch dauern mochte, bis die Sonne ausgebrannt ist. Vor allem aber wunderte ich mich, daß nur ein winziger Bruchteil der Sonnenstrahlen durch die Erde und die anderen Planeten und die Milchstraßen „aufgefangen" und der ganze Rest ins Weltall verstrahlt und verschwendet wird. Der goldene Wein des Lichtes verschüttet, verdorben und nicht aufgefangen in der Schale der Welt! Und doch sagt das Heilige Buch: „Auf daß nichts umkomme."

Seitdem sind Jahrzehnte vergangen und die Fragen des Knaben sind zu den Keimen dieses Traktates geworden. Wenn ich Natur und Menschenwerk vergleiche, so fällt mir immer wieder auf: die Technik spricht von Ausbeute, Wirkungsgrad, Nutzeffekt und was dergleichen kleinlaute Bekenntnisse mehr sind, die nur besagen, wie unvollkommen alles ist, was Menschen geschaffen haben. Die Werke des Menschen unterscheiden sich durch das Verlorene und Verschwendete von den Werken Gottes und deren Sparsamkeit. Sie sind Stückwerk bis zum Atommeiler! Manches, was wir ersonnen haben, wie lenkbare Luftschiffe, Fallschirme und Düsenflugzeuge, für die es kein Vorbild in der Natur gibt, bedeutet nicht, daß es die Natur nicht auch vermöchte, aber sie kann nicht gegen das Prinzip der Sparsamkeit der Schöpfung verstoßen. Die Maschinen der Natur arbeiten ohne Verlust. Sie sind vollkommen, und es genügt eine Handvoll Reis, um die menschliche Arbeitskraft einen Tag lang in Gang zu halten. Der Nutzeffekt der Natur ist hundert Prozent.

Nur in einem ist sie verschwenderisch: im Samen und in den Körnern. Sie streut sie in den Wind und auf steinigen Boden so ungezählt, wie der Sand am Meer. Es ist das Mysterium der Unerschöpflichkeit der Liebe.

Überall sonst aber kommt in ihrem Haushalt nichts um. Alle Sonnenkraftmaschinen des Menschen scheitern an ihrem geringen physikalischen und ökonomischen Nutzeffekt. Die Sonnenkraftmaschine der Natur dagegen, der große Lichtesser Wald, läßt nichts umkommen.

Das ist die Handschrift Gottes in der Natur, welche wir Signaturen nannten.

So erblickt der Schauende auch dort, wo die Dinge nicht eigentlich beweisbar sind, Anzeichen und Hinweise wie Wegschilder oder Stangen, die uns im Nebel führen. Er kennt die Hand des Schöpfers und kann bezeugen: das kann Gott nicht gemacht haben! Eine Sonne, die ihre Energie sinnlos ins Weltall verstrahlt, trägt nicht seine Signatur.

Seinen Zweifeln können wir heute antworten: kein goldenes Sonnenlicht wird vertan wie vergossener Wein, denn die Sonne verstrahlt nicht ins Leere, sondern spendet nur der sich öffnenden Schale. Das Licht war die erste Tat Gottes: „Und Gott sah, daß es gut war.“

DAS LICHT IN RAUM UND ZEIT

WACHSENDE KREISE

Es wurde schon ausgesprochen, daß das Wesen gnostischer Erkenntnis nicht auf Gedankengängen beruht, die zu einem Ziel hinführen, sondern im Wachsen von Erkenntnissen, die wie seelische Zustände ein eigenes Leben führen und deshalb auch ihr eigenes Wachstum haben gleich den Wellenkreisen, die ein „Ein-Fall" im Spiegel des Sees erzeugt. Jeder neue Ein-Fall erzeugt seine eigene Welle. Während die eine noch mit starker Woge schwillt, wächst schon die neue nach, die erst dann ihre Mächtigkeit erreicht, wenn die erste bereits verebbt.

Im Augenblick, da ich diese Zeilen niederschreibe, deren Erkenntnisse vom ersten Kreis der Gnosis aus geschaut sind, befinde ich mich selbst schon auf ihrem nächsten.

Es wird dem Leser daher nicht entgehen, daß der folgende Teil von einer gewissen Unruhe, um nicht zu sagen, Unrast durchweht ist, aus dem das sorgfältige Wachen darüber spricht, die Schau beider Erkenntnis-Kreise nicht zu vermischen und dadurch zu verwirren, wie aber auch der Wunsch, schon Fertiges abzuschließen. Desgleichen wird der Leser manchmal den Eindruck gewinnen, als wolle der Autor ausweichen. Man hat das Gefühl des Über-etwas-Hinweggehens oder gar des Verschweigens, beinahe, als geschähe es aus eigener Unklarheit oder aus noch nicht gereifter Stunde. So werden Fragen, wie etwa die nach dem Verlöschen des Feldes, eher aufgeworfen als beantwortet.

Warum verlassen wir aber nicht einfach eine verebbende Welle und berichten gleich über die Schau des nächsten Kreises der Gnosis?

Das eben geht nicht, weil die Gnosis keine Endresultate kennt und, mehr als das, weil sie gar nicht in einem Ergebnis beruht. Der *Vorgang* des Erkennens ist geistiges Leben, so wie die Liebe auch nicht auf Besitz beruht, sondern meist mit ihm erstirbt.

Jede Erkenntnis als etwas Lebendiges würde absterben, sobald sie Resultat wird und aus ihrer Mitte nicht immer wieder ein neuer gnostischer Kreis entsteht, und zwar so viele Male, wie es dem Menschen gegeben ist – und keinmal mehr. Die Inhalte dieser Erkenntniskreise zusammengefaßt als Endresultat zu geben und ihre Lebensgeschichte zu verschweigen, hieße, das Schauspiel mit dem fünften Akt und das Leben mit dem Tod zu beginnen.

Solche Erkenntnisse werden auch nicht wie Resultate über den Intellekt vermittelt, sondern gleichen eher einem Korn, das in die Erde gesenkt wird und dort zu wachsen beginnt. Alle Erkenntnis ist Funktion der Zeit: unserer Zeit, der uns geschenkten, für uns und von uns erfüllten Zeit! Das Leben ist verwirklichte Zeit.

Was Sie hier in der noch einfachen Geometrie des ersten Kreises der Gnosis aufnehmen, wird nach einer gewissen Inkubationszeit in Ihnen wachsen und reifen und die Erkenntnisse des nächsten Kreises anbahnen, gleich als vollzöge sich im Leser derselbe Rhythmus wie im Autor.

An dem Grundriß des Gesagten aber wird nichts geändert, auch wenn die wachsenden Kreise weitere und tiefere Schau schenken. Da alle Probleme wie Radien vom Mittelpunkt ausgehen und dabei die konzentrisch um ihn angeordneten Kreise der Gnosis schneiden, kehrt jedes Problem auf einer neuen Stufe immer wieder und wird dort vertieft. Möge deshalb das scheinbar flüchtig Streifende oder gar Apodiktische ahnender Erkenntnis verziehen werden, die der Morgenröte gleicht, welche dem Tag vorausgeht.

DIE FELDLÖSCHUNG

Alle zwar nicht überholte, doch verwandelte Erkenntnis läßt Mauerwerk und leere Fassaden zurück, die als Bilder in unserem Bewußtsein weiterbestehen. Was ich hiermit meine, kann nur der ermessen, der schon durch Fassadenstraßen gewandert ist, hinter denen die Leere gähnt. Das Sprengen, Einreißen und Abtragen vergangener Vorstellungen und Bilder gehört mit zum Neuaufbau. So kann man die Erkenntnis, daß Licht keine Wellenenergie, sondern eine Kraft ist, nicht lediglich verstandesmäßig zur Kenntnis nehmen; sie muß erlebt werden und zu neuen Bildern erstehen. In diesem Sinne wollen wir versuchen, uns die Konsequenzen klar zu machen, welche die neue Konzeption nach sich zieht.

*

Wie wir bereits sagten, ist jedes Feld eine Eigenschaft der Körper oder bestimmter Vorgänge. Es ist ein Spannungszustand, der sie umgibt. Feld ist als Eigenschaft der Materie *ihr eigen* und fest und unzertrennbar mit ihr verbunden. Bewege ich einen Körper, so bewege ich sein Feld mit, wie ein Igel seine Stacheln im Raum mitnimmt. Ein Feld besteht ebensowenig „an sich“, wie es eine Farbe an sich gibt. Lasse ich einen grünen Körper verschwinden, bleibt nicht „grün“ übrig. Überhaupt werden die Worte „an sich“ und „an und für sich“ im gnostischen Wörterbuch ungern gesehen.

Um uns dies noch bewußter zu machen, bitten wir eine zauberkräftige Fee, die Sonne und die Erde, die ja durch ein Schwerefeld verbunden sind, plötzlich verschwinden zu lassen. Bleibt dann ein Gravitationsfeld übrig?

Nun soll unsere Fee auch noch den ganzen Weltraum ausputzen, damit uns nichts mehr darin stören kann. Alle Sonnen, Sterne, Milchstraßen, aber auch unsere gute Erde und mit ihnen alle Felder sind nun verschwunden. Dann läßt unsere Fee die Erde aufs neue entstehen, und wir warten gelassen ein Stündchen. In dieser Zeit hat sich das Gravitationsfeld mit Lichtgeschwindigkeit auf den Weg gemacht und über die Entfernung von einer Lichtstunde ausgebreitet. Jetzt folgt ein neuer Zauberbefehl: Erde weg! Können wir dann das davonrasende Schwerefeld aufhalten oder ihm nachrufen, daß es gar keine Daseinsberechtigung mehr hat, weil seine Mutter, die Erde, plötzlich verstorben sei!?

Ruft eilig Morgenstern herbei: Ein Kraftfeld saust einsam durch die Nacht des Weltalls in die Ewigkeit.

Diese Vorstellungen erscheinen uns doch recht unglaubhaft und absurd, obwohl sie für ein elektromagnetisches Wechselfeld ernstlich behauptet werden. Nach unserer Auffassung dagegen verschwindet beispielsweise beim Ausschalten eines Stromes auch sein Feld als eine von ihm nicht zu trennende Eigenschaft. Da sich jedes Feld – also sowohl ein Gleich- als auch ein Wechselfeld – ohne Energieaufwand bis ins Endlose ausbreitet, so muß es auch ohne Energieaufwand oder Energieabgabe verlöschen.

Nicht so nach der klassischen Auffassung. Nach ihr erzeugt ein großer Scheinwerfer für paralleles Licht einen Lichtstrahl, der wie ein Lichtschnellzug in die Weltnacht losbraust. Ja, mehr als das, die Länge dieses Lichtstrahls wäre dann ein Maß für die Lichtenergie. Man könnte also die Lichtenergie in Kilometern des Lichtstrahls für eine gewisse Flächenintensität messen und sagen, wir haben heute „x km-lux" in den Weltraum gesandt! Wir sind damit nicht mehr so arg weit weg von jenen guten Schildbürgern, die das Licht in Säcken in ihr Haus transportierten, denn es reist ja auch bei uns – wenn auch unverpackt – durch den Weltraum.

Was geschieht nun in Wirklichkeit, wenn der Körper oder der Vorgang, der ein Feld erzeugt, weggenommen oder ausgeschaltet wird? Da die Löschung eines Feldes der umgekehrte Vorgang seiner Ausbreitung ist, müßte es auch mit Feldgeschwindigkeit verschwinden. Wir könnten uns darunter etwa vorstellen, daß es von beiden Seiten nach der Mitte zu mit Feldgeschwindigkeit auslöscht, so wie man ein gespanntes Seil von beiden Seiten einholen kann. Es könnte aber auch sein, daß es nur von einer Seite aus oder momentan zusammenbricht. Doch am naheliegendsten scheint mir noch die Auffassung, daß das Feld eben von beiden Seiten mit Lichtgeschwindigkeit verlöscht.

Wenn zwischen einem Sender, der ein Lichtpotential erzeugt, und dem Auge als Lichtempfänger ein Lichtfeld ausgespannt ist, dann löscht beim Ausschalten des Senders gleichzeitig auch das Auge von seiner Seite aus das Potential. Wir greifen zum besseren Verständnis hier wieder auf unsere unelastische Druckröhre mit der unkompressiblen Flüssigkeit zurück, auf deren einer Seite eine Pumpe und deren anderer eine Turbine befindlich sein sollen. Der Pumpe entspricht der Lichtsender, der Turbine der Lichtempfänger, während die Röhre mit der Flüssigkeit nur als Druckvermittler fungiert. Ist nun beim Anhalten der Pumpe die Turbine nicht angeschaltet, dann bricht der Druck allein von der Pumpenseite aus zusammen; ist die Turbine hingegen angeschaltet – ist also Materie dem Lichtsender gegenübergestellt – dann muß das Spannungsfeld von beiden Seiten aus zusammenbrechen. Unser Auge entlädt folglich *momentan* jedes Lichtpotential, das nicht nachgeliefert wird.

Sie sehen, daß die Dinge nicht ganz so einfach liegen, besonders, wenn wir noch folgende weitere Frage aufwerfen: was geschieht beim Unterbrechen des Lichtsenders, also bei Abschaltung auf kurze Zeit? Dann löscht also das erste Feld mit Lichtgeschwindigkeit, und das neue eilt beim Wiedereinschalten hinterher, ohne es natürlich einholen zu können. Ein unterbrochenes Lichtzeichen würde demnach wieder dieselbe Brückenzeit benötigen wie ein neues Licht. Diese Frage nennen wir das „Blinkproblem“ und halten fest, daß mit der Vorstellung des von beiden Seiten aus mit Lichtgeschwindigkeit löschenden Kraftfeldes manche Fragen, wie eben gerade auch dieses Blinkproblem, ungeklärt bleiben. Erst im folgenden Traktat werden wir wieder hierauf zurückkommen, wobei wir uns des Stichwortes vom „Blinken“ erinnern wollen.

Glücklicherweise ist es eine Eigenschaft der Gnosis, auch mit ungelösten oder noch nicht bis in alle Tiefen offenbar gewordenen Fragen ruhig schlafen zu können, weil Staunen und Wundern im Gegensatz zu Neugierde und Wissensdrang die Ungeduld nicht kennen.

ELEKTROMAGNETISCHES FELDTHEOREM

Zur Übermittlung von Nachrichten von der Sonne auf die Erde wollen wir einen Draht spannen. Diesen Draht denken wir uns aus völlig undehnbarem und unelastischem Material. Die Errichtung der Leitung vollzieht sich mit einer endlichen Geschwindigkeit. Da wir über die modernsten Anlagen verfügen, soll sie von einem Märchenraumschiff aus getätigt werden, das sich mit Lichtgeschwindigkeit bewegt und dabei den Draht nach sich zieht. Der Draht ist also mit der bekannten Feldgeschwindigkeit c von der Sonne zur Erde gespannt worden. Es zeigt sich nun folgendes Beachtenswerte: ziehe ich an dem einen Ende des ausgespannten Drahtes, so erfolgt die entsprechende Bewegungsreaktion am anderen Ende *gleichzeitig* und *ohne irgendwelche Verzögerung*. Wir begegnen hier in suggestiver Weise dem wesentlichen Inhalt unserer Konzeption, die wohl sehr leicht zu erfassen, aber sehr schwer zu fassen ist. Sie lautet auf unser Thema übersetzt, daß die Ausdehnung des Feldes bis zum Empfänger – bildlich gesprochen: der Bau der Feldbrücke – eine bestimmte Zeit braucht, *die Vermittlung aber über die einmal getätigte Brücke keine Zeit beansprucht!* Diese These ist eine Königshürde unseres Rennens, vor der viele refüsieren werden.

Wir haben also nicht weniger behauptet als dies: schalte ich in unserem Riesentrafo den Primärstrom ein, der sich in Sonnenabstand befand, dann breitet sich sein elektromagnetisches Feld mit Feldgeschwindigkeit c aus. Nachdem sich aber diese Kraft, dieses Potential, dieser Druck, diese Spannung, eben dieses elektromagnetische Wirkungsfeld einmal bis zum Sekundärkreis ausgebreitet hat, ist es Zustand und wirkt als Feldbrücke, über die jede Veränderung der Primärursache *augenblicklich* im Sekundärkreis registriert wird. Augenblicklich heißt dabei ohne Verzögerung, ohne Nachhinken, ohne irgendwelche Hysteresis, also *gleichzeitig*. Sobald das Feld einmal gebildet ist, was immer eine Zeitfunktion bleibt, erfolgt Primär- und Sekundärimpuls gleichzeitig, und zwar völlig *unabhängig von der Entfernung*, und beträgt sie Millionen von Lichtjahren.

Wir müssen Gleich- und Wechselfeld statisch und nicht dynamisch sehen, eben als einen Zustand der Spannung und nicht als eine sich fortpflanzende und wandernde Energie.

*

Den Mechanismus der Feldwirkung formulieren wir noch einmal zusammengefaßt in nachstehendem elektromagnetischen Feldtheorem:

Dehnt sich zwischen zwei elektrischen Systemen eine Feldbrücke mit Lichtgeschwindigkeit aus, so findet die Reaktion zwischen Primär- und Sekundärimpulsen entweder überhaupt nicht statt, weil das Feld sich noch nicht bis zum Sekundärsystem ausgebildet hat, oder wenn sie eintritt, kann sie nur gleichzeitig und nicht später erfolgen.

Ändere ich die Stromintensität oder -richtung in einer Primärspule, die mit einer Sekundärspule durch ein Feld verbunden ist, so erzeuge ich gleichzeitig die entsprechend entgegengesetzte Änderung in der Sekundärspule.

Wir sind hier an einer Weggabelung angelangt, an der die Ansichten des Traktates entscheidend und folgenschwer von denen der heutigen physikalischen Wissenschaft abweichen. Wäre Licht nämlich strahlende Energie, die auch „an sich" bestehen und wie jede Energiewelle losgelöst von ihrem Erzeuger mit Lichtgeschwindigkeit wandern könnte, so müßte sie je nach der Wegstrecke mit Verspätung bei ihrem Empfänger ankommen. Ist Licht aber ein Wirkungsfeld, das einmal ausgebildet, Zustand ist, so erfolgen die Übermittlungen wie durch den gespannten Draht ohne Verzug gleichzeitig, so daß wir im Sprachgebrauch mit Recht sagen: ich rede über Welle x.

Wenden wir unsere Augen endgültig vom Ufer des Sees ab, auf welchem die Wasserwellen einhergleiten, und unsere Ohren von den Rufen, die über das Echo zu uns zurückklingen. Mit allen diesen Bildern hat das Kraftfeld des Lichtes nichts zu tun.

*

Die tiefe Kluft zwischen der Lehre des Traktates und der heutigen klassischen Physik ist unüberbrückbar. Loten wir sie an folgendem Beispiel, dem nur *eine* Wirklichkeit entsprechen kann:

Ich sende Musik aus dem Basler Studio nach einem Stern, der – sagen wir – ein Lichtjahr entfernt ist. Nennen wir ihn symbolisch „Aquarius" und lassen wir dort ausnahmsweise auch Menschen leben. Da wir mit dem Aquarius in Feldverbindung treten wollen, haben wir vorsorglich unsere Sendeanlage schon *vor einem Jahr* eingeschaltet. Auf dem Aquarius befindet sich nun eine Tanzbar, die *heute* ihren Radioempfänger auf die Wellenlänge von Basel eingestellt hat.

In diesem Augenblick beginnt die Jazzkapelle im Basler Sender zu spielen.

Nach der klassischen Theorie hören die Bewohner des Aquarius die Musik erst ein Jahr später, also dann, wenn die vom Jazz bespielten elektromagnetischen Wellen den Aquarius erreicht haben, die ja als strahlende Energie unterwegs sein sollen.

Nach unserer Auffassung dagegen hören die Bewohner des Aquarius die Jazzkapelle gleichzeitig, und die Paare auf dem fernen Stern tanzen im gleichen Takt wie die Tänzer in Basel oder Bern, natürlich immer vorausgesetzt, daß der Sender ein Jahr zuvor eingeschaltet worden war, um die Feldbrücke herzustellen.

Oder eine andere Variante: die Einschaltung des Senders beginnt zugleich mit der Musik. Dann hören die Bewohner des Aquarius ein Jahr lang überhaupt nichts und dann – nach unserer Auffassung – nicht die Musik, die vor einem Jahr gespielt wurde, sondern die gleiche, wie sie in diesem Moment, an dem sich das Feld bis zum Aquarius hin ausgebildet hat, in Basel gespielt wird. Die heutige Physik dagegen vertritt die Auffassung, daß die Paare auf dem Aquarius nach einer Musik tanzen, die schon längst verklungen ist.

Hier prallen die Ansichten aufeinander: hie strahlende Energie und hie potentielles Wechselfeld oder hie wandernde Lichtwelle an sich und hie Wirkungsfeld als Zustand oder schließlich hie Sendbote und hie Brücke.

Die Naturphilosophie meldet ein „Schach" an!

INDUKTIVER SYNCHRONISMUS

Um die neuen Erkenntnisse zu erhärten, kehren wir in unser Gedanken-Laboratorium zurück. Soweit wir dabei bekannte Gesetze anwenden, sind supponierte Experimente genau so zuverlässig wie tatsächliche und erhalten durch die daran zu knüpfenden Argumentationen Verbindlichkeit, auch wenn das Ganze anders geartet ist wie der Gedankenaufbau einer logischen Beweisführung.

Wir beginnen mit unserem permanenten Magneten, der wieder auf seinem alten Platz auf dem Kunststoffschlitten ruht, nehmen aber eine kleine Änderung der Versuchsanordnung vor, deren Sinn uns gleich verständlich sein wird. Wir bauen ihm nämlich ein kleines Häuschen wie ein Hundehüttchen, in dem er mit der Vorwärtsbewegung des Schlittens ganz verschwindet und mit dessen Rückbewegung er wieder völlig heraustritt. Das Häuschen wählen wir aus Eisen und supponieren, daß mit dem Verschwinden des Magneten darin das Feld so weit abgeschirmt ist, um es nicht mehr in Betracht ziehen zu müssen, also keine Feldbrücke entsteht. Das Experiment ist uns im übrigen noch in Erinnerung: bewege ich den Magneten, ohne den Sekundärkreis zu schließen, wird seine Bewegung nicht gehemmt; schließe ich hingegen die Sekundärspule, dann liefert diese ebensoviel an Strom, wie ich zur Bewegung des Magneten mehr Energie aufwenden muß. Das Ganze arbeitet als Dynamo.

Nun vergrößern wir die Anlage bis zur Dimension unseres Riesentrafos, bei dem Primär- und Sekundärspule im Abstand Sonne–Erde entfernt liegen und es also von dem Augenblick an, wo der Magnet aus dem Häuschen herausschlüpft, rund acht Minuten braucht, bis sein Feld die Sekundärspule erreicht. Da ich aber keine acht Minuten, sondern nur wenige Sekunden benötige, um den Magneten einmal aus- und einzufahren, so ist der magnetische Bewegungsimpuls noch gar nicht bei der Sekundärspule angelangt, wenn das Experiment auf der Primärseite schon beendet ist. Ich stelle Ihnen die entscheidende Frage: was passiert in der Sekundärspule? Antworten Sie, das bewegte magnetische Feld komme eben einfach später an und erzeuge dann, wenn auch verspätet, einen Stromimpuls, so haben Sie noch nicht umgedacht und sind nach wie vor der Vorstellung verhaftet, daß eine magnetische Energie unterwegs sei.

Die richtige Antwort lautet vielmehr: ist die Sekundärspule so weit entfernt, daß das Magnetfeld während der Bewegung des Magneten diese überhaupt nicht erreichen kann, so erfolgt gar nichts. Weder zeigen die Instrumente der Sekundärspule einen Strom an, noch erfordert die Bewegung des Magneten Energie, so daß der Tourenzähler seines Antriebsmotors konstant bleibt. Das beinhaltet das Postulat des elektromagnetischen Feldtheorems.

Wir erinnern uns hier wieder daran, was uns schon in der Schule gelehrt wurde: der Sekundärstrom tritt in der Richtung auf, daß er die Bewegung des Magneten zu *hemmen* sucht. Wenn also der Sekundärstrom tatsächlich erst verspätet entstehen würde, die Bewegung aber, die er hemmen will, schon Vergangenheit ist, dann kann er keine hemmende Wirkung mehr haben. Man kann nur etwas hemmen, was *gleichzeitig* geschieht. Deshalb müssen die Bewegung des Magneten, welche durch einen Mehraufwand an Energie den Sekundärstrom erzeugt, und das Auftreten des Sekundärstromes *gleichzeitig* vor sich gehen; dieser kann nicht etwa nachhinken, bis das Magnetfeld endlich ankommt. Der Ausschlag der Meßinstrumente, welche den Sekundärstrom anzeigen, und das Absinken der Tourenzahl geschehen nur synchron, da das eine das andere *bedingt.* Wenn sie zusehen, wie ein Auto, das auf abschüssiger Bahn parkt, ins Rollen kommt, so können Sie diese Bewegung nur dadurch hemmen, daß Sie gleichzeitig hinzuspringen und die Handbremse ziehen. Sie können das Unglück aber nicht rückgängig machen, wenn Sie die Bremse ziehen, nachdem der Wagen schon gegen einen Baum gefahren ist.

Anders gesehen können wir das Problem auch etwa so fassen: wie soll der Magnet, der aus dem Häuschen fährt, „wissen", ob es uns Minuten später beliebt, seine Kraftlinien zu stören und seine Bewegung zu hemmen? Oder wie kann ein Strom von einer Bewegungsenergie erzeugt werden, die der Stab in Wirklichkeit gar nicht geleistet hat, da ja nicht die Bewegung des Magnetfeldes den Schlitten hemmt, sondern dieser nur dadurch gebremst wird, daß das Magnetfeld einen geschlossenen elektrischen Leiter schneidet?

Nähmen wir dennoch weiterhin an, daß das sich ausbreitende oder bewegte Magnetfeld tatsächlich eine Energie darstellt, die, auch wenn sie verspätet ankommt, in der Sekundärspule noch einen Impuls erzeugt, dann hätte der Magnet seine Dynamoarbeit unabhängig von der Existenz der Sekundärspule geleistet. Das aber würde wiederum bedeuten, daß ein magnetisierter Stahlstab schwerer zu bewegen ist als ein nichtmagnetisierter, weil er ja die Energie leistet, die er „aussendet" und die später beim Sekundärsystem ankommt. Da indessen feststeht, daß ein magnetisierter Stab nicht schwerer zu bewegen ist als ein nichtmagnetisierter, so kann er auch keine Energie aussenden.

Wer den Sinn dieses einfachen Experimentes verstanden hat, dem fällt es wie Schuppen von den Augen, und er erkennt, wie verhängnisvoll sich der Vergleich zwischen dem Licht und der Dampfpfeife ausgewirkt hat, die wir sehen und erst Sekunden später hören.

Jede zeitliche Verschiebung des Sekundäreffektes im Transformator wäre ebenso absurd wie die Annahme, daß ein Lichtjahre weit entfernter riesiger Mond noch Ebbe und Flut erzeugen könnte, nachdem er längst explodiert oder in sonstiger Weise verschwunden ist, weil sein „Gravitationswechselfeld noch unterwegs sei". Wenn Münchhausen noch lebte, würde er auf der Schwerewelle geritten sein!

Doch kehren wir zu unseren Experimenten zurück! Wir lassen jetzt den Stab mit dem Häuschen weg und setzen an seine Stelle wieder die Primärspule. Erzeuge ich nun einen Stromstoß in der Primärspule, wird nach dem Gesagten niemand mich glauben machen, daß dieser nach Sekunden, Minuten oder gar Stunden in einer entsprechend weit entfernten Sekundärspule einen Induktionsstrom entgegengesetzter Richtung erzeugen kann, der den Primärstrom ja hemmen soll, indem er seiner Erzeugung Widerstand entgegensetzt, wodurch erst die Sekundärspule so viel Energie aufnimmt, wie die Primärspule abgibt.

Noch unfaßlicher wäre die Vorstellung, daß ich auf der Erde während fünf Minuten einen Wechselstrom durch eine Primärspule leite und nach einem Jahr eine

Sekundärspule auf dem Aquarius dieses Feld aufnimmt und munter wie aus heiterem Himmel Strom erzeugt. Das alles kommt auf dasselbe heraus, wie wenn die Paare auf dem Aquarius erst zu tanzen beginnen, nachdem der Jazztrompeter vom Studio Basel längst verstorben ist. Und doch gerade das wird mit dem ganzen Ernst der Wissenschaft behauptet! Sie behauptet nämlich, daß der Oszillationsstrom eines Atoms, der irgendwo im Weltall ein elektromagnetisches Feld erzeugt, welches wir Licht nennen, auch nach seinem Verlöschen noch Sekunden, Minuten, Stunden, Jahre, ja tausende von Jahren später ein Atom unserer Netzhaut in elektro-oszillatorische Resonanz versetzt und in ihm einen Sekundärstrom induziert. Deshalb lehrt man uns auch, daß viele Sterne schon längst erloschen und verstorben seien, obwohl wir allabendlich ihren Glanz am Firmament erstrahlen sehen.

Das elektromagnetische Feldtheorem stellt dem entgegen, daß die Schwingung des Sendeatoms *unabhängig von der Entfernung* nur synchron mit der Schwingung des Empfängeratoms oder gar nicht erfolgen kann. Alles andere widerspricht dem Wesen der induktiven Kopplung, um die es sich nun einmal auch zwischen Stern und Erde handelt. Das Feldtheorem verweist die Geschichte vom Leuchten verstorbener Sterne ins Märchenland.

Wir können nicht sehen, was nicht mehr existiert. Es mag eine Fata Morgana des Raumes geben, eine Fata Morgana in der Zeit gibt es nicht. Gottes Sterne lügen nicht!

SCHWARZE STRAHLUNG

Das elektromagnetische Feldtheorem sagt uns, daß über eine Feldbrücke jede Änderung eines Primärstromimpulses augenblicklich im Sekundärstrom registriert wird. Der Sekundärstromkreis reagiert auf Änderungen im Primärstrom, *solange* die Feldbrücke besteht. Bevor das Feld ausgespannt und nachdem es gelöscht ist, reagiert die Sekundärspule nicht, auch nicht verspätet.

Da kam folgender Gedanke auf mich zu: die These „solange eine Feldbrücke besteht" beinhaltet *unabhängig von der Feldstärke!* Es kommt also nicht darauf an, wie stark das überbrückende Feld ist, sondern ob es besteht oder nicht, und zwar bedingungslos vor dem Auge Gottes: Ja oder Nein. Wir können hier nicht sagen, wir haben das Feld immer schwächer werden lassen, bis es in Null überging oder gegen Null konvergierte. Das Konvergieren gegen Null gibt es nur in der Sprache der Mathematik, in der Natur gibt es dergleichen nicht. Die Antworten der Wirklichkeit sind Ja, Ja, Nein, Nein. Hätte ich nie etwas von Max Planck gelesen und das Wort Wirkungsquantum nie gehört, so würde mich nun die naturphilosophische Argumentation unausweichlich vor die Tatsache gestellt haben, daß hier als Naturprinzip eine Diskontinuitätsstelle vorliegen muß. Das Entweder-Oder der Existenz einer Feldbrücke heißt, daß die uns sonst geläufigen, fließenden und kontinuierlichen Übergänge des Naturgeschehens hier nicht bestehen können. Das Wort natura non facit saltus, die Natur macht keine Sprünge, verliert in den Grenzzonen seine Gültigkeit. Zwischen Bestehen und Nichtbestehen eines Feldes kann kein fließender Übergang zur Null bestehen, denn entweder ist das Feld Brücke oder nicht.

So wird mir auch immer mehr bewußt, warum mich die mathematische Formulierung „Konvergieren gegen Null" schon verschiedentlich „in Harnisch" brachte. Nikolaus von Kues, der die Abstraktion einführte, war der große Weichensteller der Entwicklung. Der Infinitesimalrechnung in der Abstraktion steht das Quantenprinzip in der Realität gegenüber.

Ein Feld verebbt nicht in einer asymptotischen Angleichung an die Nullinie, sondern es verläuft treppenförmig und hat eine letzte Stufe: ihr Elementarquantum. Es ist endlich.

Es ist nicht unsere Aufgabe, das Elementarquantum der Feldwirkung mathematisch zu erfassen. Integral würde ich etwa sagen, daß die Feldwirkung ihr Elementarquantum erreicht hat, wenn sie in irgendeinem elektrischen System noch ein Elementarquantum an Energietönung hervorrufen kann. Doch diese Formulierung ist nur eine Handskizze.

Gern erinnern wir uns aber wieder daran, wie weise die Formulierung des Schöpfers der Quantentheorie war, von einem Wirkungsquantum zu reden. Es umfaßt alles: Materie, Energie, elektrische Substanz, Potentiale, mit einem Wort: alles Seiende, sogar die Zeit, die nur ein Synonym für Veränderung ist.

Die Quantentheorie ist kein Gegensatz zur klassischen Physik, sondern die Kluft besteht zwischen der unzulässigen Abstraktion der Infinitesimalrechnung und der Wirklichkeit. Das Infinitesimalprinzip der Mathematik läßt sich nicht auf die Realität übertragen. Das Quantenprinzip ist die Revokation des Infinitesimalprinzips für die Realität. Die Quantengesetze sind also mehr als nur eine Theorie, die eine Zeitlang wissenschaftlich Mode sein könnte, sondern ein sowohl gerechnetes als auch geschautes, endgültiges Naturprinzip, das im Wesen des Seinsbegriffes schlechthin verankert ist. Alles Seiende ist gekörnt. Das Quantenprinzip entspricht der Struktur alles Daseins.

*

Das Trafoprinzip muß so genau auf das Phänomen Licht übertragen werden, daß nicht nur die kleinste Verschiebung eines Elektrons gegen ein Proton eines Prüfkörpers *gleichzeitig* mit einer entsprechenden Verschiebung in einem Atom der Sonne verbunden ist, sondern – und das bewegt uns tief – diese Verschiebung entsteht in ganz *bestimmten* Atomen. Auf dem Teppich meines Zimmers kann kein Atom des roten Farbstoffes der Wollfaser in eine elektrische Oszillation treten, die das Lichtfeld Rot erzeugt, wenn nicht gleichzeitig in der Sonne ein *bestimmtes* Atom dieselbe Energiemenge an Rotschwingung abgibt. Das gleiche gilt, wenn es sich einerseits um ein Atom meiner Netzhaut und andererseits um ein Atom einer Sonne der Milchstraße handelt. Immer agieren dabei keine beliebigen, sondern eben ganz bestimmte, gekoppelte Schwester-Atome. Wir könnten Sende- und Empfangsatome mit Namen benennen!

Die beiden Schwester-Atome wirken nun nicht nur unabhängig von der Entfernung und synchron, sondern auch *wechselseitig*. Das Primäratom wirkt genauso auf das Sekundäratom wie umgekehrt. Alles verläuft gleichzeitig, nur in entgegengesetzter Richtung. Sonst könnte das eine nicht das andere hemmen und ihm Energie entziehen.

Sobald die Feldbrücke einmal hergestellt ist, könnten wir daher die Stromintensität der Sekundärspule derart steigern, daß sie zur energieabgebenden Primärspule wird und die frühere Primärspule zur energieaufnehmenden Sekundärspule. Ein Feld ist keine energetische Welle, die wie ein Telegrammwechsel hin- und herwandert, weil – zum Donnerwetter noch einmal! – überhaupt nichts wandert, sondern es ist eine Spannungsbrücke, über welche die beiden Kreise derart gekoppelt sind, daß jede Änderung einer Seite automatisch, gleichzeitig und entgegengesetzt auf der anderen Seite vor sich geht.

Der Ladungsring im Atom A bewegt sich in bezug auf den Ladungsring im Atom B wie die beiden Schalen einer Waage.

Hat sich eine Feldbrücke gebildet, ist sie eine Potentialverbindung wie unser Stahldraht, den wir zwischen Sonne und Erde gespannt hatten. Ja, dieser unelastische und undehnbare Stahldraht ist der richtige Vergleich! Das Erdende macht in synchroner Reaktion genau dieselben Ausschläge wie das Sonnenende! Die Vorgänge im Primär- und Sekundärsystem sind Spiegelbilder; das eine macht das Gegenteil vom anderen, so wie der Mann im Spiegel mir die linke Hand reicht. Und im Grunde kann man gar nicht unterscheiden, wer wem etwas sendet, denn die spiegelbildlichen Phänomene gehen vor sich wie in einem Gleichgewicht.

Ich brauche nun nicht mehr auszuführen, warum das dunkle Wort des Gnostikers Goethe: „Die Dunkelheit ist mehr als das Fehlen von Licht“ das Traktat in mir initiierte, wie man ein Samenkorn in die Erde senkt. Man kann nämlich ebensogut sagen: die Sonne strahlt Licht auf die Erde, wie: die Erdmaterie strahlt Dunkelheit auf die Sonne. Oder auch: die Sonne hat die Erde erwärmt, wie: die Erde hat die Sonne abgekühlt.

„Dunkelheit ist mehr als das Fehlen von Licht“ heißt gnostisch auch: die Materie sendet schwarze Strahlen zur Sonne.

Dunkelheit ist eine Eigenschaft der Materie, wie das Licht eine Eigenschaft der Sonne ist.

Die Eigenschaft, die im Universum „Dunkelheit“ genannt wird, heißt im Kosmos „Finsternis“.

*

Wieder sind wir am Ende eines Abschnittes angelangt, was uns Zeit läßt zu Kontemplation und Beschaulichkeit. Ich komme gerade von meinem Spaziergang durch einen kristallenen und klaren Wintermorgen zurück. Wenn ich danach frage, was mich treibt, mich jeden Morgen dem sonderbaren Zustand des Schauens hinzugeben, in welchem jede Erkenntnis wie ein Wunder der Empfängnis ist, so sind es nicht neue Theorien oder Resultate und auch nicht der Wunsch nach Anerkennung oder Erfolg. Nein, es ist überhaupt nichts, was in der Zukunft liegt, sondern sein Gewinn liegt im Augenblick des Erkennens selbst verborgen. „Nur was der Augenblick erschafft, das kann er nützen.“

Es ist eine „wonnigliche Widerfahrung“. Dieses Wort, das ich suchte, stammt aus der großen Zeit der Troubadoure, der Trouvères, der Finder, um jenes heute so seltene Gefühl auszudrücken, welches aus Lust und Freude gemischt ist.

Genauso mögen Sie das, was ich jeweils von dem Morgen heimbringe, nicht lesen, um etwas zu lernen, Ihr Wissen oder Ihre Bildung zu bereichern, sondern um selbst jener wonniglichen Widerfahrung zu begegnen, sie selbst zu erleben, die Gedanken selbst zu finden, zu imaginieren und zu schaffen.

„Die Welt, sie war nicht, eh’ ich sie erschuf.“

Das Licht der Sonne scheint in der Dunkelheit und das Erdreich hat es begriffen. Wo es das Licht aufnahm, gab es ihm Kraft und Herrlichkeit und Leben.

Drittes Hauptstück

DAS SCHICKSAL DES LICHTES

DIE TATEN DES LICHTES

DIE MATERIE ALS GEGENSPIELER DES LICHTES

Über uns strahlt ein azurblauer Himmel! Er erscheint aus demselben Grunde blau wie der Bergsee und der Gletscher. Diese Farberscheinung entsteht durch eine Trübung und brachte Goethe auf eine Fährte, welche in einer Sackgasse endete. Er hielt die Farbe für eine Wirkung der Polarität, für Kampf zwischen Helligkeit und Dunkelheit, zwischen Licht und Stoff. Obwohl unrichtig, ist diese Schau doch reinste Gnosis.

Hinter dem azurblauen Himmel der getrübten Atmosphäre liegt die ewige Nacht des Weltraumes. Lichtdurchflutet, ist sie doch dunkler als das schwärzeste Schwarz, denn das Licht ist ohne Stoff nicht wahrnehmbar. Nur die Sterne leuchten am Firmament und unter ihnen der Planet Tellus, unsere heimatliche Erde.

Erst durch die Materie als Prüfkörper wird das Licht manifest. Ohne sie ist es ebenso unwahrnehmbar wie das Magnetfeld der Erde ohne Kompaß. Nur die Materie ist der Gegenspieler des Lichtes. Materie kommt von mater, die Mutter, die Empfangende. In ihr werden die im Liebesgeheimnis des Lichtes schlummernden Erwartungen Wirklichkeit. Deshalb sprechen wir von den Schicksalen des Lichtes.

Bei der Begegnung mit dem mütterlichen Stoff kann dem Licht folgendes widerfahren:

es erzeugt das Leuchten von Glanz und Schein und Farbe,

es wird aufgenommen wie nährendes Wort und schafft Leben und Wachstum in der lebendigen Natur, es erleidet den Zwang der Menschenhand in der Fron der lichtelektrischen Mechanismen, und

es erfährt schließlich seine Aufhebung im Lichttod der Hitze.

So waren auch in der Sprache Goethes die vier Schicksale des Lichtes: seine Taten, sein Lieben, sein Leiden und sein Tod. Das war der gnostische Sinn seiner Farbenlehre.

Vor uns aber liegt dies alles nun offen! Die Optik hat aufgehört, eine Lehre der strahlenden Energie zu sein; sie ist ein Kapitel der Hochfrequenzphysik geworden, denn wir kennen jetzt die Zuordnung der beiden über ein Kraftfeld verbundenen Atome als ihr Trinitätsgeheimnis.

*

Draußen scheint die Sonne über einer strahlenden Winterlandschaft. Die Eiskristalle glitzern, der Schnee leuchtet weißer als weiß, die Schatten sind blau, die Tannen schwarz, und der goldene Strahl, der auf mein Blatt fällt, fühlt sich warm an. Das alles gilt es nun zu vergessen und sich statt dessen nur noch die Lokalströme im Sender und Empfänger vorzustellen, die durch ein elektromagnetisches Wechselfeld überbrückt sind oder besser: sich in einer induktiven Kopplung befinden.

Das ist der Blick hinter die Kulissen des großen Zauberers der Schöpfung, denn damit hat er die Herrlichkeit der Welt gemacht!

DIE FROHE BOTSCHAFT

Mit der letzten Aufforderung soll nicht zur Entzauberung der Welt beigetragen werden, die ohnehin wie ein grauer Schleier über unserer Zeit liegt. Die gewonnene Erkenntnis deckt ganz im Gegenteil ein tiefes, erdseliges Geheimnis auf, das uns bisher verborgen blieb und alle Welt wie eine frohe Botschaft angeht.

Um das Wunder ganz zu verstehen, das sich abspielt, wenn die Sonne in der Dunkelkammer des Universums die Erde anstrahlt, hören wir zunächst die gegenwärtige Ansicht der Wissenschaft. Sie sagt: die angestrahlte Welt wird deshalb als Bild sichtbar, weil das auftreffende Licht zum Teil und verschieden stark absorbiert und reflektiert wird. Mit anderen Worten: das Licht, das als Wellenenergie unterwegs sein soll, wird zum Teil als Wärme „verschluckt" und zum Teil als Wellenenergie wieder zurückgeworfen, genauso wie die Wellen des Bootes vom Ufer reflektiert werden oder das Echo unseren Namen zurückruft.

Wenn eine oberflächliche Betrachtung diese Auffassung auch zu bestätigen scheint und uns das Leuchten der Welt wie reflektiertes Licht anmutet, das sich nach dem Verhältnis von Reflexion zu Absorption zu dem Bilde fügt, welches in unserem Auge oder auf der Mattscheibe der Kamera entsteht, so lehnt die Gnosis diese Konzeption als unwahr ab.

Zwar entspricht der Verlauf der Lichtstrahlen den Reflexionsgesetzen, die – wie wir sehen werden – ein generelles Prinzip aller Formen elastischer Ablenkung darstellen, doch gibt es die Reflexion einer Lichtwelle an einer Fläche nicht. Was uns als Reflexion erscheint, ist ein spezifisches Phänomen, das mit keiner anderen Reflexionserscheinung identisch ist. Wäre das Licht eine Energiewelle, dann wäre auch seine Reflexion ein selbstverständliches, aus der Akustik übertragbares Phänomen. Da es aber als Gleich- oder Wechselfeld ein Spannungszustand (Potential) ist, kann man nicht mehr einfach von einem Zurückwerfen oder einer Richtungsänderung durch eine inerte, das heißt eine an dem Vorgang nicht beteiligte Reflexionswand reden. Kein Druck, den ich auf eine unelastische Wand ausübe, wird irgendwie oder irgendwohin reflektiert, und es ist noch niemandem gelungen, beispielsweise ein Magnetfeld an einem Silberspiegel zu reflektieren. An einer inerten Wand kann nur etwas Gegenständliches reflektiert werden, wie eine materielle Welle oder ein Tennisball.

Licht wird nur scheinbar reflektiert; in Wirklichkeit ereignet sich etwas völlig anderes. Sobald Materie, also ein elektrisch schwingungsfähiges System, oder noch genauer: eine Sekundärspule schlechthin, in ein Potentialfeld gebracht wird, beginnt der Wechselstrom Ladungsring – Kern zu oszillieren. Dabei wird ein Teil dieser Oszillationsenergie über das entsprechende elektrothermische Gleichgewicht momentan in Wärme verlagert, der restliche Teil aber schwingt weiter als wäre er eine selbständige Lichtquelle – nein, nicht als *wäre er,* sondern *er ist* eine selbständige Lichtquelle! Das Licht, das wir im Bilde sehen, ist *nicht dasselbe Licht,* das die Sonne ausstrahlt, *sondern ein anderes Licht,* welches aus der angeregten Materie stammt.

Reflexion ist Selbstleuchten der Materie.

Denken Sie an das schon erwähnte Beispiel der im unsichtbaren Ultraviolett der Varietébühne aufleuchtenden Kostüme oder an den Bariumplatincyanürschirm, der in den unsichtbaren Röntgenstrahlen aufleuchtet! Genauso leuchtet die Materie im potentiellen Wechselfeld der Sonne auf, mit dem Unterschied, daß die Wellenlängen der Kostüme und des Ultravioletts oder des leuchtenden Röntgenschirms und der unsichtbaren Röntgenstrahlen untereinander differieren, während hier die Materie in gleichem Wellenbereich wie die Sonne leuchtet, wenn auch im übrigen mannigfache Transformationen aus dem weißen Licht des polychromatischen Wechselfeldes und der Vielfalt der Eigenschwingungen der selbstleuchtenden Materie bestehen.

Keine Reflexion, von dem Spiegel des stillen Sees bis zu dem Schnee auf den Bergen, von der Farbe bis zum Silberreflektor, ist die Reflexion von etwas Gegenständlichem an einer, dem Vorgang gegenüber lediglich als unbeteiligte Fläche wirkenden, also inerten Wand, denn die Zementmauer ist an der Reflexion der Bootswellen nicht beteiligt. Die Bilderzeugung der uns umgebenden Welt kommt aus ihrem eigenen Leuchten!

Es ist dabei ohne Bedeutung, woher die dem Atom zugeführte Energie stammt oder wie sie ihm vermittelt wurde, ob durch thermische Agitation, wie im glühenden Auerstrumpf, durch Elektronenstoß oder chemische Reaktion. Das über das polyvalente Feld weißleuchtende Atom auf dem Papier dieses Buches ist „elektrisch" genau so heiß wie ein *gleichhell* leuchtendes Atom im Glühdraht oder in der Sonne. Seine es umgebende Materie bleibt thermisch indessen kalt, weil das elektrothermische Gleichgewicht zugunsten der elektrischen Energieform liegt. Ähnlich sind die Verhältnisse bei dem Wasserstoff in der Geißlerröhre, der elektrisch das gleiche Spektrum ergibt wie der Wasserstoff in der Sonne, ohne als Gas *thermisch* besonders erhitzt zu sein.

Wir müssen also zu den besprochenen Lichtursachen noch eine letzte und wichtigste hinzufügen, welche lautet: die Atome erzeugen Licht, wenn sie in ein elektromagnetisches Wechselfeld, also ein Induktionsfeld, gebracht werden. Sie werden dabei genauso selbststrahlend, wie wenn sie durch Zuführung von thermischer Energie oszillatorisch erregt würden. Die reflektierende Fläche ist keine inerte Wand, die einfach etwas Gegenständliches zurückwirft, sondern sie besteht aus aneinandergereihten elektro-oszillatorisch selbstleuchtenden Atomen.

Das ist die frohe Botschaft, mit der wir das Thema vom Schicksal des Lichtes beginnen. Sie klingt wie das Tandaradei einer Verkündigung. Das ganze Bild der zauberhaften Landschaft, die vor mir liegt, wird durch das Selbstleuchten der Materie erzeugt. Die äußerste, engelsdünne Schicht von Atomen wirkt wie eine Leuchtfarbe und strahlt das Licht aus, das meine Augen trinken. Es ist nicht das gleiche Licht, das von der Sonne kam, sondern das polychromatische Feld der Sonne ist nur die Ursache, durch welche die Atome angeregt und dadurch leuchtend wurden.

Dieses Selbstleuchten der Materie – bei der jedes Atom als selbständige Lichtquelle nach allen Seiten strahlt – ist auch das Geheimnis des hellen Tages. Der Raum, in dem ich wohne, und das Papier, auf das ich schreibe, sind von einem Licht erhellt, das von allen Seiten durch den Raum flutet. Nur über die Selbststrahlung aller angeregten Materie ist die Welt in eitel Licht getaucht, die uns Freude schenkt. Die Freude ist die Antwort der lebendigen Seele auf den hellen Tag.

Ich empfand die Stunde, in der mir dies alles zum ersten Male bewußt wurde, als beseligend. Meine Welt, die ein Stück von mir ist, so wie ich ein Stück von ihr bin, und wir beide ein Stück Gottes, erscheint nicht im fremden Reflexionslicht wie in einem geliehenen Gewand, sondern ist zu eigenem Leuchten erweckt, zu einer aus ihr selbst stammenden Lichtflut, zu eigenem Glanz, zu eigenen aus ihr selbst stammenden Farben mit ihrer Pracht und Herrlichkeit, durch welche die Lilien auf dem Felde schöner strahlen als alle Lichtquellen aus Menschenhand.

Die Welt offenbart im Kraftfeld ihr eigenes Gesicht. Habt lieb diese Welt und was in ihr lichthaft und selbst zu Licht geworden ist!

DIE MATERIE ALS PRÜFKÖRPER

Es ist eine unausweichliche und elementare Tatsache, daß wir mit allem Tun, bei allen Experimenten und schon allein durch unsere Existenz und vor allem mit unserem Auge als der vollkommensten Instrumentation immer Materie in das elektromagnetische Feld der Sonne bringen. Diese Materie aber ist zwangsläufig und ausnahmslos „elektrischer Leiter", kurz: Sekundärspule. Andere Materie gibt es nicht, da jedes Atom aus Kern und Ladungsring besteht. Sie ist zudem eine elektrische Instrumentierung von ungeheurer Vielfalt an Schwingungsmöglichkeiten, der gegenüber ein Klavier nur als höchst primitives Instrument erscheint.

Nachdem wir also erkannt haben, daß in bezug auf unser Problem alle Materie grundsätzlich Lokalstrom ist, wollen wir uns nun ihren verschiedenen Reaktionsmöglichkeiten zuwenden und beschränken uns dabei vorläufig auf die unbelebte Welt.

In einem Prüfkörper, den wir einem polychromatischen Feld aussetzen, ereignen sich grundsätzlich immer drei Dinge, ohne daß eines davon gleich Null werden kann:

die durch Resonanz erregten Atome senden selbst Licht aus;

ein Körper läßt Licht hindurch, so daß der Lichtstrahl die durchsichtige Materie zu durchdringen scheint;

ein Körper vernichtet das Licht, indem die seinen Atomen vermittelte elektrische Oszillationsenergie sich über das Wärmegleichgewicht in die Erwärmung der Materie verlagert.

Erzeugen die in Schwingung versetzten Atome der Materie wiederum eine polychromatische Schwingung, nennt man diese „weiß“. Senden sie hingegen kein Licht mehr aus, weil das elektrothermische Gleichgewicht nach der thermischen Seite verschoben liegt, spricht man von „schwarz“. Hat eine Materie schließlich eine bevorzugte Schwingung, etwa wie eine Stimmgabel ihren eigenen Ton, nennt man sie „farbig“. Schwarz und weiß hingegen sind keine Farben, worauf wir später noch zurückkommen werden.

Von Bedeutung ist auch die Oberflächenbeschaffenheit eines Körpers, der bald planpoliert, bald mehr oder weniger aufgerauht sein kann. Hierzu könnte man als Faustregel – und zur Vermeidung der Einführung des „Brechungsindex“-Begriffes – feststellen, daß der Lichtwert transparenter Körper bei wachsender Dispersion der Oberfläche gegen weiß verschoben ist, während umgekehrt lichtundurchlässige Körper durch Verfeinerung ihrer Oberfläche schwärzer erscheinen. So ergibt silberglänzendes Platin in feiner Dispersion ein tiefes Rußschwarz, das sogenannte Platinmoor.

Eine besondere Rolle bei der Selbststrahlung spielt der metallische Glanz. Die Selbststrahlung geht hier mit der thermischen und elektrischen Leitfähigkeit Hand in Hand. Alle drei Eigenschaften haben nämlich die gleiche Ursache, die in der Labilität des äußeren Ladungsringes zu suchen ist. In der ersten Gruppe des Periodischen Systems begegnen wir bekanntlich Elementen, die jeweils nur ein Elektron auf der äußersten Schale aufweisen, unter anderem auch dem Dreigestirn Kupfer – Silber – Gold, das die genannten Eigenschaften in hohem Maße besitzt. *Der Silberspiegel liefert sogar eine bildhafte, farbige Selbststrahlung!*

Auch unser Prüfkörper „Erde“ trägt in gleicher Weise zur Erfüllung des ersten Schicksales des Lichtes – seiner Taten – bei. Im Lichtfeld der Sonne erregen sich die Atome im Leuchten, im Glanz und in den Farben zu dem strahlenden Bild unserer Welt.

*

Eigentlich müßten wir also den Begriff „Reflexion“ durch „Selbststrahlung“ ersetzen, was uns aber im Sprachgebrauch kaum möglich sein dürfte. Es ist überdies schon gesagt worden, daß das Licht den gleichen Reflexionsgesetzen folgt wie andere Reflexionsphänomene, weil diese Gesetzmäßigkeit ein höheres Prinzip jeder Richtungsänderung ist, vom Echolot bis zum Rikoschett.

Das Geheimnis der Reflexion liegt in der Elastizität. Zur Vereinfachung vergegenwärtigen wir uns ihre Gesetze an einer Billardkugel, welche an der elastischen Gummibande des grünen Tisches reflektiert wird. Die Deformation dieser Bande geht dabei so genau vor sich wie es den Reflexionsgesetzen entspricht, so daß der Spieler den Lauf der Kugel vorausberechnen kann.

Auch bei der Umwandlung einer Potentialwelle in Selbststrahlung, die wiederum eine Potentialwelle erzeugt, kann man integral von einem Elastizitätsprinzip sprechen, da ein Vorgang X vorübergehend in einen Vorgang Y übergeht, der wieder einen Vorgang X^1 erzeugt. Bei der Billardkugel hat sich die kinetische Energie ihrer Bewegung vorübergehend in ein Potential, nämlich den Druck der Gummibande, verwandelt. Hier nun ist es umgekehrt: das Potential des Lichtes vermittelt elektrische Energie, die ihrerseits wieder ein Potential hervorruft. Beide Vorgänge sind Elastizitätsmechanismen. Wie die Billardkugel den Gummiwulst in der Weise deformiert, daß sie im Auffall-Winkel wieder abgestoßen wird, so schwingt das Lokalstrom-System im Atom gerade in der Weise, daß der neue Lichtstrahl in entsprechendem Winkel ausgesandt wird. Immer aber – und das sei nochmals wiederholt – ist der einfallende Lichtstrahl ein anderer als der ausgesandte: ein lichtelektrischer Transformator ist dazwischengeschaltet.

*

Auf ebenso falschen Indizien wie die Theorie über die Reflexion des Lichtes beruht die Ansicht über die Lichtdurchlässigkeit. Danach sollen sich die Lichtwellen in einem dichteren „Medium“ mit einer anderen Geschwindigkeit fortpflanzen. Diese Auffassung resultiert aus der Fehlanwendung der Lehre über materielle Energiewellen auf das Licht, und es ist Zeit, daß wir mit dem schon von Einstein geforderten Abrücken von dem Vergleich zwischen Licht und Schall Ernst machen.

Die Lichtwellen schlüpfen hier also nicht etwa zwischen den Atomen oder ihren

Korpuskeln hindurch und übertragen sich auch nicht auf ein anderes Medium, wie etwa die Schallwelle Funktion der spezifischen Eigenschaft ihres Trägermediums ist. *Die Lichtdurchlässigkeit ist vielmehr ebenfalls ein Phänomen der Selbststrahlung*, also der elektro-oszillatorischen Anregung der Atome. Nur wird in gewissen Körpern das Licht nicht von der äußersten Schicht der Oberflächenatome zurückgestrahlt, sondern das angeregte Atom regt durch *Feldinduktion* das Nachbaratom an, so daß die Selbststrahlung nach *Innen* weiterinduziert wird, was schließlich *die Täuschung einer Lichtdurchlässigkeit erzeugt*. Die Reflexionsgesetze wandeln sich dabei zu den Brechungsgesetzen ab. Dieser Vorgang der *Fortpflanzung* der Resonanz durch Induktion, den wir Durchsichtigkeit nennen, geht nun mit einer gewissen Verzögerung vor sich. Dabei dürfen wir nicht mehr von Lichtgeschwindigkeit sprechen, sondern nur noch von der Fortpflanzungsgeschwindigkeit dieses Induktionsphänomens. Die Lichtgeschwindigkeit hingegen ist als Ausbreitungsgeschwindigkeit *aller* Felder eine Urkonstante; sie ist die Fortpflanzungsgeschwindigkeit des Lichtes im absoluten Vakuum.

Dem Zeitverlust des Induktionsvorganges entspricht auch ein Energieverlust, da jedes angeregte Atom einen Teil seiner Energie durch das Wärmegleichgewicht verliert. In einem durchsichtigen Körper nimmt daher die Lichtintensität ab. In der Tiefe des Meeres ist es dunkel, weil jedes Wassermolekül einen Teil seiner ihm mitgeteilten elektrischen Oszillationsenergie als Wärme verloren hat.

Der Wärmeverlust ist aller Materie immanent und begleitet jeden induzierten Oszillationsvorgang. Die Verschiebung des Gleichgewichtes zugunsten der Wärme ist dabei von spezifischen Eigenschaften der Materie, der Temperatur der Umgebung und anderen Faktoren abhängig. Immer aber ist er unvermeidlich, weil die Atome stets mit elektro-oszillatorischer Anregung reagieren, die aus Selbststrahlung (Reflexion), induktiver Weitergabe der Oszillation (Transparenz) und Umwandlung in Wärme (Absorption) besteht. Eine Materie, welche auf Licht nicht in dieser Weise reagiert, gibt es nicht!

DER LEUCHTCHARAKTER

Es ist uns geläufig, Mannigfaches über die Eigenschaften eines Körpers auszusagen. Wir bestimmen beispielsweise sein spezifisches Gewicht, seine Leitfähigkeit für Wärme und Elektrizität oder auch seine chemischen Eigenschaften. Ebenso bildet eine Identifizierung und Charakterisierung sein Verhalten bei hoher Temperatur, im Magnetfeld, im Röntgenfeld oder unter ultravioletten Strahlen. Seine wesentlichsten Eigenschaften aber offenbart der Körper im elektromagnetischen Feld, das wir Licht nennen.

Seit Newton haben wir uns angewöhnt, die Farbe, in der ein Körper erscheint, als eine Farbe des Sonnenspektrums zu betrachten, die beinahe zufällig von ihm reflektiert wird. Diese Auffassung greift am Wesen der Dinge vorbei. Im polychromatischen Wechselfeld schwingt – wie wir erkannten – das elektrische System Materie. Was wir dabei wahrnehmen, offenbart uns gerade ihr Wesentliches und gibt uns Zeugnis von der Eigenwilligkeit ihres Daseins; es ist für jeden Stoff einmalig, wie das Gesicht eines Menschen.

Sowohl beim Blick in den Charakter der Materie als auch in das Angesicht eines Menschen kommt es allerdings auf ein Sehen auf „höherer Ebene“ an. Oberflächlich gesehen hat das Gesicht des Menschen zwei Augen, zwei Ohren, eine Nase, einen Mund, Haare, Fleisch und Knochen, und damit basta! Was aber „schauen“ wir alles in dem einmaligen Synonym von Innen und Außen, das wir das menschliche Antlitz nennen, an dem auch die Liebe sich entzündet!

Ein Körper ist nicht einfach blau oder grün oder bräunlich oder mehr oder weniger hell oder dunkel, sondern es offenbart sich in seinem Selbstleuchten etwas, was nicht mit Worten angesprochen und nicht mit Zahlen bestimmt werden kann. Wenn uns in der Vorlesung ein neues Element vorgestellt wurde, vernahmen wir in Wort und Zahl alle nur irgendwie meßbaren und wägbaren Eigenschaften, und es war ein reiner Zufall, ob man es am Schluß des „Steckbriefes" auch noch selbst in die Hand bekam, um zu fühlen, zu schmecken, zu riechen und vor allem auch zu sehen, was es uns im Wirkungsfeld der Sonne offenbarte. Es ist ein Erlebnis, den Lapislazuli zu sehen und den Malachit, den Schwefel in den Sulfiden und die Stäbchenmoleküle im Glanz der Seide, der an Fischfleisch erinnert, oder die hundert Gewänder des Siliciums und das Gold im Rubinglas, wo es sich im königlichen Purpur zeigt.

Die Naturphilosophie will die Schöpfung ohne die Manie der Reportage begreifen. Das Sehen als eine der göttlichsten Gaben wird eben nicht nur von der Ratio aufgenommen, sondern ist als Schau eine autonome Funktion. Die Schau ist Erlebnis und so wenig analysierbar wie das Erlebnis des Duftes einer Rose. So wird auch die kommende Schule – ohne auf Exerzitium und Klausur zu verzichten – sich nicht nur an das halten, was Schwarz auf Weiß geschrieben steht, sondern die Kinder sehen lehren, was Gott geschaffen hat.

Was sich alles im Wunder des Feldes offenbart, wollen wir nun im einzelnen untersuchen.

DIE FARBE ALS ERLEBNIS

Ein Wesenszug des Leuchtcharakters der Materie – aber durchaus nicht der einzige – ist ihre Farbe. Sie ist eine jener Stellen im Kosmos, an der sich Welt und Mensch, Dingliches und Psychisches, Objekt und Subjekt überschneiden: ein Mysterium. Das Phänomen der Farbe liegt im Auge!

In der Physik gibt es nur Wellenlängen, die in Zahlen gemessen werden, und sie kann über eine Farbe nichts anderes aussagen als eben ihre Zahlenwerte. Jeder physikalische Lichtnachweis registriert nur Wellenlänge und Lichtwert. Erst das menschliche Auge übersetzt diese Zahlenwerte in das Erlebnis Farbe. Grün gehört zur Idee der Pflanze und ist kein physikalischer, sondern ein psychischer Begriff! Wie warm oder kalt oder Schmerz keine physikalischen Größen sind – obwohl ihre Ursachen physikalisch erfaßt werden können – so ist erst recht eine Farbe keine physikalische Größe, sondern eine menschliche Sensation, und wir erinnern uns daran, daß über Grün nichts ausgesagt werden kann, was einem Blindgeborenen die Erfahrung Grün vermitteln könnte.

Hierher gehört auch die Frage, wie viele Farben es eigentlich gibt und welche Bewandtnis es mit den sieben Regenbogenfarben hat. Physikalisch gibt es unendlich viele Farben, nämlich so viele, wie das Quantengesetz zuläßt. Weil für das Auge des Menschen an der Farbe aber nicht ihre Wellenlänge maßgebend ist, sondern nur ihr Erlebnis, gibt es für ihn auch nur jene Farben, die er in seinem Bewußtsein zu trennen und in seinem Erinnerungsvermögen festzuhalten vermag. Es sind dies die drei Grundfarben Rot, Gelb und Blau – die männlichen Farben – und die Mischfarben Orange, Grün und Violett – die weiblichen Farben – ohne an dieser Stelle auf die tiefere Bedeutung einer solchen Kennzeichnung eingehen zu können. Die siebente Farbe ist der Purpur: er ist die Mischfarbe von Rot und Violett. Ihm kommt ein besonderer Rang zu.

Der Farbensinn ist bei den Menschen nicht gleich ausgebildet. Wie es Menschen gibt, die kaum schmecken, was sie essen, oder die nicht alle Töne einer Musik hören, so gibt es ein Übersehen von Farben, und es braucht nicht nur Schulung, sondern jene Hingabe, die vor allem dem Künstler eigen ist, um die Farben zu fühlen, zu schmecken und abzutasten, als striche die Hand über weichen Samt. Im allgemeinen aber trennt das menschliche Farbbewußtsein die Regenbogenfarben.

Die Autonomie des Farberlebnisses und seine völlige Ablösung von den physikalischen Ursachen hat Goethe in seinem Farbkreis zum Ausdruck gebracht, indem er das Spektrum als *Ring* anordnete und dabei die wundersame Entdeckung machte, daß die beiden früheren Enden sich nun nicht etwa fremd waren – obwohl sie doch völlig verschiedene Wellenlängen aufwiesen – sondern im Purpur den gleichen fließenden Übergang zeigten wie alle anderen Farben. Der Farbkreis hatte weder Anfang noch Ende.

Es hat Goethes Gemüt tief erschüttert, daß sich der Kreis zwischen Rot und Violett über dem Purpur schließt, dem als einzige Farbe keine spezifische Wellenlänge entspricht, weil sie nur im Auge erzeugt wird. Die Farben sind eben kein Abriß der Physik, sondern auf den Menschen hin gemacht. So ist denn auch der Purpur die übermenschliche Farbe und das geschichtliche Wahrzeichen für alle königliche Größe bis hinauf zum Ecce Homo!

Im Purpur trennt sich am sinnfälligsten das Erlebnis Farbe von ihrer physikalischen Größe. Das Geheimnis Farbe liegt nicht im Objekt, sondern im Subjekt. Erst das Auge verwandelt ein Längenmaß in die Sensation des Farberlebnisses. Ohne das Auge wäre die Welt schwarz-weiß, denn die Wellenlängen sind nur quantitative und keine qualitativen Größen. Wie wir mit dem Gehirn denken, unsere Empfindung aber aus unserem Geblüt mit allen seinen Säften stammt, so erleben wir nur durch den Sehpurpur unseres Auges die Wellenlänge als Farbe.

Wohl gibt es Menschen, welche Komplementärfarben durch eine Unzulänglichkeit des Auges verwechseln – man nennt sie fälschlicherweise farbenblind – wirklich Farbenblinde gibt es indessen nicht. Dazu verurteilt zu sein, die Welt schwarz-weiß sehen zu müssen, käme kurz vor der ewigen Nacht.

Und noch eines: wir wissen seit Goethe, daß jede Farbe nicht nur eine Sensation auf der Netzhaut auslöst, sondern ihre Entsprechung im Gemüt des Menschen hat, das das Zeitalter der Bewegung, Technisierung und Extrovertierung abzuschaffen bemüht ist. Die Symphonien der Farben wirken wie Musik, und es ist das hochmögende Geheimnis der Gärten und Blumen, unsere Seele aufzurichten – von der eigentlichen Beheimatung der Farben in der Kunst ganz zu schweigen.

Im Phänomen der Farbe löst sich etwas von der Physik ab und wird in einem anderen Reich Wirklichkeit. Das höchste Erlebnis des Auges ist die Farbe und das farbige Bild der Welt ein Erlebnis der Seele. Es ist nach der Liebe, der Frucht und dem Werk das größte Geschenk Gottes.

SPEKTRALE UND TELLURISCHE FARBEN

Stellen wir den Farbkreis in der Weise, daß das Gelb nach oben kommt und ordnen wir ihn zwischen zwei Pole an, von denen der obere die Helligkeit und der untere die Dunkelheit verkörpert, dann ist das Gelb dem Hellen und das komplementäre Violett dem Dunkeln zugewandt. Das Ganze ergibt eine sinnvolle Anordnung der Farben mit ihrem Bezug auf Weiß und Schwarz, die außerhalb des Kreises stehen (Abb. 6).

Man kann nun jede Spektralfarbe nach Weiß oder Schwarz verschieben, also bei gleichbleibendem Farbton dessen Helligkeit verändern. Wilhelm Ostwald, der ein typischer Repräsentant der „Erfolgs- und Gründerperiode" in der Wissenschaft war und mit seinem Monismus ein ausgesprochen materialistisches Denken bekundete, hat auf dem gezeigten System einen Farbatlas aufgebaut, in dem jede nach dem Gesetz der Spektralfarben mögliche Farbnuance zahlenmäßig erfaßt werden konnte. Man war damit beispielsweise in der Lage, den Farbton eines Ballkleides in der Zahlenformel des Wunderatlasses telegraphisch an den Färber nach Amerika durchzugeben.

Dieser Versuch Ostwalds hat sich praktisch als wenig wertvoll erwiesen und entsprang einer Einstellung, die den Menschen gleichsam als Schöpfer der Natur verherrlicht. Der Mensch beherrscht und normisiert die Natur, um nicht zu sagen: domestiziert sie, damit sie dergestalt an Ketten gelegt ihm untertänig sei.

Es zeigte sich dann auch bald, wie die Natur aus dem Netzwerk des Ostwaldschen Farbatlasses herausschlüpfte. Der Färber in New York, der das Festkleid färben sollte, telegraphierte nämlich sofort zurück, auf welches Material die Farbe X mit dem Helligkeitswert Y aufgefärbt werden solle; denn eine Faser von Seide oder Wolle, Leinen, Kunstseide oder von anderen künstlichen Erzeugnissen ergibt im gleichen Farbbad jeweils eine verschiedene Farbnuance, eine andere Farbwärme, andere Wirkungen, kurz: „eine andere Farbe“.

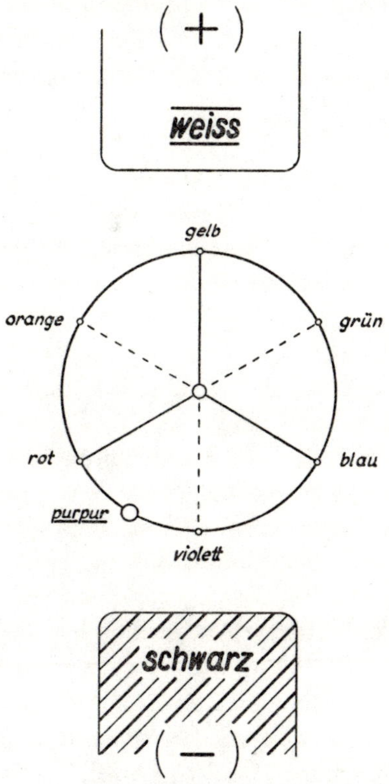

Abb. 6

Der Leuchtcharakter der Materie ist in Wirklichkeit eine Eigenschaft, die sich nicht in einer Farbformel wiedergeben läßt und mit Wellenlänge und Helligkeitswert etwa erschöpft wäre. Immer tritt noch das Ureigene des Stoffes hinzu. Nur in der Stofflichkeit offenbart sich der volle Leuchtcharakter, und es gibt in Wirklichkeit keine zwei verschiedenen Substanzen, welche dieselbe Farbe haben. Der Regenbogen enthält – so schön er am Himmel leuchtet – nur ein Rudiment der

Mannigfaltigkeit an Farben, welche das Selbstleuchten der Materie hervorzubringen vermag.

Hier muß ich eines Malers gedenken, der mich zum ersten Male darauf aufmerksam machte, daß es mit den reinen Spektralfarben keine Kunst gibt. Erst der „Zusatz von Erde“, wie er es nannte, also die „Stofflichkeit“, ergibt die tellurischen Farben, mit denen Kunstwerke geschaffen werden können. Es war Carl Hofer.

Also: die „lückenlose“ Farbenskala Ostwalds enthält alle diejenigen Farben nicht, welche das Eigentliche in der Kunst ausmachen. Es muß das Eigenwesen der Materie, die mütterliche Erde, hinzukommen, um die tellurischen Farben zu schaffen, in denen Carl Hofer ein Meister war, so daß man ihn beinahe an jedem Pinselstrich erkennt.

Diese „irdenen“ Farben, gemahlene Oxyde und Silikate, Lehm, Ton, Erden oder Gesteine, wurden von kundiger Hand zungenfein gemahlen und mit artaffinen Ölen gemischt. Es war die Kunst der Farbbereitung der Alten – der Ocker des Ackers, die gebrannte Siena, Terrakotta, der Lapis, der Malachit und der Zinnober – der wir nicht nur die Kunstwerke verdanken, sondern auch ihre Erhaltung. So ist es überdies wohl auch kein Zufall, daß die großen Kunstwerke sich nicht des Aquarells bedienen, und selbst die hingehauchten Farben der Kunst des Ostens entstehen nur auf der Stofflichkeit handgeschöpften Büttens.

Nur mit tellurischen Farben kann man Erde und Stein, den Olivenwald, Fleisch und Haar malen, und nur sie sind wieder Material in der Hand des Künstlers, denn die Kunst entsteht zwischen Hand und Stoff.

Die Farbe hat ihren Ursprung nicht im Licht, sondern im Stoff.

DAS SCHWARZ-WEISS-PROBLEM

In einem Physikbuch lese ich: „Wirft ein Körper nur rotes Licht zurück, so verschluckt er alles andere und erscheint rot." Auf dieses „Verschlucken", das nur die reflektierte Farbe übrigläßt, müssen wir näher eingehen.

Wenn wir unser Radiogerät auf einen Sender einstellen, wird niemand behaupten wollen, der Apparat „verschlucke" nun in seinem Rachen die Wellen aller übrigen Sender, die gleichzeitig ausgesandt werden. In Wirklichkeit geschieht nichts anderes, als daß das Gerät durch die Einstellung auf eine Station eben mit dieser in Resonanz tritt.

Ebenso müssen wir für das Farbphänomen die Frage stellen, ob etwa ein Atom, dessen Eigenschwingung im Rot liegt, aus dem polychromatischen Feld *nur* das Rot herausnimmt, also nur mit ihm in Resonanz tritt, und alle übrigen Entladungsmöglichkeiten des Lichtsenders über andere Wellenlängen ungenutzt läßt. Die Beantwortung dieser Frage führt uns zum Schwarz-Weiß-Problem, denn der Sachverhalt des optischen Phänomens ist *nicht analog* dem Vorgang im Radiogerät, das die selektive Resonanz verwirklicht.

Die Materie ist dem Licht gegenüber nämlich nicht Radiogerät mit einer eingestellten Wellenlänge, sondern eingeschaltete *Sekundärspule*, die wie im Trafo die *gesamte* durch das Feldpotential vermittelte Energie elektrisch aufnimmt. Es ist daher ihre grundsätzliche Eigenschaft, die volle Energie, welche durch ein weißes Lichtfeld vermittelt wird, aufzunehmen und *zunächst* gleich der geschlossenen Sekundärspule im totalen Register des Senders zu schwingen, wenn sich auch dabei sofort ein Schwarz-Weiß-Gleichgewicht einstellt. Erscheint also der Körper weiß, so strahlt er durch seine elektrisch weißglühenden Atome weißes Licht aus, erscheint er schwarz, so hat sich das elektrothermische Gleichgewicht nach der Wärme hin verschoben und der Körper zeigt keine Selbststrahlung mehr.

Das allein ist der Mechanismus, nach dem das „Verschlucken" vor sich geht. Verschluckt kann im übrigen gar nichts werden, weil überhaupt nichts zum Verschlucken da ist, wie etwa eine „strahlende Energie". Die Atome des Empfängers befinden sich vielmehr wie ein Sekundärstrom in *totaler* elektro-oszillatorischer Resonanz mit den Atomen des Senders, und nur das elektrothermische Gleichgewicht bestimmt den Schwarz-Weiß-Wert, in welchem der Körper erscheint.

Die Tatsache, daß es keine Materie mit partieller Resonanz gibt, sich also das elektrische Instrument Materie gerade dadurch vom Radioempfänger unterscheidet, trug mit zu der Irrfährte bei, das Licht sei als Summe von Wellenlängen etwas Gegenständliches. In Wirklichkeit ist die totale Resonanz eine *elektrische* Eigenschaft der Materie schlechthin, während die *Lage* des Gleichgewichtes von Weiß zu Schwarz, das heißt von Selbststrahlung zu Wärme, zu ihren *spezifischen* Eigenschaften zählt.

Unabhängig von der Schwarz-Weiß-Reaktion jeder Materie ist ein weiterer Effekt ihrer spezifischen Eigenschaften ihr Farbwert. Dieser besteht ganz für sich. Zwar gibt es keine Materie, die wie ein Radiogerät selektiv nur mit einer Wellenlänge in Resonanz tritt, doch tut sie dies über ihren Farbwert gleichzeitig *auch*. Der Sonnen-Erde-Trafo, das heißt die elektromagnetische Kopplung der Sonne mit der Erde, arbeitet also wie jeder eingeschaltete Trafo mit voller Belastung, wobei die übertragene Energie sich in *Weiß*, *Farbe*, *Transparenz* und *Schwarz (Wärme)* aufteilt.

Immer aber bleibt der Schwarz-Weiß-Wert die Dominante, und eine Farbe leuchtet um so heller, je mehr Weiß, also eben je mehr Helligkeit sie enthält und um so dunkler, je mehr von dieser Helligkeit sich zu Schwarz, das heißt in Wärme, entladen hat. Ohne ein Spiel mit Worten zu treiben, könnte man sagen, daß Schwarz ein sehr dunkles Weiß und Weiß ein sehr helles Schwarz ist, und es gibt keine dunkle Fläche, die sich nicht aufhellt, wenn sie genügend stark beleuchtet wird, denn auch die schwärzeste Gleichgewichtslage kann gegen Weiß verschoben werden, wenn ich im Gleichgewicht die elektrische Komponente stärke.

Das Phänomen, daß jedes Grau bei starker Bestrahlung weiß leuchtet – also nicht nur weiß erscheint – hat schon Goethe tief beunruhigt.

*

Damit sind wir am Ende unseres Berichtes von den Taten des Lichtes, seinem ersten Schicksal. Wir haben alle Eigenschaften der selbststrahlenden Materie dargelegt und die einzelnen Komponenten, welche zusammen ihren Leuchtcharakter ausmachen, erkannt.

Die totale Resonanz, die uns bisher die Vorstellung einer gegenständlich vorhandenen Lichtenergie aufnötigte, erweist sich in der neuen Schau als eine weitere Offenbarung des göttlichen Ökonomieprinzips. Als Gegenspieler des Lichtes nimmt der Stoff hungrig das Maximum an Sonnenenergie auf, welches das Feld zu vermitteln vermag. Zwischen der mütterlichen Erde und der spendenden Sonne „kommt nichts um“, wie auch kein Verschenken zwischen wahrhaft Liebenden je verlorengehen kann.

GOETHES FARBENLEHRE

Eine Gedenktafel

Zum Abschluß dieser Betrachtungen gebührt es sich, noch einmal Goethes Farbenlehre zu gedenken.

Goethe war nicht nur Dichter, Lyriker und Dramatiker, er war auch Weltweiser, Tiefenpsychologe und Gnostiker. Das etwas triviale Wort „Universalgenie" heißt nicht, auf allen Sätteln reiten können, sondern bedeutet, daß das Thema der großen Erkenntnis das Universum oder noch richtiger, der Kosmos ist.

Deshalb ist es auch nicht befremdend, wenn Goethe sich in seinen reifsten Jahren mit Naturphilosophie befaßte und das, was ihm dabei widerfuhr, als essentieller empfand als alle Dichtung und Wahrheit seines Lebens.

Urbild und Metamorphose der Pflanzen waren reine Schau, und auch der Zwischenkieferknochen des Menschen war etwas anderes als nur eine Entdeckung. Diese Zwiegespräche mit der Natur kulminierten in der „Farbenlehre", jenem weltberühmten, aber kaum gelesenen Buch. Sie war sein „verlorener Sohn", an dem er mit besonderer Liebe hing, weil er selbst wohl empfunden hat, wie gerade dieser in seinem dunklen Drange irrte, obschon er sich des rechten Weges wohl bewußt war!

Es war die Zeit, als eben Lavoisier mit der Feinwaage gegen das „Phlogiston" zu Felde zog. Die exakte Wissenschaft hatte begonnen und bahnte unbeirrbar ihren Weg durch Dornen und Gestrüpp vorurteilsvoller, in alchemistischem Aberglauben verstrickter Phantasterei. Um deshalb just zu diesem Zeitpunkt nicht als rückfällig zu erscheinen, hatte Goethe einen schweren Stand, denn in der Morgendämmerung der neuen Disziplin standen die Dinge gegen ihn. Das wissenschaftliche Material stand gegen den Offenbarungsakt der Natur und trieb ihn immer mehr in die Enge. So entrangen sich seinem beklommenen Herzen die Worte:

> „Geheimnisvoll am lichten Tag,
> Läßt sich Natur des Schleiers nicht berauben,
> Und was sie deinem Geist nicht offenbaren mag,
> Das zwingst du ihr nicht ab
> Mit Hebeln und mit Schrauben."

Huygens hatte die Undulationstheorie noch nicht verkündet, und man glaubte noch mit Newton an Lichtteilchen, an Korpuskeln, die mit Lichtgeschwindigkeit aus der Sonne fliegen und sich in die Spektralfarben „aussieben" lassen. Wären die Farben als Lichtwellen verkündet worden, hätte Goethe seine Farbenlehre wohl nicht geschaffen. Da man sich aber damals eben noch Lichtteilchen vorstellte, so lag in dieser Auffassung – wenn auch nicht wörtlich formuliert – der Gedanke enthalten, sie selbst müßten farbig sein. Dagegen sträubte sich Goethes Imagination.

Der Kampf Goethes spielte sich auf dem Hintergrund von Elektrizität und Magnetismus ab, die gerade gesellschaftsfähig geworden waren. Allerorten begann man damit zu experimentieren, denn die Fachschaft Naturwissenschaft war noch nicht eingezäunt. Es ist übrigens bemerkenswert, daß schon Schelling den Zusammenhang von Elektrizität, Magnetismus und Licht sah, historisch wohl ein ebenso bedeutungsvolles Ereignis wie die mathematische Identifizierung der Lichtwellen durch Maxwell, ohne daß hier dem Bekennermut der Naturphilosophie die angemessene Huldigung zuteil wurde, weil ihr die Rückendeckung der „Tatsachen" fehlte.

Die neue Lehre von der positiven und negativen Elektrizität und dem bipolaren Magnetismus fiel bei Goethe auf fruchtbaren Boden, weil eine polare Weltkonzeption tief in seinem Wesen verankert war. Seine auf der Station „Straßburg" auseinandergebrochene innere Einheit erkannte die Polarität als Weltprinzip. Die Spuren dieser Sonderung – was nichts anderes bedeutet wie Sünde und heute Neurose genannt wird – finden wir in Gretchen-Faust und in den Volksliedern, die ihren bitteren Kern in freundlichen Schalen verbergen, so daß die meisten ihn nicht schmecken.

Nachdem Seele und Geist durch das zweischneidige Schwert des Apostels voneinander getrennt worden waren, konnte Goethes Naturkonzeption nur eine polare sein:

„Nun danket Gott, ihr Söhne der Zeit,
daß er die Pole auf ewig entzweit."

Die Lehre des Magnetismus wird ihm freudige Bestätigung und zum kosmischen Urprinzip:

„Magnetes Geheimnis, erkläre mir das!
Kein größer Geheimnis, als Liebe und Haß!"

Wenn ihn auch die „Italienische Reise" als die andere große Station seines Lebens wieder in eine heile Welt der Einheit von Seele und Geist zurückführte, so bleibt die Synthese von Polarität und Harmonie der Schlüssel zu Goethes Welt. Es ließe sich noch manche wilde oder zahme Xenie anführen, in der sich dieses Denken und Empfinden der Einheit im Widerspruch spiegelt. Sie gleichen alle derselben Formel, wie wir ihr auch im Schlußseufzer der Zueignung zum Faust begegnen:

„Was ich besitze, seh ich in den Weiten
und was verschwand, ward mir zu Wirklichkeiten."

Das war die Konzeption, aus der Goethe an das Problem von Licht und Farbe herantrat, deren eigentliches Polaritätsgeheimnis er allerdings ebensowenig sah wie Newton. Es war noch zu früh! So greift Goethe an einem anderen Punkt an: er sieht die Polarität Hell-Dunkel. Die Dunkelheit ist für ihn mehr als das Fehlen von Licht. In dem Kräftespiel von Licht und Dunkelheit begreift er die Farben als Taten des Lichtes, die aber ohne die schicksalhafte Mitwirkung des Dunklen und Stofflichen nicht möglich sind. Er stellt die bekannten Versuche mit den hellen und dunklen Grenzspektren an und kommt zu seiner Trübungstheorie der Farbentstehung.

Obwohl physikalisch auch durch Trübung Farben entstehen können, war der wissenschaftliche Ansatz der Farbenlehre falsch. Und trotzdem war Goethes Schau wahr! Denn die eigentliche Farbe liegt – wie wir erkannt haben – nicht im Licht. Dort gibt es nur Wellenlängen. Erst die Materie als Gegenspieler des Lichtes erzeugt die Farbe. Die Farbe ist eine Eigenschaft der Materie, die sich im polychromatischen Wechselfeld des Lichtes manifestiert. Es hat mich beeindruckt, wie bei einem Atelierbesuch einmal eine junge Künstlerin bei einer Unterhaltung über das Licht spontan und mit kindlicher Naivität ausrief: „Farbe ist Licht plus Materie."

So kann das klärende Urteil der Zeit der Wissenschaft und Goethe recht geben. Als Wellenlänge ist die Farbzahl im Licht enthalten, als Erlebnis des Menschen stammt die Farbe aus der Materie und überspielt im Goetheschen Farbkreis, in dem sich Violett und Rot über dem Purpur verschmelzen, ihren physikalischen Mechanismus. Goethes Vorahnung entsprach also der Wirklichkeit: im Stoff sind die Farben etwas anderes als im Regenbogen und vielfältiger als im Ostwaldschen Farbsystem; als tellurische Farben sind sie Element der Kunst!

Wenn die Wissenschaft auch in der damaligen „Währung" recht hatte, war Goethe der Wahrheit näher, und seine Vorstellung von den Farben als Taten des Lichtes *und* des Stoffes hat sich heute bestätigt.

So ist denn auch seine mit so viel Mühe durch zwanzig Jahre und über vierzehnhundert Seiten niedergelegte Farbenlehre seine „Unvollendete" geblieben, aber vom Geist aus geschaut die Vollendung des Lebenstages eines großen Gnostikers.

Kleines Zwischenstück

ÜBER DIE PLASMATISCHE ENERGIE

Seitdem Lavoisier zur Waage griff, hat die Wissenschaft sie nicht mehr aus der Hand gelegt. Die Technik des Messens wurde zu ihrer Methode und die Methode zu ihrem Prinzip. Was außerhalb des Meßbaren liegt, kann nicht mehr Thema der exakten Wissenschaft sein und ist für sie inexistent. Das Nichtmeßbare ist ihr deshalb geradezu unerwünscht und wird ignoriert.

Wir brechen dieses Schweigen und stellen die Frage, ob das Phänomen des biologischen Wachstums lediglich durch physikalische und chemische Wirkungen erklärbar ist oder ob in ihm eine Energieform in Erscheinung tritt, die mit unseren wissenschaftlichen Methoden nicht erfaßt werden kann. Das ist auch der Grund, weshalb die einen nicht an diese Energie glauben, während die anderen gerade darin ihren höheren Rang erkennen.

Obwohl schon viele Stimmen zaghaft von Lebenskraft sprachen, seitdem Driesch den Vitalismus verkündet hat, *fehlt noch immer der Mut zur Annahme einer spezifischen Energieform des Lebendigen.* Tatsächlich ist das Material, das wir verleugnen, viel erdrückender als die Dinge, die wir zugeben müssen, auch wenn sie nicht meßbar sind. Entweder müssen wir zugeben, daß im Lebendigen das Wasser „den Berg hinauffließt", ohne hierfür eine Erklärung zu haben, oder wir müssen eine zwar nicht meßbare oder zumindesten bis heute nicht meßbare Energieform anerkennen, die *zusammen* mit den physikalischen und chemischen Energien der unbelebten Welt das Wunder des Wachstums vollbringt.

Wohl benötigen die Prozesse des Wachstums Aufbaustoffe, chemische Energie, Wärme und Licht, aber diese reichen allein nicht aus, um das Wunder des Wachstums zu erklären. Weil wir nicht wahrhaben wollen, daß im Lebendigen noch eine besondere Energieform wirken muß, haben wir uns lieber eingeredet, alles Wachstum stamme aus den uns bekannten und *von uns beherrschten* chemischen und physikalischen Kräften, obwohl wir immer wieder das Unfaßbare erleben, wenn wir einen Keimling in die Erde senken und im Zeitraffer beobachten, wie aus ihm die Pflanze hervorbricht.

Wollen wir nicht endlich zugeben, daß es außer den Kräften, die wir aus unseren Laboratorien kennen und beherrschen, eine Energieform gibt, welche die entscheidende Ursache des Wachstums ist! Wollen wir uns nicht endlich von aufsehenerregenden Zeitungsberichten abwenden, die behaupten: „daß es gelungen ist, weitere wesentliche Voraussetzungen des künstlichen Pflanzenwuchses zu enträtseln. Es *fehlt nur noch das Ferment,* das aus Wasser und der Kohlensäure der Luft in der Retorte neu Zucker, Stärke und Zellulose schafft. Synthetische organische Materie, das Gemüse aus dem Laboratorium, auch dieses Ziel ist nicht mehr unerreichbar“[1]).

Das *Ferment,* welches Aufbaureaktionen ermöglicht, die gegen die Pfeilrichtung des chemischen Gleichgewichts verlaufen, stammt eben gerade nicht aus dem Laboratorium, sondern aus der Natur. Es stellt die Energieform des Lebendigen dar, die wir *plasmatische Energie* nennen wollen.

Die im Plasma ruhende Energieform ist ebenso real wie die uns bereits bekannten Energieformen der unbelebten Welt. Sie ruht im Keimling wie das Wasser im Stausee, die chemische Energie in den Agenzien oder die Atomenergie im Kern. Diese potentiellen Energien können sich in kinetische verwandeln, wie in die Bewegung der Turbine, in chemische Reaktion oder die Zerstörungswirkung der Atombombe. *Die Umwandlung der potentiellen plasmatischen Energie in kinetische heißt Wachstum.*

Alles organische Leben beruht auf der Verwandlung potentieller plasmatischer Energie in kinetische. Sie ist der Lebensablauf, und der Tod tritt ein, wenn sich „alles Werdende in Gewordenes verwandelt hat“. Dies ist die berühmte Goetheformel, die in Oswald Spengler die Konzeption zum „Untergang des Abendlandes“ ausgelöst hat.

---

[1]) Hervorhebungen von A. S.

Wie der Paramathematiker voraussah, daß in der Materie Energie schlummert, längst bevor wir sie daraus befreien konnten, so schaut der Gnostiker, daß im wachstumsfähigen Plasma eine Energie ruht, welche die Ursache alles Lebens ist.

Ich bin mir bewußt, wie gar zu leicht die Phantasie des Menschen hier ausbrechen kann, indem sie den Vitalismus zum Schlagwort erhebt und von Kosmobiologie und anderen Überlehren spricht. Von dem allen ist nicht die Rede, also weder von irgendeiner vagen Vorstellung von Lebenspotenz noch von der Beseelung der Pflanze oder gar von Pflanzenpsychologie und auch nicht von Mutationen oder Pflanzenschrift und was dergleichen interessante Ansätze mehr sind. Hierzu wird keine Stellung genommen. Es geht hier vielmehr ausschließlich um die These, daß der energetische Ablauf, den wir Wachstum oder Leben nennen, nicht *allein* durch physikalische Kräfte und Energien bedingt ist, wenn diese auch dabei mitwirken. Es geht um die Notwendigkeit einzusehen, daß außerhalb der mitwirkenden Faktoren aus der unbelebten Welt eine dem Lebendigen spezifisch zugeordnete Energieform besteht, die als plasmatische Energie in der Keimzelle thesauriert ist und sich als kinetische Veränderung im Wachstum manifestiert.

Eigentlich wundert es mich, weshalb wir uns immer noch so sehr gegen diese Erkenntnis sträuben, nur, weil wir die Phänomene mit unseren wissenschaftlichen Methoden nicht erfassen können. Nachdem wir aber erkannt haben, welche ungeheuren Energien allein in einem Atom schlummern, sollte uns die Einsicht nicht mehr schwer fallen, daß auch in einem Keimling genügend plasmatische Energie steckt, um daraus einen ganzen Baum entstehen zu lassen oder daß – wie im Gleichnis vom Himmelreich – aus einem Senfkorn ein Strauch werden kann, in dem die Vögel wohnen.

Doch wir schreiben hier kein „Traktat über die plasmatische Energie“ und lassen es deshalb bei diesen wenigen Andeutungen bewenden, die zum Verständnis ihres Zusammenwirkens mit dem Licht nötig sind. Für den Gnostiker ist das Bestehen einer realen Energieform im Lebendigen, eben die plasmatische Energie, ein Axiom.

*

Der Kosmos hat drei Stufen oder drei Reiche des Geschaffenen:

die niedere Schöpfung des Anorganischen der unbelebten Welt, die von den wissenschaftlich erfaßbaren Energien und Kräften bewegt wird,

das Reich des Lebendigen, in dem die plasmatische Energie die entscheidende Rolle spielt, und

den Menschen, der nicht nur von einer biologischen, sondern auch von einer kosmischen Energie bewegt wird, welche die Genesis in einem besonderen Schöpfungsakt beschreibt, der über der biologischen Schöpfung des aus Erde gemachten Menschen liegt.

Alle diese Energien unterliegen dem Erhaltungsgesetz. Für die unbelebte Welt wurde es von Robert Mayer entdeckt.

Auch im Reich des Lebendigen ist die plasmatische Energie unzerstörbar. Die potentielle Energie des Keimlings verwandelt sich in kinetische Energie des Wachstums. Dieser Vorgang ist erst dann beendet, wenn aller Vorrat an potentieller plasmatischer Energie erschöpft ist.

Wieviel mehr aber noch muß die Energie in der „lebendigen Seele" des Menschen, die Gott im letzten Schöpfungsakte schuf, unter dem Erhaltungsgesetz stehen!

*

Betrachte ich den Stein einer Kirsche, eine Erbse oder ein Weizenkorn, so liegt darin die potentielle plasmatische Energie verborgen und gehortet und kann unter geeigneten Verhältnissen – beispielsweise bei sehr niederen Temperaturen – unbeschränkt lange erhalten werden, wie das Wasser in einem Stausee.

Diese Körner haben nichts mit Samen zu tun, obwohl der „Sämann sät", und wir die Beete mit „Samen" bestellen. Diesen sprachlichen Irrtum müssen wir berichtigen. Wir säen nämlich keinen Samen, denn die Fruchtkörner, die wir in die Erde senken, sind längst besamt. Deshalb nennen wir hinfort den Keimling, in dem die plasmatische Energie des Wachstums schlummert, nach dem Urbild des Kornes ein *Gran.*

Aus einem Rosengran entsteht die Herrlichkeit des Rosenstockes: ein nicht vorausbestimmbares Wunder! Während die Energie des Wassers im Stausee in Zahlenwerten wiedergegeben und bald diesem, bald jenem Kraftwerk zugeführt werden kann, wie es unserer Willkür entspricht, liegen die Verhältnisse bei der potentiellen Energie eines Grans anders. In ihm steckt nicht nur eine Wachstumsenergie, sondern auch eine latente Bildkraft. Hieran wird uns erneut bewußt, daß wir vor einer höheren Rangstufe des Geschehens stehen.

Erinnern wir uns an einen bekannten Versuch aus unserer Schulzeit. Wir züchten einen großen, klaren Oktaeder aus einer übersättigten Alaunlösung. Vor unseren Augen vollzieht sich die Umwandlung der potentiellen Energie der übersättigten Lösung in die kinetische des Wachstums des Kristalls. Wenn ich nun in einem supponierten Experiment die physikalischen und chemischen Bedingungen, die alle am Entstehen eines solchen Kristalls beteiligt sind, genau reproduziere, so ergibt sich, daß der Kristall nicht nur immer im gleichen Kristallsystem entsteht, sondern innerhalb dieses Systems sich auch mathematisch genau immer wieder gleich bildet, nämlich als ein Oktaeder von gleicher Größe, gleicher Farbe und gleichem Gewicht.

In der farblosen übersättigten Alaunlösung schlummert also eine potentielle Energie, die bei ihrer Umwandlung nicht „irgendetwas" aufbaut, sondern ausnahmslos und ohne Wahl immer nur denselben Kristall mit derselben Gestalt. Diese kinetische Energie kann daher nicht wie das Wasser in der Turbine beliebig verwendet werden, sondern nur nach der in ihr latent enthaltenen Gestalt. Sie ist noch von einer zweiten Größe begleitet, einer latenten Kraft des Bildes, die wir das *Gestaltspotential* nennen wollen.

Der Philosoph Friedmann hat in seiner „Welt der Formen" zum ersten Male das Phänomen angesprochen, daß beim Wachstum eines Grans nicht etwas Beliebiges entsteht, sondern eine Gestalt verwirklicht wird. Nach ihm ist die Biologie nicht ein Spezialfall der Physik, sondern umgekehrt. Trotzdem erwog er die Möglichkeit, auch die biologische Gestaltwerdung wissenschaftlich zu erfassen, und zwar mengen- und wertmäßig, um auf diesem Wege zu einer Gestaltsmathematik des

Wachstums zu kommen, durch welche die Gestaltwerdung einer Pflanze ebenso hätte vorausbestimmt werden können wie die eines Kristalls.

Trotz des richtigen Ansatzes, die Physik als Teil der Biologie anzusehen, hat Friedmann nicht erkannt, daß beide Vorgänge verschiedenen Stufen der Schöpfung angehören und einen verschiedenen Rang haben. Hier liegt sein Irrtum. *Die Gesetzmäßigkeit eines niederen Ranges läßt sich nicht auf den höheren Rang übertragen.* Das erklärt auch, warum die plasmatische Energie bisher nicht mit wissenschaftlichen Methoden erfaßt werden konnte. Eine Gestaltsmathematik der Pflanzen gibt es nicht, weil die Kristallographie nicht auf die Biologie übertragbar ist. Wir hatten bereits festgestellt, daß in der unbelebten Welt bei unbedingter Einhaltung der Versuchsbedingungen sich mathematisch genau immer derselbe Kristall züchten läßt. Auf der höheren Rangstufe der lebendigen Welt ist dies nicht mehr der Fall. Es gibt auf der ganzen Erde nicht zweimal dasselbe Gran, und ich gehe sogar so weit zu behaupten, daß nicht zweimal dieselben Pflanzen entstehen, könnte ich das gleiche Gran zweimal wachsen lassen.

Die unbelebte Welt ist von der lebendigen durch etwas Neues getrennt. Beide besitzen neben der potentiellen Energie ein Gestaltspotential. Während die Gestaltung in der unbelebten Welt aber der Gestaltsmathematik entspricht, folgt ihr die lebendige Welt nicht. Das Lebendige hat eine Freiheit mehr, die wir als den *Freiheitsgrad der Gestaltwerdung* im Wachstum bezeichnen wollen. In der plasmatischen Energie des Grans und seiner Gestaltwerdung liegt ein Freiheitsgrad des Lebendigen, den es in der niederen Schöpfung nicht gibt. Wachstum und Gestalt eines Grans verfügen daher innerhalb ihrer Spezies über einen Freiheitsgrad, den der Kristall innerhalb seines Kristallsystems nicht hat.

Biblisch gesprochen ist im Lebendigen „ein jegliches geschaffen nach seiner Art", also ohne die Möglichkeit, die Gestalt seiner Art zu durchbrechen, aber mit dem großen Vorrecht einer wirklichen Freiheit individueller Gestaltwerdung innerhalb der Gattungsgestalt. So kann darüber auch nie etwas Mathematisches ausgesagt werden – wie es Friedmann erhoffte – sondern nur über die Gestalt der Gattung, innerhalb welcher die Freiheit des Lebendigen waltet.

Die moderne Naturwissenschaft ist geneigt, bei der scheinbaren Durchbrechung des

Kausalitätsprinzips durch das Korpuskular-Dasein auch diesem einen Freiheitsgrad zu unterschieben und beinahe von einer Individualität der Korpuskeln zu reden. Ob wir Anlaß dazu haben, in der Mechanik der Korpuskeln eine Freiheit zu sehen, lasse ich dahingestellt. Ich bin eher geneigt, statt von einer Individualität der Korpuskeln von ihrer Kollektivität zu sprechen, welche die individuelle Kausalität überspielt. Zumindesten müssen wir festhalten, daß die Akausalität der Korpuskeln nichts mit dem Freiheitsgrad der Individualität des Lebendigen zu tun hat. Zwischen der Akausalität der Korpuskeln und der Freiheit der Gene steht die Zäsur einer Schöpfungsstufe.

Wir wollen im übrigen das große Problem der Freiheit, welches uns die moderne Forschung in den Weg gestellt hat, an dieser Stelle nicht weiter berühren und uns mit der Einführung des Freiheitsgrades bei der Gestaltwerdung des Lebendigen begnügen.

Aber vielleicht ist alle Freiheit, über die wir philosophieren, oder die wir uns wünschen, immer nur ein Freiheitsgrad innerhalb von Unfreiheiten. Wenn uns dabei auch nur ein Freiheitsgrad bliebe, in dem wir vollkommen frei sind, dann könnte diese Freiheit für alle gesetzt werden.

Die Freiheit des Menschen ist ein Freiheitsgrad innerhalb seiner Unfreiheiten.

*

Unter den großen Polaritäten, die den Kosmos durchziehen, ist die geheimnisvolle Zuordnung von Samen und Ei eine der bedeutungsvollsten. Wie man nämlich, um die potentielle Energie eines Stausees in kinetische zu verwandeln, den Haupthahn der Druckleitung öffnen muß, oder wie man durch eine Initialzündung eine Sprengladung auslöst oder durch ein aus dem Zyklotron fliegendes Partikel die Kernenergie befreit, so bedarf auch die potentielle plasmatische Energie einer Auslösung, damit sie sich in kinetische verwandeln kann. Das Mysterium dieser Auslösung ist die Befruchtung durch den Samen. Vielleicht hat Gott die Welt gar nicht geschaffen wie der Töpfer die Schale, sondern hat mit dem logos spermaticos, dem zeugenden Wort, ihren Namen angerufen, sie aus dem mütterlich gebundenen Schoß befreit und ihr erlaubt, Gestalt anzunehmen.

Auch in der lebendigen Zelle scheint der Sitz der plasmatischen Energie im Zellkern zu liegen. Das Protoplasma des Zellkerns, das Protonoplasma des Atomkerns und das Sonnenplasma des Planetariums entsprechen sich, sie sind verdichtete Energie. Zu ihrer Auslösung ist eine Störung oder ein Einbruch notwendig. In der unbelebten Welt vollziehen sich diese nach den Gesetzen der Physik; in der belebten Welt sind sie richtungsweisend, mitbestimmend und schicksalhaft. Der Samen ist die polare Gegenkraft zum Keimling. Erst wenn in der Befruchtung durch den Samen die Energie des Keimlings aus seiner Gebundenheit befreit ist, steht der Weg zur großen Umwandlung des Wachstums offen. Der Samen selbst ist dabei weniger Sitz einer potentiellen Energie, als vor allem auch seinerseits Träger von Gestaltspotential.

Die Gestaltspotentiale von Samen und Ei wirken in der Befruchtung nicht zusammen wie zwei Komponenten, die zu einer Resultante werden, sondern sie vermählen sich entsprechend der höheren Rangstufe des Geschehens schicksalhaft.

Wie die unendlichen Energien, die im Atom ruhen, durch den „Samen" eines fliegenden Elektrons befreit werden und zu Kettenreaktionen anwachsen, so wird die plasmatische Energie die im Kernplasma ruht, durch den auswandernden Samen ausgelöst und zum Wachstum ihrer Gestalt befreit.

Die Grane sind die Atombomben Gottes und ihre Kettenreaktionen bilden das Wachstum.

*

Der Entfaltungswille der Pflanze innerhalb ihres Freiheitsgrades unterliegt – von den äußeren Lebensbedingungen einmal abgesehen – zwei Strebungen: der Strebung in die Breite und der Strebung in die Höhe, der Strebung in die Quantität und der in die Qualität, oder anders angesprochen: der Strebung in die Wucherung des Vielen und der in die Einmaligkeit des Schönen. Beide Strebungen lassen sich ineinander umwandeln, aber wiederum nur so, daß das Höhere das Niedere bestimmt. Der Freiheitsgrad der Gestaltung kann beeinflußt werden, indem Substanz einer höheren Daseinsform einer niederen einverleibt wird.

Dieser Vorgang der Überpflanzung oder Transplantation ist ein Prinzip des Lebendigen und wird in der Pflanzenwelt Aufpfropfung oder Okulation genannt. Wohl entsteht als ein Gnadenakt der Natur (natura involvit gratiam) auch durch Mutation aus dem Unedlen das Edle, wenn ein edler Sämling „fällt", dieser seltene Vorgang aber kann festgehalten, das Unbegnadete der Gnade teilhaftig werden. Von der Stelle an, wo ein Stück des Edlen auf das Unedle aufgepfropft wird, treiben edle Blüten und edle Früchte.

Es ist kennzeichnend, daß uns in der Schule die Okulation mehr als ein sehr nützliches Kuriosum vorgestellt wurde, etwa in der gleichen Rangordnung mit einem Gallusapfel, der auf einem Pflanzenblatt wuchert, statt uns die Augen zu öffnen über das Wunder dieser Erscheinung. Die Veredelung durch Aufpfropfung ist eines der beglückendsten Geheimnisse der Natur. Der Freiheitsgrad des Entfaltungswillens wird von der Breite in die Höhe gewandelt, von dem Vielen zu dem Schönen. Die Transsubstantiation geschieht zwar im Artgleichen, führt aber auf eine edlere und höhere Stufe.

*

Obwohl die Verwandlung potentieller Energie in kinetische zwischen der ersten und zweiten kosmischen Rangstufe eine gewisse Verwandtschaft hat, unterscheidet sie sich doch in einem überraschend. Die potentielle chemische Energie, die in einem Holzscheit ruht, schlägt als Flamme zum Himmel, bis schließlich die letzte Glut verglimmt und verlöscht ist. Der Schnee schmilzt auf den Bergen, und sein Wasser bewegt das alte Mühlrad so lange bis er geschmolzen ist. Die elektrische Batterie gibt, wenn sie nicht wieder aufgeladen wird, langsam ihre Energie ab, bis Platten und Pasten erschöpft sind. So geschieht es auch scheinbar im Lebendigen. Die im Gran gehortete Energie verwandelt sich in die Pflanze, das Ei wird zum Huhn, und ein Menschenleben läuft ab. Doch hier begegnet uns ein neues Wunder, welches wir nur deshalb als solches empfinden, weil es das Analogon in der unbelebten Welt nicht gibt. Was „von unten gesehen" wunderbar erscheint, ist „von oben gesehen" urtümliches Wesen und gehört in jene Kategorie, die ich „Einsetzung" nennen möchte. Im Lebendigen kann das schon Abgeklungene, das heißt, von dem Ursprungspotential herabgesunkene, also eine schon gelebte und geschwächte potentielle Energie „aus sich selbst heraus" wieder ihre ursprüngliche

Spannung hervorbringen: sie erzeugt einen neuen Keimling, neues Gran und neue Pollen, neues Ei und neuen Samen!

Während in der unbelebten Welt kein höheres Potential aus einem niederen entstehen kann, weil es gegen ihr Gesetz steht, erfährt in der lebendigen Welt die schon entspannte plasmatische Energie eine neue Verdichtung und einen neuen Anfang. Diese Einsetzung im Lebendigen nenne ich die *Restitution,* die Wiederherstellung des Ursprünglichen.

Es ist die gleiche Einsetzung, welche in der Genesis ausgesprochen ist: „daß ein Jegliches nach seiner Art Frucht trage und habe seinen eigenen Samen bei sich selbst auf Erden". Aus der entspannten plasmatischen Energie, auch im alternden und müden Leben, entsteht ein neuer Anfang und so immer fort und fort, aber auch nicht bis ins Unendliche, sondern bis an das Ende der Menschheit, bis die *plasmatische Energie der Gattung* sich erschöpft hat.

Obwohl die Restitution eine Steigerung aus sich selbst als Urtümlichkeit der biologischen Welt bedeutet, ist sie also dennoch kein „Perpetuum mobile", sondern entspricht dem Gesamtvorrat, der dem ersten Menschen im Schöpfungsakt als Einsetzung mitgegeben und verliehen war, bis auch er sich dermaleinst erschöpft hat und der geschenkte Leib und das verliehene Bild zurückgerufen werden.

DIE ERFÜLLUNG DES LICHTES

LICHTCHEMIE

Die Wahrheit der Alten „corpora non agunt nisi fluida" haben wir für den heutigen Zeitpunkt berichtigt in: die Körper reagieren nur, wenn sie elektro-oszillatorisch angeregt sind. Das geschieht in der chemischen Praxis im allgemeinen durch Wärme. Deshalb ist das unentbehrliche Gerät des Experimentiertisches der Bunsenbrenner.

Die thermische Agitation befindet sich dabei – wie wir wissen – im Gleichgewicht mit der elektrischen Oszillationsenergie. Wenn wir also sagen, ein Körper ist heiß, so meinen wir seinen gesteigerten Energieinhalt, der aus *beiden* Komponenten besteht, nämlich der Wärmebewegung der Atome selbst, also einer mechanischen, und zwar kinetischen Energieform, *und* der Oszillationsbewegung des Ladungsringes gegen den Kern, also der elektrischen Energie eines lokalen Wechselstromes. Man kann daher nicht nur von einem heißen *Körper*, sondern – wie wir es schon wiederholt getan haben – auch von einem einzelnen heißen *Atom* sprechen, wobei es sich um zwei völlig verschiedene Energieformen handelt, die sich im Gleichgewicht befinden.

Rufen wir uns noch einmal die Folge dieser Wirkungen ins Gedächtnis. Sie lautet:

thermische Agitation ⟶ elektrische Oszillation ⟶ Lichtemission.

Wenn wir uns nun vergegenwärtigen, daß ein Körper auch im polychromatischen Wechselfeld elektro-oszillatorisch angeregt wird, so läßt sich die Pfeilrichtung wie folgt umkehren:

polychromatisches Feld ⟶ elektrische Oszillation ⟶ thermische Agitation.

In beiden Fällen durchläuft die Folge der Wirkungen die elektrische Oszillation der Atome, deren Anregung wir als Ursache der chemischen Reaktion erkannten. Die Quintessenz lautet also: um ein Atom chemisch reaktionsfähig zu machen, kann man sich *sowohl der Wärme als auch des Lichtes* bedienen.

Wie wir bei der Selbststrahlung der Materie feststellten, daß die Helligkeit eines Körpers ein Maß seiner elektrischen Temperatur ist – ähnlich wie man in der Technik die Temperatur von Härtebädern und Hochöfen an ihrer Strahlung mißt – so durchläuft ein vom polychromatischen Lichtfeld angeregtes Atom einen Erregungszustand, der einer viel höheren Temperatur entspricht als sie die chemische Praxis über die Wärme zu erzeugen vermag.

Es lag deshalb für die Chemie nahe, von der Erregung der Atome durch ein polychromatisches Wechselfeld Großes zu erwarten. Die Wissenschaft, die sich mit der Beeinflussung chemischer Reaktionen durch Licht befaßt, heißt Lichtchemie oder Photochemie.

Diese Hoffnungen wurden jedoch bis heute enttäuscht. Das Bestreben, in der Photochemie Reaktionen zu erzeugen oder zu beschleunigen, hat in der Technik die Erwartungen nicht erfüllt. Die ganze Photochemie hat sich eigentlich auf die Photographie reduziert, die mit der erstrebten photochemischen Synthese nichts zu tun hat. Wir stehen vor der fast beschämenden Tatsache, daß die ganze Pflanzenwelt ausschließlich von Photochemie, das heißt, von der Beeinflussung der Aufbaureaktionen durch das Licht lebt, während dieselbe Photochemie in den Händen des Menschen zu einem Fiasko führte.

Der Grund des Versagens liegt weniger darin, daß die thermische Anregung hauptsächlich die äußeren Schalen der Atome erfaßt, während das Licht an der nicht gewünschten Stelle, nämlich an den inneren Schalen angreift – was es ja in der Natur auch tut! – als vielmehr darin, daß die photochemischen Vorgänge in der Natur sich nicht im Reagenzglas, sondern in der lebendigen Zelle abspielen, das heißt: *im Medium der plasmatischen Energie.*

*

Außer Wärme und Licht gibt es noch die Katalyse, um ein Atom reaktionsfähig zu machen. Jeder Katalysator wirkt dabei als Energiespender, der eine Reaktion gleichsam bevorschußt und die entliehene Energie am Ende zurückerhält, so daß er physikalisch und chemisch unbeschadet aus dem Geschehen hervorgeht.

Bei der entscheidenden Reaktion pflanzlichen Wachstums, der Zuckersynthese aus Wasser und der Kohlensäure der Luft, müssen wir indessen bekennen, daß sie technisch mit den drei genannten, der Natur und uns gleichermaßen zur Verfügung stehenden Mitteln, nämlich Wärme, Licht und Katalyse, *nicht* gelingt. Die Natur verfügt eben noch über ein weiteres Agens, das wir nicht besitzen und wohl auch nie besitzen werden: die lebendige Zelle.

Statt unendliches Lob zu spenden, quittiert der Mensch diese Tatsache mit der Behauptung, es fehle ihm zur Herstellung des Gemüses aus dem Laboratorium „nur noch ein Ferment". Eben gerade dieses Ferment, das neben Wärme, Licht und Katalyse die conditio sine qua non allen Wachstums bedeutet, ist die plasmatische Energie!

Die Gnosis bezweifelt, ob es mit den Mitteln des Laboratoriums und unter den gleichen thermischen Bedingungen, wie sie in der Natur herrschen, jemals möglich sein wird, die chemische Reaktion des Wachstums zu erzwingen, da diese gegen die chemische Fallrichtung verlaufen müßte. Das kleine, als Nebensache behandelte Ferment ist – wie sein Name schon sagt – etwas Fermentierendes, Lebendiges, wie die Hefe, und eine Zelle ist nur so lange eine Zelle, wie sie lebt.

Die Fermente, in welchen sich die entscheidenden Wachstumsreaktionen vollziehen, heißen Chlorophyll und Hämoglobin, das Blattgrün und die roten Blutkörperchen. Wohl enthält das Chlorophyll auch Eisen, das hier als mehrwertiges Element katalytisch mitwirkt, aber mit Licht und *extrahiertem* Chlorophyll geht die Photosynthese des Zuckers eben nicht! Das Chlorophyll ist im Blatt mehr als ein toter Farbstoff, der Licht absorbiert, es ist eine lebendige Zelle, und die Aufbaureaktionen sind einem Stoffwechselprodukt vergleichbar, wie es der Alkohol bei der Hefe und der Essig beim Essigälchen darstellen.

Das Chlorophyll des Pflanzenblutes und das Hämoglobin des tierischen Blutes oder besser: die lebendige grüne Chlorophyllzelle und das rote Blutkörperchen verhalten sich wie komplementäre Stoffe, die bei großer chemischer Verwandtschaft zwei konträre Aufgaben erfüllen. Während die Chlorophyllzelle die Zuckersynthese ermöglicht, vollbringt das Blutkörperchen das Gegenteil: es verbrennt den Blutzucker bei 37 Grad mit Luftsauerstoff zu Kohlensäure, wozu uns im Laboratorium eben wieder nur noch „ein entsprechendes Ferment fehlt", um dies auch zu können.

Beide Stoffe: Chlorophyll und Hämoglobin, sind katalytisch wirkende Farbstoffe, aber die im Pflanzenblut schwimmende Chlorophyllzelle und das im Blut schwimmende rote Blutkörperchen sind etwas anderes: lebendige Zellen. Die eine ermöglicht die Photosynthese von Zucker, Stärke und Zellulose, die andere hat die Aufgabe, Wärmespender zu sein. Beide sind nicht nur Lösungen katalytisch wirkender Farbstoffe, sondern lebendiges Blut, „ein ganz besonderer Saft".

Das Licht erfüllt in der Natur das Wunder des Aufbaus nur in der lebendigen Substanz!

LICHT UND PLASMA

Wer hätte gedacht, was sich alles vor uns in diesem grünen Blatt abspielt! Das Blatt ist eine Lichtantenne mit dem grünen Farbstoff, der als Mischfarbe das breite Lichtband von Blau, Grün und Gelb erfaßt, im Herzen des Moleküls das Eisenhämmerchen, das zwischen dem Zwei- und Dreistufen-Amboß hin- und hertickt, und in der ganzen Zelle die plasmatische Energie, welche mit unsichtbarer Hand Stein auf Stein zu neuen Molekülen türmt.

Das Blatt der Pflanze ist weiter nichts als ein nach außen gestülpter Lungenlappen, der aber eher eine Magenfunktion erfüllt. Es geschieht hier tatsächlich das Unfaßbare, daß das schon Verdaute, Verbrannte und Oxydierte, also das Gefallene, nämlich die Kohlensäure der Luft, wieder zur Nahrung dient. Sie verwandelt sich in Kohle zurück, gleich als ob ein Stein sich von selbst in die Luft erhebt.

Die Pflanze ist ein Lichtesser. Es sind vorwiegend die kurzen Lichtwellen, über welche im Wachstum die Energie der Sonne assimiliert wird. Die herbstlichen Früchte der Reife wiederum benötigen mehr die roten, wärmenden Strahlen, die ihnen die volle Süße schenken.

Die farbigen Blüten der Pflanzen dagegen sind keine Lichtesser, sondern duftende Liebesmahle, welche die Bienen locken. Da die Pflanze selbst ihrem Sehnen nicht folgen kann, muß sie mit um so größerem Aufwand den begehrten Partner anlocken.

Das Tierreich, zumindesten die Säugetiere, bedürfen der Strahlen der Sonne weniger. Die Rehe flüchten in den Wald, der mit seinem Dach aus Blättern und Nadeln den besten Schutz vor jenen Strahlen bietet, die auch dem Menschen schaden, weil sie nicht „auf ihn hin" gemacht sind.

Die mannigfachen Pflanzen, die Gott den Menschen und Tieren auf Erden geschenkt hat, „auf daß sie allerlei grünes Kraut essen“, bedeuten mehr als Nahrung, welche in Kalorien gemessen wird. Mit dem grünen Kraut essen wir nicht nur Sonne, sondern auch lebendige plasmatische Energie, die schon mit dem Schmecken unseres Mundes aufgesogen wird und unsere eigene plasmatische Energie auffrischt und neu belebt wie eine kleine Transplantation. So liegt in dem Gebot, das grüne Kraut zu essen, das Geheimnis verborgen, daß wir uns das Leben einverleiben sollen.

*

Wie das Laboratorium nicht ohne das „Ferment“ auskommt, so kann auch die plasmatische Energie ihre Aufgabe nicht allein erfüllen. Die Pflanze lebt nur im Licht, bis zu den Pflanzen der Tiefsee, wohin immer noch Licht dringt, wenn unser Auge es auch nicht mehr wahrnimmt. Die wichtigste Erkenntnis, die hier durch die Welt der Erscheinungen hindurchschimmert, lautet also: keine der beiden Kräfte, weder das Licht noch die plasmatische Energie, vollbringen allein das „Unerhörte“. Die beiden großen, polaren Mächte, welche den ganzen Kosmos durchweben, ergeben *nur in ihrer Zusammenwirkung* das Leben. Nur das männliche und das weibliche Prinzip ineinander, das zeugende Licht und das empfangende Plasma zusammen, erfüllen das Wunder.

Zwischen Sonne und Blatt spielt eine Liebesbeziehung, und das Blatt wendet sich hingebend dem Licht zu. Die Sonne durchglüht alles Lebendige, aber die Wälder kühlen ihre Glut wie eine lindernde Hand.

Der kristallene, klare und ausgerichtete Strahl durchdringt das Amorphe, Dunkle und Strömende der lebendigen Materie. Das männliche und das weibliche Universum vermählen sich.

Das ist das zweite Schicksal des Lichtes und seine oberste Erfüllung, seine Freude, seine Liebe und seine Lust. Es ist der große Mittag hochzeitlicher Seligkeit.

DAS LEIDEN DES LICHTES

BEZWINGER DES LICHTES

Wohl leuchten die Firne, glitzert der Schnee und die Weide spiegelt sich im Teich, aber den Glanz reiner Metalle kennt die Natur nicht. Sie liegen in den Erden gebunden, und sehen wir sie manchmal auch in den Blenden hindurchschimmern, bleibt es doch dem Menschen zugedacht, sie zu läutern, um sie zu besitzen.

In der Natur sind die Metalle, mit Ausnahme der Edelmetalle, gegenüber dem Sauerstoff der Luft nicht beständig, und der Rost ist schon in der Bibel als eine Macht der Zerstörung angesprochen.

*

In dem naturphilosophischen Bestreben, uns nicht nur die Eigenschaften der Elemente zu vermitteln, sondern uns ihr Wesen nahezubringen, gedenken wir hier des Goldes, das von den Alchemisten als „aurum nostrum" herausgestellt wurde.

Die Adern des Goldes durchziehen das Gestein, aus dem es die Bäche auswaschen, so daß wir manchmal einzelne Körner finden oder den Goldstaub im Sand, den die Flüsse dann auflösen und weit ins Meer hinaustragen. Vor der Goldküste sind die Milliarden in homöopathischer Verdünnung im Wasser verteilt und harren der modernen Alchemisten, sie zu sammeln. Das aurum nostrum, das uns als irdische Sonne leuchtet, ist der königliche Widerpart des Lichtes. Durch die Raffgier des Menschen ist es seiner Sendung entzogen und in Schächten und Türmen gehortet worden. Der kommende Äon wird es entmünzen und aus den Katakomben den Tempeln und Altären, den Kronen und Tiaren schenken.

Die nur scheinbar edlen Elemente, wie Nickel und Chrom, sind ihrem „Charakter" nach Diener. Sie können unedles Metall nicht veredlen, sondern nur schützen. Sie glänzen zu laut und sind Flitter der Zivilisation. Die Oberteufelchen tragen verchromte Krönlein, und der Satan schmückt sich mit einem Reif aus Platin, das trotz seiner Unangreifbarkeit und Nützlichkeit – esoterisch gesehen – ein höchst unedles Element darstellt.

Den schönen Gaben unserer Lebenstage, den schmiegsamen und hämmerbaren Kupfer, Silber und Gold, stehen ihre Stiefbrüder Zinn, Zink und Blei gegenüber. Kupfer und Zink können wir zu Messing, dem falschen Gold, verschmelzen, das Zinn ist der blinde Bruder des Silbers und Blei das böse Element: es ist das Gold in der Verkehrung! Das Blei ist der Kerkermeister des Lichtes, und wir bedienen uns seiner, um uns vor der Radioaktivität zu schützen, so wie wir manchmal das Böse aufbieten, wenn wir selbst Böses getan haben.

Doch kehren wir von dieser Adeptenweisheit zum Traktat zurück!

*

Nur durch den Menschen gibt es den Glanz der Metalle, nur er geht in gleißender Rüstung und spiegelt sich im blanken Silber. Glanz und Glast, Glitzern und Gleißen gehören einer Grenzzone an, von der wir nicht wissen, ob sie noch zu den freien Taten des Lichtes zählt oder schon zu den erzwungenen.

Wenn wir die bunten Farben der Welt und ihr stilles Leuchten die Taten des Lichtes und die Vermählung mit dem Lebendigen seine Erfüllung nannten, so ist im Glänzen der reinen Metalle die Materie mehr als ein Gegenspieler des Lichtes, sie ist sein Bezwinger geworden. Hier hat schon menschliche List die Hand im Spiel, die dem Licht einen Zwang auferlegt. Die totale Reflexion ist kein Naturphänomen.

Die Metalle sind – wie wir schon feststellten – als gute Stromerzeuger, Wärme- und Elektrizitätsleiter dank der labilen Elektronen ihrer äußeren Schalen die besten Selbststrahler, deren Leuchtkraft sich der „totalen Reflexion" nähert. Hierin erfüllt sich am sinnfälligsten das dritte Schicksal des Lichtes, indem es zu etwas genötigt wird, was nicht seiner eigentlichen Bestimmung des Dienens und Schenkens entspricht. Mit der Technik, welche die Natur zähmt, zwingt und ihren Zwecken dienstbar macht, beginnt das Leiden des Lichtes.

Obwohl wir zwar die „Segnungen“, nicht aber die Nützlichkeit der Technik bestreiten, und niemand auf dem Weg umkehren kann, den er einmal beschritten hat, weil es immer nur den Ausweg nach vorne gibt, bleibt ihre Welt Zivilisation und dem Range nach Täuschung und Blendwerk. Ihre Werke stehen irgendwie gegen den, der uns erschaffen hat.

Kain war ein Schmied!

DER FRONDIENST DER TECHNIK

(Der Photoeffekt)

Nachdem wir die verwandte Wirkung von Licht und Wärme bereits in der Photochemie kennenlernten, ist es nicht verwunderlich, wenn sich beide auch darin gleichen, daß sie Elektronen-Emissionen erzeugen.

Die mannigfachen lichtelektrischen Phänomene sind uns aus der Technik bekannt. Sie bilden die Grundlage der photoelektrischen Tonwiedergabe im Tonfilm, der Lichtmessung in der Photographie, der Lichtsteuerung und vieler ähnlicher Anwendungen. Das Licht bewirkt dabei:

die Änderung des Leitvermögens durch Erhöhung der Beweglichkeit der labilen Elektronen,

eine Stromerzeugung durch Abdrängen der labilen Elektronen und

das Herausschleudern von Elektronen aus den Metall-Atomen, den sogenannten „Photoeffekt".

So wird in der Fron der Technik dem Licht Gewalt angetan. Die Steuerung der Elektronenbewegung durch das elektromagnetische Feld bildet das Nervensystem der Roboter. Die Elektronik ist ein Geschenk des Versuchers, bei dem die Gnosis wenig zu suchen hat. Deshalb streifen wir lediglich die Probleme, welche mehr in eine Technologie als in ein Traktat gehören und verweilen nur bei einem Phänomen, bei dem die Gnosis aufleuchtet: dem Photoeffekt.

Die Wünschelrute schlägt hier aus, weil dieser Effekt den bestehenden Lichttheorien derart entgegenstand, daß er Einstein veranlaßte, wieder die Schwenkung von der Undulationstheorie zur Korpuskulartheorie zurückzumachen, um uns mit seiner „Photonentheorie" zu überraschen.

Worum handelt es sich nun bei dem Photoeffekt? Läßt man einen Lichtstrahl auf eine Metallplatte fallen, so sendet diese Elektronen aus. Da man in der „Lichtenergie" die *Ursache* des Vorganges und in den mit einer gewissen Geschwindigkeit, also einer entsprechenden kinetischen Energie herausfliegenden Elektronen, ihre *Wirkung* sah, hatte man folgerichtig erwartet, daß die Geschwindigkeit dieser Elektronen proportional mit dem Lichtaufwand wächst, während sie tatsächlich mit einer immer gleichen Geschwindigkeit emittieren, die nur von der Wellenlänge des Lichtes abhängt. Je kürzer die Wellen, um so schneller fliegen die Elektronen. Die Erscheinung des Photoeffekts war demnach mit der klassischen Lichttheorie nicht zu erklären, so daß Einstein annahm, die Energie seiner Photonen wachse proportional mit der Frequenz des Lichtes. Natürlich mußte man über dieses unerwartete Gebaren des Experimentes verwundert sein, da man ja der Vorstellung einer wirkenden Energie verhaftet war, welche Elektronen aus dem Metall schlägt wie ein Feuerstein die Funken.

Nach unserer Auffassung entsteht demgegenüber der Photoeffekt durch die Anregung des äußeren Ladungsringes, der – wie wir immer wieder hervorheben müssen – seine eigene Frequenz hat. Tritt zwischen dieser Eigenschwingung und der Frequenz des Sendeatoms eine Resonanz ein, so kann die Schwingung des Ladungsringes im Empfängeratom derart stark angeregt werden, daß seine elliptische Deformation in eine parabolische übergeht.

Wieder ist unser Pendel das ideale Bild. Ich kann ein Pendel, das ja stets mit gleicher Frequenz schwingt, so stark anstoßen, bis sein Faden reißt. Oder auf das Atom übertragen: bis die elliptische Deformation des Ladungsringes abreißt und das Elektron auf einer Parabelbahn herausfliegt. Es fliegt dabei also weder tangential zur alten Bahn noch radial aus dem Gefüge, sondern eben auf der Parabelbahn, und zwar *mit der Geschwindigkeit, mit der es sich zuletzt auf der elliptischen Bahn bewegte.* Es fliegt also oder es fliegt nicht. Wenn es aber fliegt, so immer mit der Geschwindigkeit, die der Resonanzschwingung des Ladungsringes, mithin der Frequenz des Lichtes, entsprach. Die *Intensität* des Lichtfeldes kann bei diesem Vorgang nur bewirken, daß eine *größere Anzahl* von Elektronen mit gleicher Geschwindigkeit aus der elliptischen Bewegung in die parabolische entlassen wird.

Der Photoeffekt hängt demnach ausschließlich von der Resonanzlage des Ladungsringes zur Wellenlänge des Lichtes ab. Man kann dabei die Faustregel aufstellen, daß elektronegative Metalle leicht Elektronen emittieren, während elektropositive nur durch Schwingungen hoher Frequenzen dazu angeregt werden.

Bei alledem erscheint nichts verwunderlich! Denn was ist auch einfacher als das: zwei Schwingungssysteme stehen in Resonanz; wird die Schwingungskapazität überschritten, reißt der Ladungsring ab, indem die elliptische Bewegung des Elektrons in eine Parabel übergeht. Ein Tatbestand, der Einstein äußerst beunruhigte, wird zur Stütze der gnostischen Schau.

DAS SPIEGELBILDTHEOREM

Um uns endgültig der Erkenntnis zu verhaften, daß alle Vorgänge im Lichtsender und Lichtempfänger konform sind, und sich wie Bild zu Spiegelbild verhalten, sprechen wir fortan vom „Spiegelbildtheorem". Es besagt, daß im Sekundärsystem nichts geschehen kann, was nicht einem analogen, quantitativ und qualitativ gleichen Vorgang im Primärsystem entspricht.

Hierher gehört auch das bekannte Phänomen, daß Höhenstrahlen, die in der Wilson-Kammer „gebremst" werden, ein negatives und ein positives Teilchen, beispielsweise ein Elektron und ein Positron, gleichzeitig in Freiheit setzen können, während umgekehrt die Wiedervereinigung des Zwillingspaares ein Lichtquant erzeugt. Nach dem Spiegelbildtheorem ist die Trennung von Elektron und Positron über ein Feld nur dann möglich, wenn im Primärsystem die Bewegungsenergie von einem Elektron und einem Positron verbraucht wird, wenn sie sich vereinigen.

Die Fruchtbarkeit des Spiegelbildtheorems werden wir noch in einer späteren Abhandlung besser erkennen. Seine Bedeutung aber können wir hier schon erfassen, wenn Sie mit mir einen Gedankengang zu Ende denken, dessen Konzeption noch aus meiner logistischen Zeit stammt.

Damals gab mir mein Brennglas den Einfall, mit einer Lupe oder einem Hohlspiegel, die ich als eine Art Energieraffer betrachtete, derart ungeheure Temperaturen zu erzielen, daß damit nicht nur eine Ultrathermochemie erschlossen worden wäre, sondern auch die gleichen Temperaturen reproduzierbar gewesen wären, bei der die Kettenreaktion der Sonne vor sich geht. Es war die Idee eines Atommeilers durch optische Energieraffung der Sonnenstrahlen.

Wie sieht nun dieser Jugendtraum in der Sicht des Spiegelbildtheorems aus? Im Fokus des Spiegels herrscht, wenn ich keine Materie dorthin bringe, auch keine „hohe Temperatur", sondern lediglich ein punktförmiges, höchstes Potential der sich dort kreuzenden elektromagnetischen Feldwellen.

Erst dadurch, daß ich Materie in den Fokus bringe, entsteht in ihren Atomen eine intensive elektrische Oszillation, die sich dann nach dem bekannten Gleichgewicht in thermische Agitation verschiebt. Beide zusammen ergeben den Energieinhalt der Fokusmaterie, dessen Intensitätsfaktor Temperatur und dessen Kapazitätsfaktor Kalorie genannt wird.

Da aber gerade diese elektrische Atomerregung, wie wir wissen, für die chemischen Reaktionen verantwortlich ist, eröffnet sich hier tatsächlich eine neue Chemie der Ultratemperaturen und ihrer Reaktionskinetik, auf welche die Technik bereits gestoßen ist. Die Franzosen haben in den sonnigen Pyrenäen einen Riesenspiegel aufgestellt, der Temperaturen bis zu 3500 Grad erzeugen soll.

Wie von selbst ergibt sich als nächste Frage, ob durch Strahlungsraffung mittels eines Hohlspiegels die Erreichung *beliebig* hoher Temperaturen möglich ist oder wodurch eine obere Grenze gesetzt sein könnte, wenn wir einmal von der Temperaturbeständigkeit des zu erhitzenden Materials absehen. Die Antwort der klassischen Physik müßte lauten: da Licht eine Energie darstellt, ist auch seine Raffung möglich, weil sich energetische Effekte beliebig summieren lassen. Unsere Antwort hingegen heißt: die oberste erreichbare Temperatur ist die Temperatur der *Oberfläche der Sonne.*

Jedes Atom der Materie im Fokus meines Spiegels befindet sich nämlich im elektrooszillatorischen Gleichgewicht mit einem entsprechenden Sonnenatom. Diese Sonnenatome geben nur so lange Energie über das vermittelnde Kraftfeld ab, wie die Empfängertemperatur niedriger ist als die Sendertemperatur. Würde die Empfängertemperatur höher liegen, träte ein Rollenwechsel ein und es ginge alles umgekehrt vor sich, das heißt, die Substanz im Fokus gäbe dann ihrerseits Energie über das Feld an die Sonne ab. Ja, so ist es! Und überdies geschähe dies gleichzeitig und nicht etwa dann, wenn die Retourpost dieser Energievermittlung in acht Minuten auf der Sonne ankommt.

Zwischen Sonnenatom und Fokusatom besteht eine Feldbrücke, über welche die Spiegelbildreaktionen gleichzeitig vor sich gehen, unabhängig davon, welche Seite Sender oder Empfänger ist, worüber nur ihre Temperatur entscheidet. Wir können also wohl die Energie der Sonnenoberfläche nutzen und ihre Temperatur reproduzieren, darüber hinaus aber kommen wir Gott sei Dank durch Lichtraffung nicht!

Die Temperatur der Sonnenoberfläche reicht indessen nicht aus, um eine Kettenreaktion in Gang zu setzen, weil ganz ähnlich wie beim Photoeffekt eine solche nur dann bewirkt werden kann, wenn die Primäroszillation der Frequenz einer Kettenreaktion entspricht. Diese Frequenzen gibt es aber nur im Sonnenkern, dem eigentlichen Reaktionsherd, während die viel kältere Sonnenoberfläche, die „nur" etwa 6000 Grad beträgt, weit darunter liegt. Die Oszillationsintensität des Sonnenherdes entspricht der Temperatur von vielen Millionen von Graden, wobei sich hier der Temperaturbegriff verwischt.

Die Anhänger der klassischen Physik mögen sich also bald daranmachen, durch Raffung von Sonnenstrahlen den denkbar einfachsten Atommeiler zu bauen, oder aber den Begriff der „Strahlungsenergie" aufzugeben.

Wir können auf diesen Versuch verzichten, weil wir wissen, daß zwischen der Oszillation des Sonnenherdes und unserem Hohlspiegel die schützende Sonnenschale liegt. Wären wir aber in der Lage, diese kalte Zone hinwegzuzaubern, so könnten wir mit dem Hohlspiegel durch die Kernstrahlen der Sonne Materie so augenblicklich in atomare Kettenreaktion versetzen, wie das Chlorknallgas im Sonnenlicht explodiert.

Mögen sich auch erbauliche Betrachtungen darüber anstellen lassen, wie gut und weise es die Natur eingerichtet hat, die Sonne mit dieser schützenden, kalten Schale zu versehen, so wollen wir doch dabei nicht wieder „rückfällig" werden und glauben, die Sonnenschale kühle sich laufend durch „abgestrahlte Lichtenergie" ab. In Wirklichkeit besteht in der Sonne ein Gleichgewicht zwischen der Energiekonzentration (Temperatur) der verschiedenen Sonnenzonen und dem Gravitationsdruck, unter dem die Materie dort steht, so daß man sagen kann, die jeweilige Sonnentemperatur ist eine Funktion des Druckes und der Dichte und nimmt dementsprechend nach außen ab.

Die Temperatur der Sonnenoberfläche und ihr Abstand von unserem Planeten aber gehören zu jenen wundersamen Bedingungen, die uns den „Garten der Welt“ geschenkt haben.

STRAHLUNG UND STREUUNG

(Höhenstrahlen)

Die Leitfähigkeit der Metalle beruht auf der Labilität der Elektronen der äußeren Schalen, die – wie wir gesehen haben – schon Wärme und Licht aus ihrer Bahn werfen können.

Die Reibungselektrizität verrät uns nun, daß neben den labil gebundenen allenthalben auch freie Elektronen bestehen. So lassen sich beispielsweise vagabundierende Elektronen, die sich in den an Geweben haftenden Luftblasen befinden, beim Reiben mit einem schlechten Elektrizitätsleiter auf diesem sammeln. Seine Ladung ist Reibungselektrizität.

Überall befinden sich also freie Elektronen, die sich als gleichnamige Ladungen abstoßen und die Neigung haben zu wandern, zu schwärmen und davonzufliegen. Wie man den Dampfdruck des Wassers Dampftension nennt, so könnte man hier von einer Elektronentension sprechen. Wo immer aus einem Gefüge mit mehr oder weniger großer Geschwindigkeit Elektronen herausfliegen, begegnen wir einer Erscheinung, die scharf gegen alle elektromagnetischen Wellen abgegrenzt werden muß, da die Verquickung beider Phänomene viel Irrungen und Verwirrungen hervorgerufen zu haben scheint.

*

Bevor wir nun über die „Höhenstrahlen“ nutzbringende Betrachtungen anstellen, müssen wir grundlegend vorausschicken, daß wir die elektromagnetischen Wellen, welche wir als ungegenständliche Kraftfelder erkannten, wie bisher *Strahlung* nennen und in Abgrenzung dazu alle schwärmenden, fliegenden oder wie Projektile beschleunigte Elektronen unter dem Begriff der *Streuung* zusammenfassen. Alle Korpuskularstrahlung ist für uns Streuung, weil wir die bisherige Verquickung des Begriffs Korpuskel mit dem der Strahlung aufheben müssen. Die Streuung beschränkt sich dabei nicht nur auf das Projektil Elektron, sondern gilt auch für Protonen, Neutronen, Mesonen, kurz für alle Partikel, die es in Wirklichkeit oder in unserer Phantasie gibt, oder gar in der realen Unwirklichkeit mathematischer Ortsbestimmungen.

Strahlung ist also ein für allemal ein Kraftfeld, in dem sich nichts bewegt oder fortbewegt und *Streuung* eine Fortbewegung von Korpuskeln, deren maximale Geschwindigkeit mit der Lichtgeschwindigkeit begrenzt zu sein scheint, weil dann die Trägheit ihrer Massen unendlich groß wird.

Aus sicherem Spürsinn wendet sich der Gnostiker gegen jede Tendenz einer Vermischung dieser beiden Phänomene. Vor allem aber erhebt er sein Veto, wenn behauptet wird, ein Korpuskel könne sich ohne weiteres in eine elektromagnetische Welle, das heißt Streuung in Strahlung verwandeln oder umgekehrt oder beide gingen gar einträchtig wie ein Geschwisterpaar Hand in Hand nebeneinander her. Wir machen eine scharfe Trennung zwischen der Tatsache, daß rasch bewegte Korpuskeln, wie etwa Elektronen im Ladungsring, im Wellenaspekt erscheinen können, und den elektromagnetischen Wellen, welche ungegenständliche rhythmische Potentialschwankungen sind, die immer und ausschließlich nur in diesem Aspekt erscheinen.

Besonders skeptisch verhalten wir uns auch gegen den Lückenbüßer des Einsteinschen Photons, das uns nachgerade eben als eine solche reale Unwirklichkeit der Paramathematik erscheint, zu dem wir aber hier noch nicht Stellung nehmen.

Überhaupt ist das ganze Gebiet der Streuung noch nicht genügend abgeklärt und seine experimentellen Methoden sind noch zu unzulänglich, als daß sie die darauf gegründeten Berechnungen und Spekulationen in jeder Weise sicherstellen könnten. Die Naturphilosophie sieht sich daher vorläufig nicht genötigt, eine Stellungnahme abzugeben und ist lediglich bestrebt, Abgrenzungen vorzunehmen. Im Zielpunkt ihres Angriffes steht dabei die verbreitete Annahme eines Materialisationsprozesses, nach welchem sich „Lichtenergie“ in „Materie“ verwandelt und umgekehrt.

Diese Theorie ist eine schlechte Frucht an dem guten Baum der Einsteinschen Äonformel, die lediglich besagt, daß Energie aus Materie „befreit" werden kann. Daraus aber den Schluß zu ziehen, Materie als eine Form der Energie könne sich in Strahlung als die andere Form der Energie verwandeln und umgekehrt, ist ebenso fehlgegriffen wie die Unterstellung, Stoff und Geist seien verwandt.

Materie und Energie einerseits und die elektromagnetischen Kraftfelder als Vermittler von Energie andererseits gehören verschiedenen Kategorien an!

*

Eine Nutzanwendung dieser klaren Begriffstrennung führt uns zur Betrachtung der noch sehr wenig erforschten *Höhenstrahlen,* für die uns leider wieder ein Versuchslaboratorium mit den absoluten Bedingungen des Weltraumes fehlt.

Nachdem Korpuskularstreuungen allerorten festgestellt werden konnten, suchte der deutsche Physiker Gockel am Anfang des Jahrhunderts einen strahlungs- und streuungsfreien Bereich, insbesondere einen Raum, in welchem keine elektrisch geladene Partikel registriert werden konnten. Da indessen selbst unsere Atmosphäre in Form einer Ionisation der Luft elektrische Ladung zeigt, versuchte Gockel, in einem Ballon in höhere Sphären aufzusteigen, um dort die neutrale Zone zu finden. Wie der große Columbus den Seeweg nach Indien suchte und dabei den neuen Erdteil entdeckte, so fand Gockel auf seiner Luftreise zwar keine ladungs- und strahlungsfreie Zone, dafür aber die Höhenstrahlen. Das Qualifizierte an beiden „Entdeckern" war, daß sie intuitiv und sofort erfaßten, „was ihnen widerfahren war".

Gockel entdeckte bei seinen Aufstiegen, daß die Ladungserscheinungen der Atmosphäre zunächst abnahmen, um aber in höheren Schichten in unerwarteter Weise wieder zuzunehmen. Er stieß auf die „kosmischen Strahlen" und erkannte, daß es sich dabei nicht oder nicht nur um elektromagnetische Wellen, sondern auch um Projektile handelte, die mit großer Geschwindigkeit und deshalb großem Energieinhalt auf die Atmosphäre prasselten. Wie so häufig, ist aus dem Brodem von Zweifel, Besserwissen und Neid seine Konzeption verworfen worden, bis ihm erst nach seinem Tod die Tatsachen recht gaben.

Nach der heutigen Forschung setzen sich die kosmischen Strahlen aus zwei verschiedenen Bestandteilen zusammen, wie wir sie als Strahlung und Streuung unterschieden. Es sind dies:

> elektromagnetische Feldwellen, kürzer als Röntgenstrahlen und in der Größenordnung der sogenannten Gammastrahlen, welche schon Becquerel beim Radium entdeckt hatte, und

> kosmische Projektile, vorzugsweise fliegende Wasserstoff- und Heliumkerne, also im wesentlichen Protonen.

Den Bestandteil echter elektromagnetischer Feldwellen in der Größenordnung von Gammastrahlen und vielleicht auch noch kürzerer Strahlen nennen wir nunmehr *Höhenstrahlung* und den Bestandteil, der aus fliegenden Korpuskeln besteht, *kosmische Streuung*. Ohne uns näher mit den Ursachen oder dem Ursprung der Höhenstrahlung und der kosmischen Streuung zu befassen, da die Wissenschaft hierüber zunächst nur Hypothetisches zu bieten vermag, halten wir uns an die integrale Auffassung, daß beide aus Atomreaktionen, wie etwa denen des Radiums oder der Wasserstoffsonnen entspringen. Wo sich diese Reaktionsherde im Universum befinden, ist unaufgeklärt. Vielleicht entstammen sie der Sonne und ihren als Sonnenflecken bezeichneten Störungszonen, vielleicht aber auch anderen Sonnen oder Sternen, gleich den „Supernovae", die wahrscheinlich aus Atomexplosionen von Sternen entstanden sind.

Für uns ist hier nur die Vorstellung wichtig, daß zwischen dem Radium, dem provozierten Atomzerfall und den Atomreaktionen gewisser Gestirne ein enger Zusammenhang besteht, weil die Emissionen aller dieser Vorgänge, das heißt alle von ihnen ausgehenden Strahlungen und Streuungen (Alpha-, Beta-, Gammastrahlen), in enger Verwandtschaft stehen.

*

Nachdem sich dieses Traktat bisher ausschließlich mit den elektromagnetischen Feldwellen beschäftigte und wir nun bemüht sind, Strahlung und Streuung streng auseinander zu halten, muß an dieser Stelle eine *Berichtigung* nachgeholt werden.

Zur Vermeidung verwirrender Komplikationen wurde die elementare These, daß Licht keine strahlende Energie ist und daher als Kraftfeld keinen Energieverlust für seinen Erzeuger bedeutet, bisher nicht durch die Betrachtung des Begleitphänomens der Streuung getrübt, die oftmals mit der Strahlung verbunden ist, ohne daß die eine die andere bedingt.

Wenn ein glühender oder in Atomreaktion befindlicher Körper durch sein elektromagnetisches Feld im absoluten Raum auch keine Energie oder Masse verliert, so trifft dies für die diesen Vorgang überlagernde Begleiterscheinung der Korpuskularstreuung *nicht* zu. Ein glühender Körper im Weltall verliert zwar durch *elektromagnetische Strahlung* keine Energie, seine *Elektronenstreuung* dagegen bedeutet für ihn sowohl Energie- als auch Masseverlust. Dies gilt besonders für das Radium, die Atombomben und Sonnen, welche durch Partikelstreuung die kinetische Energie dieser Projektile und deren Masse verlieren.

Im übrigen bleibt es dabei: ein heißer oder ein in Kernreaktion befindlicher Körper verliert durch elektromagnetische Strahlung, welche von keiner empfangenden Materie aufgenommen wird, weder Energie noch Masse, durch Streuung aber Energie und Masse. Soweit unsere Berichtigung.

*

Die scharfe Trennung der Begriffe, wie wir sie durchführten, wird nun scheinbar durch Vorgänge getrübt, welche dort entstehen, wo mit Lichtgeschwindigkeit fliegende kosmische Projektile auf Materie unserer Atmosphäre auftreffen.

Ganz ähnlich wie ein Elektronenbeschuß Röntgenstrahlen erzeugt, bewirken diese energiereichen Projektile dabei elektro-oszillatorische Schwingungen, so daß die getroffenen Atome ihrerseits wieder hochfrequente Wechselfelder erzeugen.

Auch vermögen diese Projektile, wenn sie auf Partikelverbände oder Atomkerne stoßen, diese in ihre Bestandteile zu zerschlagen, die nun wieder ihrerseits mit großer Geschwindigkeit davonfliegen, bis sie auf andere Atome stoßen, womit das Spiel von Neuem beginnt.

Weiterhin können derart starke elektromagnetische Kraftfelder beim Auftreffen auf Materie wiederum Partikel befreien, indem sie etwa elliptische Ladungsringe zu Parabeln sprengen oder Elektron-Positron-Zwillingspaare in Freiheit setzen.

Endlich erzeugen die Projektile analog dem Lärm, der bei einem Zusammenstoß materieller Teile entsteht, neue Feldwellen, die noch kürzer als Röntgen- oder Gammastrahlen sind.

Das alles hat indessen mit einer Umwandlung von Strahlung in Korpuskeln nichts zu tun. Wohl kann – wie wir schon erwähnten – ein im Atom kreisendes Elektron als Welle erscheinen und auch die kinetische Energie eines mit Lichtgeschwindigkeit fliegenden Partikels als Energieband gesehen werden, doch besteht nach wie vor dadurch keinerlei Identität mit elektromagnetischen Wellen. *Ineinander* verwandeln – als Transformation einer elektromagnetischen Welle in ein Korpuskel oder umgekehrt – kann sich nichts.

Der ganze sogenannte „Kaskadenprozeß", der ausgelöst wird, wenn beispielsweise mit Lichtgeschwindigkeit fliegende Protonen auf die Atmosphäre auftreffen, enthält vielmehr immer folgende Grundprozesse:

das Projektil zerschlägt ein Korpuskular-Agglomerat und setzt dessen Bestandteile in Freiheit; die auf diese Weise ausgeschossenen, neuen Korpuskeln können auf neue Agglomerate stoßen, wodurch Kaskadenwirkungen ausgelöst werden;

bei jedem Zusammenstoß entstehen analog der Erzeugung von Röntgenstrahlen durch fliegende Elektronen Steigerungen der elektro-oszillatorischen Erregung, wodurch elektromagnetische Wellen verursacht werden;

diese kurzwelligen Sekundärstrahlen können ihrerseits wieder durch ihre elektromagnetische Feldwirkung Partikel trennen oder in Freiheit setzen, was dann wiederum von der Erzeugung elektromagnetischer Wellen begleitet ist.

*

Mit diesen letzten, nur andeutenden Betrachtungen sind wir bereits auf einem neuen Territorium, nämlich am Anfang des nächsten Traktates. Sie sind wie eine Nahtstelle, die zu beiden gehört. Nachdem wir aber erkannt haben, daß Licht keine Energie ist, kann die Folgerung des ersten Traktates zu diesem Thema nur lauten: *eine „Materialisation", also die Verwandelbarkeit elektromagnetischer Strahlung in Stoffliches ist eine Irrlehre!*

Aber was heißt schon Irrtum oder Irrlehre, wenn alles nur ein Strom ewig fließender Erkenntnis ist, die den sich ablösenden Forscher-Dynastien von der Natur offenbart wird.

Auch Einstein – Freund, Genius und Stern unserer Zeit – war wie Faraday gebannt in die Quantengrenze seiner Erkenntnis. Sein Traum, daß Materie sich in Strahlung verwandeln könne, daß ein fliegender Stein „nur" ein sich fortbewegendes Feld sei, daß alle Physik sich letztlich auf Feldphysik reduzieren lasse, daß Feldwelle und Materie sozusagen eine allotrope Modifikation oder verschiedene Aggregatzustände ein und desselben seien, verschiedene Erscheinungsformen also, die sich ineinander verwandeln ließen, war eine Fata Morgana. Die Wahrheit, die hinter der Richtigkeit seiner Zahlen und Formeln steht, ist eine andere.

Der Tod des Genies ist mehr als Abschied und Sterben; er ist eine Zäsur.

KERNCHEMIE

Man wird die Frage stellen, was haben Höhenstrahlung und kosmische Streuung mit den Leiden des Lichtes zu tun? Dazu ist zu antworten: alle Strahlung und Streuung des Lichtes, welche statt als Taten dem Leuchten und Wachsen zu dienen, die Welt zerstören und krankmachen, entstammen einem Zwange, den es erleiden mußte.

Die Gammastrahlen sind allen Lebewesen verhängnisvoll, weil sie die Kolloide des Plasmas zum Gerinnen bringen und so als „Todesstrahlen“ der Zerstörung dienen. Die Partikelstreuung wiederum löst die fatale sekundäre Radioaktivität aus, die wie eine Krankheit alle Materie befällt, bis zu dem Bissen, den wir zum Munde führen:

„Das eben ist der Fluch der bösen Tat,
daß sie fortzeugend immer Böses muß gebären!“

Alle bösen Strahlungen und Streuungen erzeugen einen Zerfall, der von der Aura weiterer Zerstörung begleitet ist.

Von der induzierten Radioaktivität haben wir bisher noch eine recht unklare Vorstellung, und vor allem sind wir leider noch weit davon entfernt, sie zu beherrschen. Deshalb schweigt man über sie. In ihr aber, und nicht in der Weltexplosion durch Kettenreaktion, liegt die eigentliche Menschheitsgefahr der Atomversuche. Die Materie wird krank und wir mit ihr.

Die feurigen Herde der Sonnen und der Supernovae liegen im unendlichen Weltall weit entfernt vom Garten unserer Erde, die in einem Ausschnitt dieser Naturgewalten liegt. Wie einst Prometheus das Feuer, so hat heute der Mensch jene heißeste Flamme der Gestirne geraubt, auf die Erde herabgeholt und sich damit selbst des göttlichen Schutzes enthoben.

Der Weg, auf dem der neue Prometheus-Raub ausgeführt wurde, war folgender: die chemischen Reaktionen beschränkten sich bisher auf die Randzonen des Atoms, also auf die Vorgänge in den äußeren Elektronenschalen. Nun wagte man den Sprung ins Zentrum und eröffnete die Chemie der Kerne und ihrer Veränderungen. Neben der Elektronenchemie der Schalen entstand eine Protonenchemie des Kerns, die Nuklearchemie, welche gleitend ineinander übergehen.

Schon die unter Wärmeentwicklung sich vollziehende Vereinigung von zwei Wasserstoffatomen zu einem Wasserstoffmolekül, bei welcher die Kerne an die Enden einer gemeinsamen Achse treten, um deren Mitte nun die beiden Elektronen auf gemeinsamer Bahn kreisen, ist Elektronen- und Kernchemie. Von dort aus war es im Prinzip nur ein Schritt zur Reaktion der Wasserstoffbombe, bei welcher eben diese Kerne in die Mitte des Elektronenkreises stürzen und unter ungeheurer Energieabgabe zu einem Heliumatom werden. Die Forschung ist gegenwärtig bestrebt, diese Explosion zur Flamme zu zähmen und den Wasserstoffatom-Meiler zu schaffen.

Deshalb ist auch der Begriff „Atomzertrümmerung“ fehl am Platze, gleich, als ob ein Nicht-Chemiker durch eine zufällig ausgelöste Explosion auf die Chemie stieße und diese nun für eine Wissenschaft der Explosionen hielte, während es sich doch nur um einen Sonderfall der möglichen Reaktionen handelte. Die Vorgänge der Kern-Kinetik gleichen nicht etwa der Zertrümmerung eines Tellers, der in willkürliche Splitter zerfällt, wenn man ihn auf den Zementboden schmettert. Die Kernreaktion ist kein beliebiges Zerbersten der Kerne, sondern folgt Sollbruchstellen, genauso, wie die Elektronen auf ihren Schalen vorgezeichnete Austauschmöglichkeiten aufweisen. Daher sprechen wir hier wohl richtiger nicht von Kernzertrümmerung, sondern von Nuklearchemie, an deren ersten Anfängen wir stehen.

Nachdem der Mensch aber nun einmal das kosmische Feuer auf die Erde herabgeholt hat, wird es sich zeigen müssen, ob er nicht nur der Naturbezwinger im technischen Sinne ist, sondern sich diesen Gewalten auch in seiner menschlichen Würde und Vollmacht gewachsen zeigt.

Niemand kann genau sagen, wer eigentlich der moderne Prometheus war, der das kosmische Feuer geraubt hat. Wie vieles in unserer Zeit war es ein „teamwork", das hier geleistet wurde. Auf dem Raub aber bleibt der Fluch-Segen des prometheischen Frevelmutes, von dem noch niemand weiß, was er uns bescheren wird. Mag es ein gutes Omen sein, daß der Geist des Wassermann-Äons über uns aufgeht! Er ist ein Äon der Gnade.

DER TOD DES LICHTES

DER SCHATTEN

Der Wagen, der uns durch die Frühlingslandschaft trägt, scheint wie beschwingt von den frohen Klängen des Radios. Aber am Fluß, als es über eine Stahlbrücke geht, löscht die Musik plötzlich aus. Der Eisenkäfig schirmt die elektromagnetischen Wellen ab und nimmt selbst die Energie auf, welche uns der Sender über sein Feld vermittelte. Dasselbe geschieht, wenn ich einen Stahlzylinder zwischen die Spulen eines Trafos bringe: die Sekundärspule nimmt keine Energie mehr auf. Dieses Phänomen nennt man beim Licht den Schatten.

Nachdem das Licht keine Wellenenergie ist, die sich im Raum fortbewegt, und von der Materie gleichsam aufgehalten wird, sondern ein Kraftfeld, das die Energie vermittelt und über das Sender und Empfänger in Resonanz treten, stellt sich hier wie schon an früherer Stelle wieder die Frage, ob die Materie als elektrisches System in der Lage ist, gegebenenfalls auch nur einen *Teil* der Energie aufzunehmen, welche das Feld vermittelt, etwa wie ein Transformator mehr oder weniger belastbar ist. Träfe dies zu, dann müßte es auch so etwas wie einen Partialschatten geben, wie wir ihn bei den Röntgenstrahlen kennen.

Die Antwort wurde schon in unserer Betrachtung zum „Schwarz-Weiß-Problem" der Materie gegeben. Wir erkannten dort, daß die *Summe* von Selbststrahlung, Durchsichtigkeit und Wärmeentladung eine *Konstante* bildet. Immer arbeitet also der Sonne-Erde-Trafo mit voller Leistung. Diese weise Einrichtung der sparsamen Natur, die wir die *Summenformel* nennen wollen, schließt die Möglichkeit eines Partialschattens aus. Es gibt keine Materie, durch welche die elektromagnetischen Potentialwellen des Lichtes ungehindert passieren können.

An dieser Stelle müssen wir den Unterschied zwischen „Durchsichtigkeit" und „Durchlässigkeit" herausarbeiten.

Durchdringt ein Lichtstrahl ein *durchsichtiges* Medium, so ist dieses durch die

Anregung seiner Atome selbst an dem Vorgang beteiligt. Dabei auftretende Effekte, wie Brechung, Fortpflanzungsverzögerung, Polarisation und andere mehr, sind Themen der Optik. Obwohl ein optisch durchsichtiger Körper auch Absorptionsverluste zeigt, erzeugt er keinen Partialschatten.

Demgegenüber entstehen bei der *Durchlässigkeit* eines Körpers für eine bestimmte Wellenlänge des großen Spektrums keine optischen Phänomene. Neben der vollkommenen Durchlässigkeit gibt es auch eine partielle Resonanz, die einen Teil der Energie, welche das Feld vermittelt, in Wärme verwandelt, das Restpotential indes ungehindert passieren läßt. Wir könnten daher diese Durchlässigkeit als ein paraoptisches Phänomen und die partielle Resonanz als den Partialschatten bezeichnen.

Die Summenformel gilt also nur in der Optik und nicht generell zwischen irgendeinem elektrischen Empfänger und irgendeinem Sender. Es ließe sich die Faust-Regel aufstellen, daß die Summenformel bei einem elektrischen System nur für den Wellenbereich gilt, den es selbst zu erzeugen vermag, also bei aller Materie für das Licht, bei allen Schwermetallen für die Röntgenstrahlen und bei dem Antennenkäfig unserer Stahlbrücke für die Hertzschen Wellen. Fremdsysteme zeigen dagegen Durchlässigkeit, wie etwa ein Papier für die Röntgenstrahlen oder ein Holzhaus für die Hertzschen Wellen oder erzeugen den Partialschatten, der sich in der Röntgendiagnose so segensreich auswirkt.

Zur Vervollständigung sei noch erwähnt, daß es für Röntgenstrahlen nicht nur durchlässige, sondern auch durchsichtige Körper gibt, welche Brechungs- und Interferenzeffekte zeigen, so daß man neben der Durchleuchtungstechnik von einer „Röntgenoptik“ sprechen kann. Für Licht und Materie aber gibt es nur Durchsichtigkeit und keine Durchlässigkeit, denn auch ein Transparentpapier ist nur ein Zusammenwirken von Durchsichtigkeit, Trübung und Porosität.

Licht*durchlässige* Materie ist also ein Widerspruch in sich selbst, und einen Partialschatten des Lichtes gibt es nicht. Die Materie hat einen Totalitätsanspruch auf alle Wellenlängen, die sie selbst zu erzeugen vermag, und die ganze Erde ist nur ein Agglomerat von unendlich vielen und unendlich kleinen Empfängern, die auf den „Ortssender“ unseres Universums abgestimmt sind.

DER LICHTTOD

Alles Licht, welches nicht vom Lebendigen gebunden wird oder von Meeren und Firnen und Marmortempeln ins All zurückstrahlt, verwandelt die Energie der Sonne in Hitze. Wir haben schon bei der „Feldlöschung" festgestellt, daß das elektrische System „Materie" die Feldbrücke löscht, sobald wir die Lichtquelle abschalten. So können wir auch hier im weiteren Sinne das Phänomen der Absorption, also die Entladung des elektro-oszillatorischen Potentials über die Wärme, als *Löschung* des Lichtes bezeichnen.

Die Löschung des Lichtes zu Hitze ist sein eigentlicher Tod. Alles Licht, das durch Materie gelöscht wird, die sich dabei erwärmt, ist gestorben und der Schatten ist die Spur, welche sein Tod hinterläßt.

Eine äußerste Möglichkeit unserer Phantasie, die wir uns kaum noch auszumalen wagen, wäre die Erde in Gestalt eines absolut schwarzen Körpers, etwa einer berußten Eisenkugel. Ein Mensch, der dort wandelte, würde zur Silhouette, sein Angesicht wäre von harten Schatten entstellt und der schwarze Raum, durch den kein Licht mehr flutete, erschiene wie der Vorhof zur Hölle.

*

Obwohl uns die Schöpfung vor dieser schwarzen Wüste bewahrte, wollen wir dem Lichttod nachspüren, um zu prüfen, was er uns angeht. Kehren wir daher aus dem Reich der Naturwissenschaft nochmals in das des Menschen zurück.

Über die „kleine" Genesis – der demiurgischen Zeugung, die auf den reinen Schöpfungsakt der Ideen folgt – heißt es im Pentateuch: „Und allerlei Bäume auf dem Felde waren noch nicht auf Erden, und allerlei Kraut auf dem Felde war noch nicht gewachsen, denn Gott der Herr hatte noch nicht *regnen* lassen auf Erden und es war kein Mensch, der das Land baute. Aber ein *Nebel* ging auf von der Erde und *feuchtete* alles Land."

Dieser Bericht, dem die Erschaffung des Menschen aus einem Erdenkloß folgt, bekundet, daß die in der „großen" Genesis angesprochene Schöpfung so lange als Idee latent – man könnte auch sagen: potentielle Energie – blieb, bis der Tau fiel und wie auf ein Signal alles zu sprießen und zu blühen begann.

Luft, Erde und Wasser sind die drei Urelemente, die dem Menschen von Anbeginn geschenkt waren. Das vierte, das Feuer, aber ward vom Menschen geraubt. Das ist nicht nur ein Symbol, sondern Urmythos. Das Feuer bleibt das Element, auf dem der Fluch ruht. Tau oder Feuer bestimmen Leben oder Tod.

Auf der Erde vollzieht sich der große Lichttod dort, wo die Strahlung der Sonne auf trockenen Boden fällt und das Element Tau fehlt. Es sind dies die Gegenden der trockenen Hitze, die Wüsten der Welt, Stätten des Todes und der Verlassenheit. Der heiße und trockene Sturm ist der „böse Odem", der von dort in die blühende Welt zieht. Es ist der Samum mit allen seinen Deck- und Tarnnamen, wie Schirokko oder Föhn, der Böses wirkt vom Unmut bis zum Verbrechen.

In der trockenen Hitze der Wüste, in der kein Tau das Erdreich labt, fehlt der Luft ein Heilsstoff. Nicht nur die Weisheit des Ostens, die vom „Prana" der Luft spricht, auch unsere Wissenschaft erkannte inzwischen, daß eine besondere Wirkung der Luft auf einen aktiven Sauerstoff zurückzuführen ist, den man „Aran" nannte. Er wirkt auch auf das Gemüt des Menschen und ist in den Wüstenwinden nicht enthalten.

In unserer Schau ist der Heilsstoff der Luft, das Prana-Aran, ein Ozon-Molekül mit aktiven Zonen, an denen eine besonders intensive Elektro-Oszillation herrscht. Es entsteht aus der Atmung der Blätter, vor allem aber aus der Spitzenwirkung der Tannennadeln und der Salzkriställchen in statu nascendi, wie sie in der Gischt der Meereswellen enthalten sind. Dieser aktive Sauerstoff hat zwar keine stärkere Oxydationswirkung, aber er wirkt auf das sensible Nervensystem der Nase, die wie alle Organe bloßliegende Nerven birgt. Auch Gott weckte die lebendige Seele Adams, indem er ihm den Lebensodem in seine Nase blies. Der Atem nimmt also das Prana-Aran nicht durch die Lunge auf, sondern es wird eingesogen und gerochen wie ein berauschender Duft. Dieser Heilsstoff der Luft ist ein Lebensspender.

*

Eine zweite unheilvolle Wirkung des Samums, den wir als Föhn kennen, besteht darin, daß er die Schutzschicht der wasserdampfgesättigten Atmosphäre, die über der Erde liegt, wegfegt und uns den verderblichen Höhenstrahlen preisgibt: der kosmischen Streuung aus dem Weltall! Solange kein Föhn herrscht, werden die Partikel durch den *gasförmigen* Wasserdampf abgebremst.

Außerdem schützt sich der Mensch vor ihnen durch das Blätterdach der Bäume und durch Gewänder aus tierischen Fasern, wie sie auch die Bewohner der Wüste tragen. Hingegen bieten alle pflanzlichen Fasern und besonders die Kunstfasern ebensowenig Schutz wie unsere modernen Schaumsteinbauten, in denen wir wie im Zelt eigentlich unter freiem Himmel wohnen, ohne uns dessen bewußt zu sein.

Allerdings ist die Wirkung der trockenen, prana-armen Winde und der ungeschwächten Sonnenstrahlen nicht für alle Menschen gleich. Es hat den Anschein, als reagierten sie darauf – wie vielleicht auf alles – in konträrer Weise. Es gibt offenbar ein Komplementaritätsprinzip der Substanz, das unser ganzes Geschlecht durchzieht und viel mehr beinhaltet als nur die verschiedene Reaktion der sogenannten „Kalt- und Warmwindtypen" (Manfred Curry), nämlich letztes, inkarnatives Schicksal: Kain und Abel.

*

Der Lichttod ist die Transsubstantiation des Lichtes in Feuer! Licht und Feuer, Liebe und Brunst, Geschenk oder Neid sind die großen Anathema, und der „Fall" war immer der Sturz aus dem Licht in das Feuer, von Luzifer bis Ischarioth.

Der Feigenbaum, der nicht Frucht bringt, wird abgehauen und ins Feuer geworfen. Das bedeutet nicht nur Furcht vor der Hölle: das Feuer ist das Ursymbol der Unerlöstheit, die unter der Zeit steht und nach dem befreienden Tau lechzt. Nur die Heiligen haben dem Feuer standgehalten.

Mögen wir von dem kosmischen Angsttraum des brennenden Busches bewahrt bleiben und unser Leben ein Empfangen und Spenden von Licht sein, damit sich das Weltgeheimnis erfülle, wie alles Angestrahlte zum Selbststrahler wird!

Wer im Lichte wandelt ...

ABSCHIED

„Herr: es ist Zeit. Der Sommer war sehr groß.
Leg Deinen Schatten auf die Sonnenuhren,
und auf den Fluren laß die Winde los.“

In diesem Herbstgedicht Rilkes liegt die Stimmung, in der ich das Traktat beschließe. Es ist darin, wie in jedem Abschied, das leise Schuldgefühl verborgen, die Zeit nicht ausgekauft zu haben. Die hochmögende Stimmung des Mittags der Erkenntnis liegt hinter uns, und die Themen vom „Schatten“ und „Tod des Lichtes“ fügten sich wie von selbst in diesen Schlußakkord ein.

„Wer jetzt kein Haus hat,
baut sich keines mehr . . .“

enden die Verse.

Wie man einem Scheidenden noch vieles sagen und nachrufen möchte, es aber dann wieder nicht wichtig genug findet neben dem großen Gespräch, so wäre auch hier noch vieles zu sagen, was das Bild abrundet, aber im Ausklang wird alles kärger und kürzer und aufbruchgetrübt.

Mit Wehmut nehme ich Abschied von den reichen Tagen, in denen ich den Gedanken nachging wie einer Spur, oder diese mich begleiteten wie ein singender Vogel. Mit dem Weglegen der Feder ist nicht irgendein Buch abgeschlossen, sondern eine Zeit beendet, wie wenn nach lichten Sommertagen eines Morgens die Knaben nicht mehr am Strande spielen.

Aber nicht wir gehen, sondern die wachsenden Kreise der Gnosis gehen von uns. Nicht wir verlassen ein Werk, auf das wir uns etwas zugutehalten könnten, sondern etwas Geschenktes geht von uns wie ein Sohn. Man könnte die Kinder auch Scheidende nennen: sie gehen ihre eigenen Wege, als seien sie kein Stück von uns. Sie gravitieren von uns weg. So will es ihr Gesetz, das auch für alle Erkenntnis gilt, die uns verliehen ward. Diese beglückt nur im Einfallen, in statu nascendi, und wird wesenlos, wenn sie zu Wissen geworden ist. Sie ist nie Eigentum, sondern Verliehenes. Im Besitz verblaßt sie.

Erkenntnisse sind Widerfahrungen, durch die man hindurchgeht, wie durch eine gute oder böse Zeit, mit der man später ebenfalls kaum mehr etwas gemein hat, wenn sie im großen Strom unseres Lebens versunken ist. Was ist das für ein seltsames Wort „später"? Es ist kein Begriff, sondern ein Bewußtsein.

Wir haben also weder einen Besitz zu verteidigen, noch wollen wir irgendwie recht behalten, und so treibt es uns auch nicht, weiter über unsere Erkenntnis zu reden, um sie nicht zu zerreden. Auch steht unsere persönliche Beziehung zur gewonnenen Schau auf schwachen Füßen. Erinnerungen hat man nur an Selbstgeschaffenes. Das Anvertraute kommt und geht wie ein kündender Engel. In der „Stunde" ist Bereitschaft alles. Vergessen bedeutet hier nicht Vergeßlichkeit. Die Schale muß leerfließen, wenn sie sich neu füllen soll.

*

Noch einmal sei es festgehalten: die Gnosis steht nicht gegen die Wissenschaft und auch nicht über ihr, sondern außerhalb von ihr. Sie verhält sich zu ihr wie Dichtung zu Prosa. Wie alles Weitergegebene wandelt sie sich. Sie ist ihrer Natur nach Legende und nicht Berichterstattung. Legende bedeutet hier Lebendiges, das in stetiger Wandlung begriffen ist.

Im Augenblick da ich diese Zeilen schreibe, hat sich der erste Kreis der Gnosis, der das Licht zum Thema hatte, bereits von mir abgelöst und ein zweiter und dritter Wellenkreis sind im Wachsen. Neue Steine fallen, manchmal häufiger, dann wieder seltener wie Sternschnuppen, und mit dem letzten ist auch das anvertraute Gut erschöpft. Deshalb liegt nichts an unserem Wollen und Laufen, wie andererseits auch kein Auftrag durch den Zufall zunichte gemacht wird.

Sieht dann auch von den nächsten Kreisen der Gnosis alles weiter und gewachsener aus, so bleibt doch der erste Kreis darin enthalten und erhalten, denn die Wahrheit hat immer dieselbe Geometrie. Wir werden sehen, daß nichts unnötig war und der Leser wie der Autor den gleichen Weg gehen müssen.

So habe ich denn auch in diesem ersten Traktat manches verschwiegen, was sich mir schon mitgeteilt hat. Vor allem bleiben die Fragen offen, was nun eigentlich Kraft ist und welche Bewandtnis es mit dem Feld hat. Die Antworten werden folgen, wenn die Zeit reif ist. Meine Hoffnung aber ist, daß die Kraft, die mich beim Schreiben ergriffen hat, auch als Kraft beim Leser ankommt. Denn nur sie hat für uns wirklich Bedeutung und nicht das, was wir Schwarz auf Weiß besitzen.

Es mag sein, daß manche Einzelheiten, die ich behauptet habe, falsch sind; sie werden dem Gericht nicht entgehen. Für das Zeugnis des Traktates aber stehe ich vor Gott und den Menschen.

Viertes Hauptstück

DAS GLEICHNIS

Und die Jünger traten zu ihm und sprachen: „Warum redest Du zu ihnen durch Gleichnisse?“

Der HERR antwortete ihnen und sprach: „Euch ist es gegeben, daß ihr das Geheimnis des Himmelreichs versteht. Diesen aber ist es nicht gegeben.

Darum rede ich zu ihnen durch Gleichnisse, denn mit sehenden Augen sehen sie nicht und mit hörenden Ohren hören sie nicht, denn sie begreifen es nicht.

Denn wer da hat, dem wird gegeben, daß er die Fülle habe. Wer aber nicht hat, von dem wird auch genommen werden, was er hat. Wer es fassen kann, der fasse es.“

Die *Gleichnisse* offenbaren die Beziehungen zwischen dem Universum und dem Kosmos, dem Meßbaren und dem Unmeßbaren, der manifesten und der transzendenten Welt.

Weil der Gnostiker beide Welten mit dem gleichen Organ wahrnimmt, ist seine Vertiefung in die Signaturen mehr als eine Erkenntnis der Natur, sie ist das Schauen in die Transparenz des kosmischen Weltgefüges. Deshalb auch bestehen Naturphilosophie und Religion nicht nebeneinander, sondern ineinander. Sie sind die kongruente Schau in zwei verschiedenen Schöpfungsstufen, von der die manifeste nur Gleichnis der transzendenten ist.

Doch verstehe man dies nicht so, als ob die Ordnung und die Gesetze des Kosmos in Gleichnissen geschildert würden, wie der Lehrer Beispiele und Vergleiche bringt. Wir müssen uns vielmehr bis in alle Tiefen bewußt werden, daß die innere Struktur des Universums der kosmischen entspricht: alles Irdische hat Gleichnisgehalt!

Wenn also der Mensch dem Kosmos gegenübersteht, so genügt es nicht festzustellen, daß alles, was im Kosmos ist, auch im Menschen sei, etwa wie die Elemente unserer Erde auch auf anderen Gestirnen vorkommen, denn die Beziehungen, welche uns die Gleichnisse offenbaren, sind ungleich tiefer. Die Formel von Kosmos und Mensch lautet: sie *entsprechen* sich nicht nur, sondern *bedingen* sich!

Da jede Offenbarung zu ihrer Stunde über alle Register der Weltorgel ertönt, sei hier zunächst Hans Blühers gedacht – des letzten Dynasten der Philosophie – der bereits in der „Achse der Natur“ aussprach, daß sich Objekt und Subjekt, Kosmos und Mensch, axial gegenüberstehen und – mehr als das – sich beide bedingen, wenn auch die Kraftrichtung vom Kosmos zum Menschen verläuft wie im Universum von der Sonne zur Erde. Dem transzendentalen Kosmos entspricht der Mensch, „der mit dem wesentlichen Teile seiner Natur außerhalb der biologischen Reihe steht“. Der Mensch ist als „apriorischer Organismus“ polarer Bestandteil des Kosmos, was in dem Satz gipfelt: „Stürbe der Mensch als organhafter Gegenpol des Kosmos, so bliebe die Welt nicht bestehen!“

Dies bestätigt mit anderen Worten unsere Formel: Sonne und Erde, Kosmos und Mensch sind nicht nur Projektionen und Entsprechungen, sondern bedingen einander wie Primär- und Sekundärsystem oder wie Nord- und Südpol. Einen „Mono-Pol“ gibt es nicht.

Das Erschaffende und das Geschaffene, Gott und Mensch, befinden sich in *Induktion.* Sie bilden einen Trafo, und die Aufhebung jedes Teiles bedeutet die Aufhebung des Ganzen.

Die Engelsstimme der Weltorgel hat schon im cherubinischen Wandersmann verkündet:

> „Ich weiß, daß ohne mich Gott nicht ein Nu kan leben,
> werd ich zu Nicht, Er muß vor Noth den Geist aufgeben.“

*

Zuerst fragt der geliebte Jünger, was das Licht im Gleichnis bedeute! Das *Licht* im Universum ist im Kosmos der *Geist*.

Wie die Erde über ein polychromatisches Kraftfeld an den Energien der Gestirne und unserer Sonne teilhat, so der Mensch durch den „objektiven Geist" an allen kosmischen Mächten und der ewigen Sonne Gottes.

Der Geist ist.

Wir haben das Wort „objektiver Geist" gewählt, weil der Geist nicht vom Menschen gemacht ist und nicht menschliche Funktion oder gar Leistung bedeutet. Der Zustand des Menschen, den wir „geistig" nennen, ist sein Aufleuchten im Geistfeld, genauso, wie die Materie im Lichtfeld aufleuchtet. Dieses Erstrahlen des Geistes im Menschen ist gleich der leuchtenden Materie keine Reflexion, sondern induzierte Selbststrahlung. Hier offenbart sich ein mystisches Geheimnis: der Geist entstammt dem Kosmos, leuchtet aber im Menschen auf, als wäre er ein Stück von ihm!

Als oberstes Exemplar des Bios ist der Mensch vom Tier nur graduell unterschieden, denn der höchste Intellekt und die Vernunft der Kreatur sind nur ein Mehr oder Weniger. Als Teil des Kosmos aber steht der Mensch zugleich außerhalb des Bios. Als Ich-Sager befindet er sich im Universum allein und wird durch seine Teilhaftigkeit am Geist selbst zum Schöpfer von Werten und Welten.

Doch nur *der* Mensch ist selbststrahlender Lichtspender, dessen Geist aufgesammelt wird in den Schalen der Zeit, und die davon Getroffenen sind mehr als nur Empfänger. Das ist der Sinn des Wortes Volk, das Gefolgschaft meint, so wie man einem Ruf folgt, den man vernommen hat. Wer nicht als Gebender oder Nehmender im Geistfeld steht, gehört zur Masse der Namenlosen, die unzählbar sind wie der Sand am Meer. Auch Anonymität ist Schicksal.

Geschichte ist die Spur des Geistes in der Gattung Mensch.

Aber wie das Licht nicht an sich besteht und etwa als Energiewelle durch die Ewigkeit zieht, sondern eine Kraftbeziehung von zwei energetischen Systemen ist, so gibt es auch den Geist nicht „an sich". Er ist *Mittler* zwischen Sender und Empfänger, Zeuger und Gezeugtem, dem Vater und dem Sohn. Hier stößt das Gleichnis auf das Geheimnis der Trinität.

Das Licht ist oberstes Gleichnis!

*

Fragt Maria Magdalena:
Wenn nun dem Feld der Geist entspricht, was bedeutet dann die *plasmatische Energie*, mit der sich das Licht hochzeitlich vermählt?

Gott hat in der großen Genesis den reinen Schöpfungsakt als Idee vollbracht. In der Stoffwerdung der kleinen Genesis aber hat er sie nicht erschaffen, sondern gezeugt.

Auch der Kosmos ist mann-weiblich. Dem zeugenden Prinzip des Gott-Geistes entspricht das Empfangende des Demiurgos. Die demiurgische Welt ist Gott untertan, wie das Weib dem Mann untertan, aber nicht unterworfen ist. Alles Geschaffene ist durch den logos spermaticos des „Es werde" im Namen angerufenes und in die Erscheinung entlassenes daimonion, das als Urbild präexistent war. Alle Natur ist von Gott angerufene und erlaubte Inkarnation. Deshalb ist die Natur ihrem Wesen nach dämonisch.

Dieselbe Zuordnung wie im Universum das Licht zur plasmatischen Energie hat, besteht im Kosmos zwischen der Strahlung des Geistes und der Strömung der Magie. Der Geist ist das Zeugende, die Magie das ungeborene Da-sein, das in Kindern und Werken Gestalt annimmt und sein Gestaltspotential verwirklicht.

Das Wort „schöpferisch" umfaßt deshalb beides: Geist und Magie, Zeugen und Gebären. So sprechen wir auch vom zeugenden Wort und der Geburt eines Kunstwerkes aus Form und Farbe.

Wie im Universum Licht und Blatt, so sind im Kosmos die Kraft des Strahls und der Sog des Kelches: Geist und Magie.

Alle Kultur ist Zeugung zwischen Geist und Magie, wie alle Ecclesia Durchdringung von Kreuz und Gral.

Zu Maria Magdalena gewandt:

Der Mensch lebt nicht allein von Brot und Wein, sondern von jedem Wort, das vom Himmel fällt und jedem Tropfen Blut, das aus der Erde strömt. Denn in unserem Geist strahlt der Weltgeist, und in unserer Seele strömt die Weltseele.

Wir ruhen im Geist und am Herzen Gottes.

*

Abermals ist der kosmische Mensch gleich einem Baum.

Dem Blätterschirm der Lichtantenne steht das Wurzelreich der Erdung gegenüber. Beide sind lebendige Organe: das Blatt wendet sich dem Lichte zu, und die Wurzel durchdringt das Erdreich. Im kosmischen Menschen bedeutet das Blatt den Geist und die Wurzel die Seele. Der ragende Geist empfängt aus dem Übergrund die zeugerische Kraft und die Tiefe der Seele taucht in die Untergründe der Welt, aus der die Mächtigkeit aller Geburt strömt. Dabei liegen die Akzente zwischen den Geschlechtern verschieden und ergänzen sich.

Der Mann ist Geist-Träger und Verse-Singer, das Weib die Tempelgöttin der Erde. Nur im Mann leuchtet der Geist auf, während das Weib für den Geist durchscheinend ist wie das Wasser. Sie nimmt das Feld wohl auf, ohne in ihm selbst zu strahlen.

Nur selten verschmelzen Geist und Seele im Manne zu dionysischem Rausch, und nur im Strom der weiblichen Seele löst sich der Willen aus seinem Bann. Strahlender Kristall und Quelle stehen sich gegenüber.

Petrus heißt der Fels – und Maria das Meer.

Wenn nun also auch die Gaben zwischen den Geschlechtern verschieden verteilt sind, so sind sie im kosmischen Menschen doch immer vereint. Alles Ingenium ist androgyn.

Die androgyne *kosmische* Substanz und nicht die *biologische* Ambivalenz haben die Griechen im Hermaphroditen verherrlicht. Nur sie waren rein genug, solches schauen zu können. Rein sein heißt, von der Sonderung der Neurose rein sein. Eine andere Reinheit gibt es nicht.

Fällt aber das Organ des Geistes aus dem Geistfeld, dann entsteht als leerer Selbstzweck der Intellekt. Intellekt ist die aus dem Geist gefallene zerebrale Funktion, wie Sentiment die aus der Magie gefallene Seele.

Nur über Blatt und Wurzel, über das Geistfeld und die Strömung der Seele, wird kosmische Energie übertragen, welche hochmögendes Leben schafft. Dieses „Übermehr-verfügen“ als dem eigenen Vermögen entspricht – das „In-der-Verbindung-stehen“ – heißt: die Fülle haben. Aber den Abgefallenen wird noch genommen werden, was sie haben.

So steht im strahlenden und flutenden Kosmos der Mensch wie ein Baum der Welt. Wer es fassen kann, der fasse es!

*

Wie man die Wellenlängen, in denen die Stoffe im polychromatischen Licht erstrahlen, *Farbe* nennt, so heißt der Zustand des Selbstleuchtens des Menschen im Geistfeld *Tugend*.

Tugenden lassen sich wie die Farben nicht erklären oder beschreiben, man kann sie nur erleben. Sie sind keine menschlichen Eigenschaften, sondern außer- oder übermenschliche.

Zarathustra spricht in der Verkündigung des Übermenschen – in der sich die Vorahnung eines neuen Menschen spiegelt, den die ausgesandten Jünger einst vergeblich suchten – von der schenkenden Tugend, in der unser Geist in Gleichnissen redet, und unser Leib Pfeil und Sehnsucht nach dem höheren Menschen wird. Das Wittern des Feldes heißt: höchste Hoffnung!

Hier nun ist der Ort, das Gleichnis der Farben auszulegen.

Tritt der Mann in das Kraftfeld des Geistes, leuchten in ihm die *männlichen* Tugenden auf. Deshalb sprachen wir auch im Traktat von den männlichen Farben. Es sind die drei Grundfarben, die nicht durch Mischung erzeugt werden können, weil sie aus dem Ursprung stammen:

Gelb

Blau Rot

Ihnen entsprechen die männlichen Tugenden, die nicht zufällig in der griechischen Sprache ihren reinsten Ausdruck fanden:

Arete

Gnosis Eros

Gnosis ist die Fähigkeit, in der Helligkeit, die der Geist wirkt – wir sprachen schon in der Präambel vom erhellten Raum, in dem die Sehenden sehen – die Dinge zu schauen oder besser: *in* die Dinge zu schauen, um nicht nur zu erkennen, was sie tun, sondern was sie ihrem Wesen nach sind.

Arete ist die Fähigkeit, durch das Kraftfeld des Geistes das Gesetz des Handelns zu empfangen: die Tat. Es ist das Vernehmen des kategorischen oder richtiger: des kosmogonischen Imperativs, welcher den Mut, die Tapferkeit und den Gehorsam bis zum Einsatz des Lebens wirkt.

Eros und *Minne* sind die Fähigkeit, in eben dieser Helligkeit die Eingeburt des „Bildes“ im Menschen zu erkennen. Minne schaut das Bild der Jungfräulichkeit und Eros das Bild des Knaben.

Wo der Geist sich manifestiert, wird er mit Seele und Leib eins, und auch die Triebkräfte sind einbezogen oder mitbewegt. Die Richtung des Geschehens aber geht von oben nach unten und nicht umgekehrt. Die Liebe bewegt den Trieb und erhebt ihn, aber sie entstammt ihm nicht!

Obwohl im Dreiklang der männlichen Tugenden ein Ton dominieren kann, bilden sie immer eine Trilogie. Die Erkenntnis des Geistes, der Mut zum Schicksal und die Liebe des Auges sind nicht nur die obersten männlichen Tugenden, sie sind die einzigen. Andere männliche Tugenden gibt es nicht.

*

Den *weiblichen* Tugenden wiederum entsprechen die drei Mischfarben, welche jeweils aus der Aufhebung zweier Grundfarben entstehen. Sie sind nicht Anruf, sondern Antwort, nicht Struktur, sondern Ausfüllendes, nichts Abgegrenztes, sondern Fließendes. Gleichen die männlichen Tugenden den Linienspektren, sind die weiblichen wie Bandenspektren und deshalb weniger klar zu erfassen und abzugrenzen.

Da sie aus der Magie der Seele strömen, sprechen wir von den seelischen Tugenden des Weibes. Den Mischfarben:

Grün Orange
Violett

entsprechen im Gleichnis:

Einfühlung Hingabe
Wollust

Die seelischen Tugenden des Weibes stehen in einem Komplementaritätsverhältnis zu den geistigen des Mannes.

Die *Einfühlung*, aus der das Weib alles erfühlt und an allem Anteil hat, entspricht der Schau des Mannes. Was der Mann schaut, fühlt das Weib. Vor dem Weibe gibt es keine Lüge.

Die *Wollust* ist das Reziproke zum Schicksalsmut als der hellsten, rauschfernsten und morgenfrohen Tugend. In ihr versinkt das ICH im dunkelvioletten Samt der Nacht: „Aus dunklem Wein und tausend Rosen rinnt die Stunde rauschend in den Traum der Nacht.“

Die *Hingabe* als die verschenkende und verströmende Verschmelzung steht der Minne als der anbetenden Liebe gegenüber. In der höchsten kosmischen Kategorie heißt sie Agape.

*

Nur an einer Stelle leuchtet im Weibe gleich dem Glanz der Perle der Geist als schauende Liebe auf. Magdalena schaut das Bild des Mannes in der Tugend und lauscht „dem Wort“ ihres Herrn.

*

So verbleibt noch der Purpur Goethes! Ihn gibt es nicht im physikalischen Spektrum, denn er entsteht nur dann, wenn wir die polaren Enden *Rot* und *Violett* verschmelzen. Er war die kosmische Farbe der Gewänder der Könige und Heiligen.

Das Ereignis, das im Gleichnis dem Purpur entspricht, vollzieht sich, wenn der höchsten anbetenden Liebe Leibseligkeit wird. Davon kündet auch das letzte Wort des „Kosmogonischen Eros“ von Ludwig Klages: Wenn die Einswerdung von Geist und Seele, von Bild und Leib, von Schau und Schoß nur einmal unter Millionen geschähe, dann ist ein Jahrtausende alter Fluch von uns genommen, und es beginnt der Frühling eines neuen Äons.

*

Fragt Simon Petrus nach den *Erdfarben,* welche die Künstler aus buntem Gestein staubfein bereiten.

Die tellurischen Farben sind im Gleichnis unsere Individualität, was so viel bedeutet wie unsere Einmaligkeit. Jeder Mensch unter Millionen ist einmalig.

Die Erdfarbe ist unsere eigentliche Seinskraft, die Goethe mit den Worten anspricht: „Du bist im Grunde, der Du bist". Unsere tellurische Potenz ist unser Erdhaftes, unser gewichtiges So-sein und unsere sonore Klangfarbe: der ganze volle Akkord unserer Schwingungsmöglichkeiten.

Tritt diese Individualität in das polychromatische Geistfeld, so erstrahlt sie in der Kraft ihrer tellurischen Farbe: die Individualität wird zur persona. Fällt die Individualität hingegen aus ihrer Geistbindung, so wird sie zum Individualismus und verliert ihre Verbindlichkeit. Nicht der Individualismus ist das Gegenprinzip zur Vermassung, sondern die Potenzierung der Individualität in der persona. Erst in der Verbindung unserer tellurischen Struktur mit dem Geist spielen wir die uns zugedachte Rolle und erfüllen Auftrag und Sendung: unser Tun gewinnt historisches Format.

Wie es ohne tellurische Farben keine Malerei gäbe, so gäbe es ohne tellurische Potenz kein Theater und keine Weltbühne, über die das Schauspiel der Geschichte gehen könnte.

*

Warum – meint der Rothaarige und schaut zu Boden – warum steht der Farbkreis zwischen dem *hellen* und dem *dunklen* Pol?

Dunkelheit ist mehr als das Fehlen von Licht. Es ist die schwarze Strahlung alles Stofflichen. Licht will spenden, Dunkelheit löschen.

Was im Universum Hell und Dunkel ist, bedeutet im Kosmos Licht und Finsternis, die erhaltende und die zerstörende Macht, Gut und Böse, Deus und Satan. Da jedes Ding immer das wirkt, was es selber ist, wirkt das Seiende die Erhaltung und das Nichtseiende die Zerstörung. Erhaltung und Zerstörung sind als polare Mächte das Kraftfeld unseres Daseins, Attribute unseres Lebens, wie der Schatten zum Licht, die Fäulnis zur Frucht und die Krankheit zum Blut. Satan ist als deus inversus die Aussparung Gottes, wie ein Gespenst die Leere der ent-westen persona. Er ist kosmischer Nihilismus und hat weder Angesicht noch Gestalt, nach der man mit Tintenfässern werfen kann. Satan ist kosmisches Prinzip. Alle, die Satan auf der Welle seiner Macht hochträgt, werden zuletzt sein Opfer. Apage ...!

Doch tröstlicherweise verhalten sich Gut und Böse auch mengenmäßig wie Hell zu Dunkel. Es gibt viel Licht und wenig Finsternis. Diese scheint nur mächtig, weil sie so laut von sich spricht, wo die Engel schweigen.

Schon die Kinder der Ureltern waren der Sohn des Lichtes und der Sohn der Finsternis. Die Rauchfahne war nur ein Indikator. Von da an bleibt die einzige echte Front in der Welt der Kampf der Söhne des Lichtes mit den Söhnen der Finsternis. Aber der Immunitätsschutz des Kainsmals ist schon aufgehoben, und der kommende Äon wird in der Abels-Herrschaft stehen.

Mensch sein heißt, zwischen Plus und Minus leben, und alles, was wir tun, richtet uns aus. Jeder Wunsch und jedes Opfer haben kosmische Wirkung. Jedes Wort ist Gebet oder Fluch, jedes menschliche Tun weiße oder schwarze Messe. Jeder Glaube ist Verwandlung.

Der Mensch kann auf der Bühne der Welt ebenbürtiger Partner von Engeln oder Teufeln sein und einlassen, welche er kürt. Angelus Silesius sagt es:

„Das größte Wunderding ist doch der Mensch allein,
Er kann – nach dem er's schafft Gott oder Teufel sein!"

Und wieder zu dem Rothaarigen:

Der Farbkreis steht so zwischen den Polen von Hell und Dunkel, daß die hellste Farbe, das Gelb, als oberste Tugend dem Weiß und das Violett, als die alle Bewußtheit auflösende Tugend der Nacht, dem Schwarz zugeordnet ist. Das will sagen, daß die Welt in Ordnung ist, wenn die Pfeilrichtung von oben nach unten weist, die Erkenntnis über der Einfühlung, die Anbetung über der Verschmelzung, und die Tat über der Wollust stehen.

Als dies der Rothaarige vernimmt, spielen seine unruhigen Finger mit dem Beutel, und leise hört man die Münzen klingen.

Wie das Gelb zum Weiß strebt, so ist Arete das Tor zum Licht. Die aus der Liebe gefallene Lust indes ist die Türe zu Satan. Vor ihr wohnt der Verführer Luzifer, der schwarzmagische Fürst der Welt.

Der Dreizack der männlichen Tugenden aber weist zu Gott hin. Er ist das Zeichen des Ordens.

*

Zuletzt fragt der begüterte Jüngling, der noch sinnend dabeistand, im Banne des Scheideweges, warum die Materie unter der Farbe einen *Schwarz-Weiß-*Wert birgt.

Der Schwarz-Weiß-Wert bedeutet im Gleichnis die Lichthaftigkeit des Menschen.

Wie der Stein schwer ist, so ist der Schwarz-Weiß-Wert eine immanente Eigenschaft des Stoffes. Während er nun in der unbelebten Welt ihr gegebenes und unveränderliches Spezifikum ist, gilt dies auf der höheren Schöpfungsstufe nicht mehr. Die Schöpfungsstufen des Kosmos sind durch ihre *Freiheitsgrade* bedingt. Nur der Mensch besitzt den Freiheitsgrad, seinen Schwarz-Weiß-Wert selbst zu wählen. Weil dies die Materie nicht vermag, suchte man den Lapis, den Stein der Weisen, der sie erlöst und in leuchtendes Gold verwandelt.

Der Schwarz-Weiß-Wert steht im Mittelpunkt des Gleichnisses. Mit der Erkenntnis seiner Bedeutung treten wir von hellenischem auf christischen Boden.

Niemand soll uns unterstellen, daß wir die leuchtenden Farben menschlicher Tugenden schon für Religion hielten. Die Farben verhalten sich zum Licht wie virtus zu religio und die Götter zu Gott. Alle Farbe will Licht sein, weil der Teil zur Ganzheit strebt. Licht ist erhöhte Farbe.

Der Schwarz-Weiß-Wert – die Lichthaftigkeit – wird im Menschen von der Richtung seines Eigenwillens bestimmt. Dieser entscheidet, ob unser Wollen auf das ICH zu oder vom ICH wegstrebt, ob wir in der Selbstvergötzung oder in der Vergöttlichung der Selbststrahlung, in der Eigenwilligkeit des Chaos oder der Ortungswilligkeit des Kosmos stehen. Wenn sich unsere Bindungskräfte von unserem ICH lösen, nennen wir den Ort im Kosmos, zu dem sie gravitieren, Gott.

Der Anlaß zum Sturz des Engels war der Neid. Der schwarze Körper mißbraucht das Feld zur Hitze statt zu strahlen. Das Böse ist das Licht, das nicht leuchten will. Deshalb spricht die Schrift vom Licht, das unter den Scheffel gestellt wird, als von dem Paradoxon schlechthin. Irrsinn ist Genie, das sich seiner Sendung entzieht.

Der Sinn des Schwarz-Weiß-Wertes ist endgültig in der Formel angesprochen, welche die Schlange vor dem Sündenfall wählt: es ist die Entscheidung zwischen dem „Sein-wollen *wie* Gott“ und dem teilhaftig Sein-wollen *an* Gott, zwischen Götze und Ebenbild.

*

Religion im weitesten Sinne bedeutet die Verschiebung unseres Schwarz-Weiß-Wertes zu Weiß oder Schwarz, zu Bindung oder Bann. Die Verschiebung unseres Lichtwertes gegen Weiß vollzieht sich durch den Gehorsam. Gehorsam ist die Abdrängung unseres Willens von seiner ICH-Gravitation.

Aller Gehorsam meint das Opfer. Deshalb ist das Opfer die Substanz der Religion.

Christentum ist die Verschiebung des Schwarz-Weiß-Wertes in das Weiß durch das Opfer. Dies – und nur dies – ist seine letzte Formel.

Wenn die pränatale Gnade, von welcher der HERR bei den SEINEN spricht, die notwendige Bedingung zur Erfüllung der Ebenbürtigkeit ist, so ist das Opfer die hinlängliche. Das ist kosmische Physik!

*

Spräche die Materie nicht mehr auf die Wellenlänge des Lichtfeldes an und löschte es wie im Lichttod, dann wäre die Welt ohne Leuchten und trotz der Sonne wäre es wieder dunkel und wüst auf Erden. Das ist die gleichnishafte Bedeutung der kosmischen Katastrophe des Sündenfalls, bei der uns nicht die Ursache, sondern nur das Ereignis wichtig erscheint, dessen Auswirkungen wir tragen. Der „Fall" bedeutet den Verlust der Wellenlänge Gottes in der lebendigen Seele des Menschen, gleich als ob in unserem Empfangsgerät die Wellenlänge unseres Senders nicht mehr auffindbar wäre.

Die große Zäsur in der kosmischen Geschichte aber war das Wort der Taufe: „Dies ist mein lieber Sohn ...", was bedeutet: dieser hat die Wellenlänge Gottes wieder. Es war die notwendige Bedingung der Möglichkeit, und die Antwort im Garten Gethsemane: „Aber nicht wie ich will ..." die hinlängliche zur Erfüllung des CHRISTOS. Damit waren die Folgen der kosmischen Katastrophe annulliert, wie man ein Urteil aufhebt. Die Insignien der Ebenbürtigkeit und die Hybris Gottes waren wieder in das Bild des Menschen zurückgegeben.

Christus ist der Lapis, der die Schwärze der Stofflichkeit aufhebt und die Materie in Gold verwandelt. Er gibt ihr die Resonanz auf die Wellenlänge des Lichtes zurück, so daß Gott und Mensch in Induktion treten.

Und wie die Veredelung der wilden Rose durch die Okulation mit dem Edelreis das höchste irdische Mysterium ist, so ist der Akt, durch den dies im Menschen geschieht, das höchste kosmische Mysterium: oculatio maxima.

„Alles Vergängliche ist nur ein Gleichnis."

Von demselben Verfasser befindet sich in Vorbereitung:

PRINCIPIUM MOTUS

Dieses Buch soll die Konzeption des Traktates, in welchem die physikalische Kategorie und Dimension des Lichtes erkannt wurde, fortführen. Da das Traktat in der These gipfelt, daß es keine „strahlende Energie" gibt, will dieser zweite Kreis der Gnosis zu den noch offenen Fragen nach dem Wesen von Kraft und Feld Stellung nehmen.